I0032504

# LES JUGEMENTS

DU

# PRÉSIDENT MAGNAUD

RÉUNIS ET COMMENTÉS

PAR

## HENRY LEYRET

PARIS

P.-V. STOCK, ÉDITEUR

27, RUE DE RICHELIEU

1900

# LES JUGEMENTS

DU

# PRÉSIDENT MAGNAUD

RÉUNIS ET COMMENTÉS

PAR

## HENRY LEYRET

PARIS

P.-V. STOCK, ÉDITEUR

(Ancienne Librairie Tresse & Stock)

27, RUE DE RICHELIEU

ET

18, RUE MOLIÈRE

—

1900

*Il a été tiré à part de cet ouvrage dix exemplaires sur papier de Hollande.*

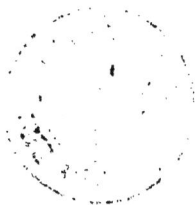

# LES JUGEMENTS

## DU

# PRÉSIDENT MAGNAUD

16ᵉ F
906

L'auteur et l'éditeur déclarent réserver leurs droits de traduction et de reproduction pour tous les pays, y compris la Suède et la Norvège.

Ce volume a été déposé au Ministère de l'Intérieur (section de la librairie) en août 1900.

# BIBLIOTHÈQUE DES « RECHERCHES SOCIALES »

## *Ont déjà paru :*

I. — ED. BERNSTEIN. — *Socialisme théorique et Social-démocratie pratique* (Traduction d'Alex. COHEN). Un volume in-18, avec une préface inédite de Bernstein. Prix . . . . . . . . . . . . . . . . 3 fr. 50

II. — KARL KAUTSKY. — *Le Marxisme et son critique Bernstein.* Un volume in-18. (Traduction de MARTIN-LERAY avec une préface inédite de Kautsky.) Prix. 3 fr. 50

III. — A. NAQUET. — *Temps futurs.* Socialisme. Anarchie. Un vol. in-18. . . . . . . . . . . 3 fr. 50

IV. — HENRY LEYRET. — *Les jugements du président Magnaud.* (Réunis et commentés par HENRY LEYRET). — Un vol. in-18 orné d'un portrait de M. le Président Magnaud. Prix. . . . . . . . . . . 3 fr. 50

V. — J.-C. SPENCE. — *L'aurore de la civilisation ou l'Angleterre au XXᵉ siècle.* (Traduction de ALFRED NAQUET et GEORGES MOSSÉ). — Un volume in-18 avec une préface d'ALFRED NAQUET et une lettre-postface de J.-C. SPENCE. Prix. . . . . . . . . . . 3 fr. 50

Paris.

P.-V. Stock, éditeur.

Mʀ ʟᴇ Pʀᴇ́sɪᴅᴇɴᴛ MAGNAUD

# INTRODUCTION

---

> — Comme si l'organisation judi-
> ciaire d'à présent avait rien à voir
> avec la justice ! fit Nékhludov.
> — Et quel autre objet croyez-vous
> qu'elle ait ?
> — Elle a pour unique objet de main-
> tenir un ordre de choses favorable à
> une certaine classe sociale.
> . . . . . . . . . . . . . . .
> — Les hommes que nous condam-
> nons sont, pour la plupart, le rebut
> de la Société !
> — Et moi je connais des forçats qui
> sont incomparablement supérieurs à
> leurs juges !
>
> Tolstoï : *Résurrection*, 2ᵉ par-
> tie, chap. VIII.

— Eh quoi! voudriez-vous réhabiliter la magistrature?

— Oh! je ne me propose point un objet aussi rude.

— Alors, je vous prie, pourquoi ce livre?

— Parce que les jugements du président Magnaud
mettent en relief de fortes vérités jusqu'ici honnies ou
méconnues dans les prétoires, et qui, du moment qu'e

les sont adoptées par un juge, seront mieux saisies au
vif par les simples d'en bas et d'en haut...

— Ce sera l'éloge d'un magistrat !

— Ce sera la critique de la magistrature : louer un
juge d'être juste, mais juste au point de vue humain,
n'est-ce pas le différencier de ses collègues, n'est-ce
pas proclamer que ce juge est un phénomène inouï
dans la robinocratie ?...

Mon questionneur ne répondit pas. Un hochement
de tête indiqua que son silence ne signifiait pas adhésion. Pourtant cet irréductible ennemi de la magistrature n'est point un anarchiste. Député, il figure avec
avantage parmi ces révolutionnaires de gouvernement
destinés à fournir au pouvoir, avant peu, leur garde
des sceaux. Que si, lui-même, victime des nécessités de
la politique, il était un jour placé à la tête de la Chancellerie, je ne serais point si naïf que de m'en étonner,
ni même d'en sourire. Tout au plus, peut-être, le
prierais-je d'ouvrir ces pages, et, si à ce moment l'esprit ne lui en semblait pas trop subversif, d'en recom-
mander la lecture aux divers membres des Tribunaux
et Cours de France. Car, d'espérer qu'une fois ins-
tallé au ministère de la Justice mon démolisseur pous-
serait la logique de ses sentiments, sinon de ses opinions, jusqu'à supprimer les magistrats, je ne l'ose.
Ce n'est pas que, pour ma part, j'envisagerais cette révolution avec beaucoup de méfiance. Mais il paraît
qu'au regard des hommes politiques les magistrats
tiennent dans notre société l'emploi de certains domes-

tiques vieillis en des familles pourries : on les méprise, on les moleste, on les menace, on les voue aux
dieux infernaux, et on les garde tout de même, parce
qu'ils sont les témoins, voire les complices, des vile-
nies, des saletés, des besognes infâmes. La crainte et
la nécessité emportent le dégoût...


# I


Réhabiliter la magistrature! Et qui donc oserait afficher une présomption pareille?... Sur ce corps dé-
gradé pèsent des siècles de servilisme et d'ignominie.
Issue de la faveur ou de l'argent, elle fut l'esclave soumise ou zélée des passions dominantes. Un cortège
tumultueux de haines et de malédictions la suit pour
sa honte à travers les âges. Les villes et les campagnes ressentent à son endroit horreur et effroi. Car
elle n'apporte aux hommes que ruine, déshonneur,
mort. Ni la vertu, ni l'innocence, ni le génie ne trouvent grâce à ses yeux. Les affamés, les opprimés, les
révoltés, et tous les vaincus, et tous les malheureux,
elle les jette aux geôliers, aux bourreaux. Et cette férocité implacable aux seuls êtres sans défense elle
l'appelle justice. Cependant elle cache ses basses com-
plaisances pour les divers tyrans de ce monde sous
une rigidité d'apparat, ses vices, sous une austérité
absente. Cynique à la fois et hypocrite, sa noblesse
tient toute en sa morgue. Des sursauts d'indépendance

de colère généreuse, des velléités d'opposition aux oppresseurs de peuple, elle n'en éprouva jamais qu'à l'occasion des manœuvres royales contre ses prérogatives surannées. Comme elle était par fonction l'instrument des intrigues de la fortune, des vengeances du pouvoir, elle s'est faite la cheville ouvrière des pires iniquités, et on l'a vue faciliter les fourberies les plus monstrueuses, absoudre les meurtres les plus révoltants, toujours. Peu à peu ses scélératesses accumulées l'enfoncent dans le bourbier sanglant où gît depuis longtemps, vestige dérisoire de grandeurs légendaires, son hermine flétrie. Elle a commis contre l'humanité pensante ou douloureuse, tous les crimes. L'humanité se souvient...

Voulût-elle oublier cette succession ininterrompue de forfaits perpétrés au nom de la justice, des témoignages impérissables les lui remémoreraient quand même. Tandis que l'Histoire les enregistre gravement, que les foules se les transmettent d'âge en âge avec épouvante, terrorisées par la robe rouge du juge autant que par la robe noire du prêtre ou l'attirail barbare du soldat, la littérature les flagelle et les raille, et, par ses soins, chats-fourrés et justiciards passent à la postérité sous les crachats et les huées. Juger les juges, quel penseur méconnut ce devoir? Quel pamphlétaire épris de justice n'éprouva une jouissance indicible à l'accomplir? Les écrivains qui font la gloire de la France n'ont cessé d'exercer leur verve vengeresse aux dépens de la magistrature : ils l'ont stigmatisée.

ils l'ont fustigée comme s'ils eussent eu à corriger un troupeau immonde à coups de lanières. Un livre manque dans les bibliothèques, celui où l'on aurait rassemblé pour l'instruction des justiciables une partie des jugements portés sur les juges par les plus honorés d'entre les auteurs français. Pages innombrables tant la matière est inépuisable, et le plus riche des répertoires, le plus troublant aussi, à consulter chaque jour par les esprits timides qui n'osent encore bousculer les assises vermoulues d'une société qui craque. Ah ! le précieux *Selectæ*, où les styles les plus disparates se heurteraient, finesse et ironie, force et indignation, mais où, par cette diversité même, se trouverait singulièrement soulignée l'unité de cœur et de pensée, c'est-à-dire une haine commune, et c'est, enveloppée de sagesse ou emportée par la virulence, la haine des gens de loi. De Rabelais à Paul-Louis Courier, en passant par Pascal, La Fontaine, La Bruyère, et Voltaire, et Diderot, et Beaumarchais, pour ne citer au hasard que quelques-uns des plus grands, quels traits acérés, quels coups de boutoir, quelle revanche éclatante de l'esprit, de la raison, de la justice ! Vous pouvez sans pitié condamner et condamner toujours, légistes inflexibles, vous pouvez vous croire à couvert des représailles de vos victimes, et même vous rire de leurs imprécations comme de leurs lamentations, c'est avec sérénité que le monde attend l'heure de la vraie justice, et déjà elle lui apparaît du moment que le génie se prononce contre vous. En vain vous dresserez-

vous en une superbe menaçante. Un rire éclatant soudain vous fait trembler comme l'approche du châtiment, et la foule alors de s'ébaudir à la vue d'un personnage hideux et grotesque à la fois :

« Les mains avait pleines de sang, les griffes comme
de harpie, le museau à bec de corbin, les dents d'un
sanglier quadrannier, les yeux flamboyants comme
une gueule d'enfer, tout couvert de mortiers entrela-
cés de pilons, seulement apparaissaient les griffes. »

Vous avez reconnu Grippeminaud lui-même. Grippeminaud, prototype des magistrats anciens et nouveaux, et d'ailleurs, afin que nul ne s'y trompe, le
monstre, fier de ses œuvres, achève de se portraictu-
rer en ce discours à Panurge :

« Or çà, par Styx, puisque autre chose ne veux dire,
or çà, je te montrerai que meilleur te serait être tombé
entre les pattes de Lucifer et de tous les diables qu'entre nos griffes. Or çà, le vois-tu bien ?... Or çà, nos
lois sont comme toiles d'araignée, les simples mou-
cherons et petits papillons y sont pris, les gros taons
malfaisants les rompent et passent à travers. Sembla-
blement, nous ne cherchons les gros larrons, ils sont
de trop dure digestion... »

Grippeminaud dénoncé par la satire puissante de
Rabelais, la vengeance des innocents va se poursuivre
sans arrêt. Voici Montaigne s'étonnant d'avoir vu tant
de « condamnations plus criminelles que le crime »,
voici Pascal s'écriant que juge et justice c'est « pipe-
rie bonne à duper le monde », voici La Bruyère dé-

clarant qu'il est bien hardi à un honnête homme de
se dire à l'abri d'une condamnation pour vol ou meurtre, et qui ne craint pas de suspecter l'incorruptibilité
des magistrats : « Il n'est pas absolument impossible,
insinue-t-il finement, qu'une personne qui se trouve
dans une grande faveur perde un procès. » Pensée que
Lafontaine, génie plus libre, traduit en un distique
fameux :

> Selon que vous serez puissant ou misérable,
> Les jugements de cour vous rendront blanc ou noir.

Et le bonhomme encore d'aiguiser sa critique en
décochant cette autre flèche aux doigts crochus :

> Mettez ce qu'il en coûte à plaider aujourd'hui,
> Comptez ce qu'il en reste à beaucoup de familles,
> Vous verrez que Perrin garde l'argent pour lui,
> Et ne laisse aux plaideurs que le sac et les quilles.

Des vérités cruelles, des épigrammes mordantes, à
chaque époque il en sort de toutes les plumes indépendantes. Et la réprobation, tour à tour piquante ou fu-
rieuse, s'étend, se prolonge, et peu à peu cette sorte
de respect irraisonné, venu de la crainte, qui malgré
tout entourait les hommes de loi, ce respect insensé
tombe à jamais. Au dix-huitième siècle, ni la lutte des
Parlements contre la Cour, ni leur guerre ouverte aux
jésuites détestés, ne leur épargneront les sarcasmes,
les humiliations. Comment Voltaire irait-il plaindre
les magistrats exilés par Maupéou ? En eux il ne sau-

rait voir que des privilégiés « qui achètent comme
une métairie le pouvoir de faire du bien et du mal »,
que des artisans de malheur qu'il faut regarder « avec
des yeux d'horreur », pour tout dire *les assassins* de
Callas, de la Barre, de Lally. C'est qu'il a pénétré
les antres de la chicane, il a mis au jour les préventions des criminalistes, leurs mensonges, leurs pièges,
leurs traquenards, leur barbarie, il s'est indigné de
constater que tout juge est l'ennemi déclaré de tout
accusé, il a conclu que le magistrat mérite d'être
pendu à la place du citoyen qu'il fait pendre : quelle
logique admirable, ô parlementaires!... Et dix ans ne
se sont pas écoulés depuis qu'en menant pour Callas
sa campagne triomphante Voltaire a ravivé la méfiance de l'opinion publique envers les gens de robe,
qu'au Palais même éclate un scandale aussi retentissant.
Il n'est plus question cette fois de s'effrayer sur ce qu'il
peut advenir des innocents aux prises avec des conseillers égarés par les passions religieuses ou trompés par
un aveuglement naturel. C'est l'honnêteté même des
juges qui est mise en cause, qui est discutée, contestée, déchirée. Beaumarchais lance ses *Mémoires à
consulter*, et dès lors il apparaît d'évidence que la
magistrature ne pèche pas uniquement par erreur,
mais aussi par canaillerie. Juges subornés, juges pré-
varicateurs, ces consciences d'airain fléchissent donc
au mirage de l'or? Maintenant, c'en est fait. Les
soupçons de vénalité s'accréditent, se précisent. Le
peu d'estime qui subsistait s'effrite sous les ricane-

ments. Beaumarchais peut succomber devant les
chambres assemblées, la Cour et la ville sont avec lui,
le public prend parti contre ses juges, et, pour achever la victoire, qui devient celle de tous les citoyens,
les spectateurs de la Comédie-Française s'arrogent le
droit de siffler les arrêts du Parlement. Au plus beau
moment de l'affaire du conseiller Goëzman, comme on
jouait *Crispin rival de son maître*, quand Crispin dit :
« Il en a bien coûté à mon père pour finir son procès;
mais la justice est une si belle chose qu'on ne saurait
trop la payer », toute la salle, écrit Grimm, retentit
des applaudissements *les plus indécents* [1]... Vienne

1. Entre tant de preuves que l'histoire nous fournit de la vénalité des magistrats, le choix serait long et difficile. On connaît le mot de Henri IV félicitant le parlement de Paris d'être
le seul en France qui ne fût pas corrompu par l'argent. Hélas!
un siècle plus tard, il ne lui eût pas été permis de faire même
cette exception. Voici ce que l'on sait des juges parisiens sous
la Régence : « ... Cette corruption si intense gagna jusqu'aux
magistrats chargés de la combattre, d'en réprimer les effets,
d'en anéantir les bénéfices. Sur les sièges mêmes de cette
chambre de justice (1716) l'argent fit des victimes et soumit
des consciences!... » Extrait d'un ouvrage écrit sur les *Ma-
nieurs d'argent* par M. Oscar de Vallée, avocat général à la
Cour de Paris. — En ce même dix-huitième siècle, quand le
Parlement menaçait le trône, il ne manquait pas de conseillers
tonnant d'autant plus haut qu'ils voulaient se faire payer plus
cher : « Heureusement, disait Louis XV à madame de Pompa-
dour, qu'il y en a quelques-uns dans le Parlement sur qui je
puis compter, et qui font semblant d'être bien méchants, mais
qui savent se radoucir à propos. Il m'en coûte pour cela quelques abbayes, quelques pensions secrètes. Il y a un certain V...
qui me sert assez bien, tout en paraissant un enragé... » *Mémoires de madame du Hausset*, pages 36-37, édition de 1891.

*a.*

la Révolution, c'est la France entière qui applaudira Danton engageant la Convention à porter le dernier coup à « ceux qui font état de juger » par cette raison que les gens de loi sont comme les prêtres et, comme eux, trompent le peuple. Et dès lors, les artisans de chicane ne seront plus considérés qu'à l'égal de charlatans malfaisants.

Cependant les révolutions passent, les gouvernements se succèdent, ces gens n'arrêtent pas de disposer, absolument, de l'honneur et de la fortune de leurs concitoyens. On les laisse démolis, écrasés, expirants : ils remontent sur leurs sièges, aussi hautains que par le passé, aussi aveugles, aussi durs, inchangés. L'humanité se transforme, devenue plus compréhensive, plus douce, plus attendrie, tout s'égalise et tout fraternise, eux seuls demeurent semblables à eux-mêmes, éternellement fermés à la pitié, à la générosité, à la justice. Stupides fossiles, de plus en plus enfoncés dans leurs antiques formes quand autour d'eux la société fait peau neuve et veut rajeunir : contraste risible si la vieille machine à juger ne continuait avec une passivité tragique à broyer les hommes. Qu'elle s'obstine donc, la sinistre entêtée, à poursuivre son œuvre de mort! Maintenant chacun tressaille aux cris de l'innocence. Le temps n'est plus où Châteaubriand assure que la magistrature revêtait un caractère auguste en se montrant aux yeux des peuples appuyée sur le sceptre, l'épée et la croix. Le sceptre est brisé, la croix vacille, l'épée est impuissante, ou presque.

Traînée à la pleine lumière, la magistrature paraît, isolée en son opprobre, devant le juge des juges : la nation. On lui va à son tour faire son procès, qui s'instruira tout un long siècle, et elle sera chaque jour harcelée, démasquée, forcée. C'est en vain qu'elle essaiera sous l'aiguillon de la rage de bâillonner la pensée. La volonté de s'affranchir est si unanime que les puissances nouvelles se coalisent contre les féroces trafiquants de la loi. L'attaque, jusque-là dirigée par les seuls philosophes, moralistes, satiriques, se généralise, poussée par le livre, par le journal, par la tribune. Le temple des pharisiens résiste encore, mais une brèche y est ouverte, si large, si profonde, qu'elle reste irréparable à jamais. La trouée percée sur l'abîme, que chacun y jette sa pierre !

Nul ne s'en prive. Orateurs, écrivains, c'est à qui satisfera le mieux la vindicte publique. La France n'a pas plutôt reconquis la liberté d'exprimer ses colères qu'elle établit la liste des grands méfaits judiciaires. Se jouant au milieu des entraves de la Charte, Benjamin Constant dépeint les magistrats occupés à persécuter le faible, à créer des délits factices, à se faire les instruments fanatiques du pouvoir. Le général Foy les montre au service exclusif d'une faction, soumis à la mobilité et à la turbulence propres aux partis qui divisent le pays, ne cherchant des règles de conduite que dans l'opinion du gouvernement et de ses partisans, ne s'inspirant ni de la morale, ni de la loi, mais du seul ministère, dont ils attendent un avenir et des récompenses. Et ces mêmes juges vendus aux gouvernants par l'ambition, par l'intérêt, ont licence de perquisitionner, d'arrêter, d'emprisonner, d'accuser, de calomnier, de condamner à tort et à travers, ils sont investis de pouvoirs formidables, tout leur est permis par le Code, ils font figure de tyrans, sans qu'il soit possible de former contre eux aucun recours! Infaillibles et irresponsables, ô dérision! Plus ils tournent la loi, ils la violent, plus elle leur garantit l'impunité. Qu'ils s'appellent Mangin, Bellart, qu'ils végètent obscurs dans la tourbe commune des tortionnaires de la Restauration, ils pratiquent avec un cynisme égal le même arbitraire, les mêmes passions criminelles. Ils semblent d'autant plus acharnés à malfaire que la conscience des peuples est plus ardente à les maudire. Sans doute, leur procès s'instruit, leur indignité éclate à tous les yeux, un jour même viendra où le châtiment ne sera pas seulement que d'outrages et de mépris. Mais, jusque-là, invectives à part, et sauf la haine qui les enserre plus étroitement, que redouteraient-ils? Disparaisse le gouvernement dont ils furent les serviteurs impudents! Devant celui qui surgit, quel qu'il soit, ils se prosternent, ils s'humilient, s'enfonçant pour amadouer le nouveau maître au plus bas-fond de la honte, pour lui plaire s'ingéniant à imaginer des turpitudes inconnues.

Voyez-les, par exemple, après les journées de Juillet. L'explosion contre eux est si violente qu'au premier moment, les barricades encore debout, Louis-Phi-

lippe promet leurs têtes aux vainqueurs, et le coup de
faux, à en croire le roi-citoyen, qui a ses raisons personnelles de détester la gent chicanière, sera porté
d'une main sûre. Paris exulte de joie. Ah ! le bon billet qu'a La Châtre... Menacés, les magistrats intri-
guent, s'insinuent, se font bénins, bénins, et, ayant
circonvenu les hommes dont la veille ils peuplaient les
prisons, ils restent en place. Le roi, les ministres sont
autres, — rien ne change au Palais, la justice y fonc-
tionne comme autrefois. L'arbitraire, les erreurs, les
excès de zèle, les abus, c'est le même système d'injustice, et, il faut le dire, c'est, du pouvoir à la magistrature, le même système de corruption. Fidèles aux
traditions de leur compagnie, les juges rendent des services, non des arrêts. Services aux ministres, services
aux riches, services à toutes les puissances en mesure
de les gagner ou de les intimider. Quel bouleverse-
ment dans la société, si la justice officielle ne pré-
venait les cataclysmes en sacrifiant à propos les mécontents et les fols ! Malheur aux faibles, malheur aux
innocents !... Monarchie constitutionnelle, deuxième
République, second Empire, aucun gouvernement n'a
le vouloir de détruire ces mœurs misérables, aucun —
pas même, hélas! celui de la troisième République. Il
n'est de tentatives sérieuses que du peuple. Mais la
belle affaire que ses représentants élèvent en son nom
des protestations périodiques, s'ils les oublient venu le
temps d'agir ! Qu'importe qu'un Ledru-Rollin blâme
avec véhémence la servilité des juges de Louis-Phi-

lippe, puisque lui-même, monté au pouvoir, il met les
magistrats sous la surveillance de ses préfets ! Quelle
valeur attacher à la parole d'un Thiers reprochant à
Napoléon III de manipuler selon ses caprices tous les
tribunaux de l'empire, Thiers aidant plus que quiconque, par ses manœuvres de gouvernant, à altérer la
confiance publique dans les garanties de l'organisation
judiciaire ! Et encore, songe le peuple en son impuissance finale, à quoi bon des épurations partielles si les
nouveaux juges héritent sur le siège des préventions
malignes de leurs prédécesseurs ? Est-ce que tous les
gouvernements ne s'efforcent pas de pétrir la magistrature à leur image, de la frapper à leur effigie ? Du
moins, c'est un député, et non des moindres, qui dit
cela à la Chambre de 1880. Et, comme pour démontrer l'inanité de toute réforme judiciaire, l'inutilité de
garanties spéciales à exiger du juge, ce même homme
politique, qui sera grand avocat, président du conseil
des ministres, rappelle tranquillement qu'il y a des
magistrats qui refusent des services parce qu'ils sont
debout, et qui les rendent le jour où on les a assis.
C'est un député, encore un ministre à venir, qui, com-
battant l'élection des juges, obligé de reconnaître que
la magistrature issue des institutions dont il se fait le
défenseur ne vaut pas cher, l'abandonne carrément à
ses ennemis. C'est un député-journaliste, qui écrit, avec
une fureur dont son talent souriant n'est pas coutumier,
que les magistrats sont des malfaiteurs beaucoup plus
dangereux que les autres, qu'il aimerait mieux rencon-

trer un bandit au coin d'un bois qu'un juge au coin
d'un code. C'est enfin la grande majorité de la Chambre qui vote l'affichage sur les murs du pays d'une ha-
rangue passionnée contre les magistrats, et la France y
lit que la magistrature a « un double visage, un visage
aimable et souriant tourné du côté des heureux, et un
visage glacé, impassible et impitoyable, tourné du côté
des misérables. » O La Fontaine ! ô Rabelais ! votre satire est vérité d'État au seuil du vingtième siècle... Et,
tout de même, le peuple, quoique justement irrité de
voir les gouvernants confier la sauvegarde de ses li-
bertés et le dépôt des lois à des hommes dout ils médi-
sent tout les premiers, a le droit de se réjouir, car la
politique ne récompense la justice de ses complicités
qu'en la déconsidérant tout à fait : elle accélère sa dé-
composition !

Ne nous en plaignons pas. Qui veut édifier doit
commencer par détruire. L'évolution humaine ne saurait s'accomplir qu'à travers des ruines. Des orgueil-
leuses castes du passé une seule persistait à narguer le
progrès. C'est la noblesse de robe. Même après l'abo-
lition de l'hérédité des charges, de la vénalité des emplois, la judicature s'attachait à paraître une aristocratie intangible, et il semblait que sa splendeur illusoire
tint de quelques hautes figures d'autrefois le privilège
de défier les tempêtes. Tout cela aujourd'hui est fini.
La magistrature agonise. Ses arrêts, fussent-ils le plus
équitables, ont irrémédiablement perdu toute autorité.
Ses représentants, fussent-ils le plus irréprochables,

ne jouissent d'aucun crédit. La déchéance est [complète. Elle le sait. Ceux d'entre ses membres dont la perspicacité naturelle n'est pas encore annihilée par la routine professionnelle, n'ouvrent la bouche, ne prennent la plume, que pour laisser tomber l'aveu mélancolique de l'insondable discrédit où a roulé leur corporation [1]. Ils interrogent, désolés, tous les thaumaturges, implorant un miracle qui rende à la magistrature l'honneur disparu. Et les malheureux ne s'aperçoivent pas qu'en quêtant le remède impossible, ils rendent plus visible la plaie dont leur organisme saigne mortellement. S'il fallait dresser contre les gens de loi un réquisitoire précis, il suffirait de réunir, de résumer les appréciations, très mûries, des magistrats eux-mêmes. Le parti-pris de dénigrement, l'esprit d'hostilité réfléchie n'a pas inspiré de jugements plus sévères, plus

---

1. Lire, entre autres discours, ceux de M. Jacomy, avocat-général, (5 juillet 1897, audience solennelle de la Cour d'Appel de Paris), — de M. Melcot, avocat-général à la Cour de Cassation (17 octobre 1898, audience de rentrée). M. Melcot fait aux magistrats d'aujourd'hui un grief de leurs mœurs démocratiques, il assure que jamais la magistrature n'a été plus attaquée que depuis qu'elle s'est rapprochée des mœurs et des idées nouvelles : « Leur genre de vie (celui des magistrats), est-il assez discret ? demande-t-il. Ne donne-t-il pas à craindre que de la similitude des plaisirs le public ne déduise la ressemblance de l'humeur ?... » Il est piquant de rapprocher ces paroles d'une maxime de la Bruyère : « L'homme de robe ne saurait guère danser au bal, paraître aux théâtres, renoncer aux habits simples et modestes, sans consentir à son propre avilissement. » Et il est vrai que le mystère accroît le respect, mais il faut s'accoutumer à la lumière: si les hommes y perdent, la vérité y gagne.

agressifs. Tous les reproches que nous élevons contre l'institution et les hommes se trouvent là condensés avec amertume. L'un, grave conseiller, reconnaît qu'il est impossible de nier que beaucoup de faits soient venus autoriser contre la magistrature des soupçons de faiblesse ou de complaisance envers le pouvoir, que, plus d'une fois, ses arrêts ont eu le malheur de ressembler à des services [1]. L'autre, juge renommé, confirmant cette opinion, écrit que la *généralité du pays* a perdu confiance dans l'indépendance de la magistrature en face du pouvoir [2]. Un troisième, s'avouant que parler des *grandeurs de la justice* c'est rappeler *les imperfections du juge*, dévoile les mœurs des magistrats ambitieux qui, accessibles à l'espoir ou à la crainte, se réduisent au rôle de solliciteurs et de protégés pour obtenir un avancement à quoi ne leur donne droit ni la durée des services, ni l'éclat du talent [3]. Un quatrième déclare que le personnel judiciaire ne répond pas aux aspirations de notre corps social, qu'il est composé surtout de bourgeois aisés devant lesquels l'homme en paletot trouvera plus de faveur que l'homme en blouse [4]. Cet autre, par un exemple de choix, établira que les juges sont parfaitement capables de concussion [5]. Un dernier enfin (car il faut se

1. Poitou, conseiller à la Cour d'Angers.
2. A. Guillot, juge d'instruction.
3. M. Melcot, avocat général à la Cour de Cassation.
4. M. Malepeyre, juge à la Seine.
5. Oscar de Vallée, avocat-général à la Cour de Paris.

borner!), regardant les magistrats en province, les dépeint empressés à toutes les compromissions, à plat
ventre devant les détenteurs des influences locales, se
muant en courtiers électoraux, prêts aux plus bas tri-
potages, insolents avec les humbles autant qu'ils sont
obséquieux avec les gens en place, cachant *une
énorme insuffisance* sous leurs apparences correctes et
leurs airs entendus, d'ailleurs se souciant bien moins
de rendre des sentences iniques que de les voir infir-
mées par les Cours d'Appel [1]. Et ce rude observateur,
désabusé, dégoûté, s'expliquant après dix ans d'expérience personnelle pourquoi on se montre au doigt
l'armée de Thémis en « riant de ses grimaces et de ses
oripeaux démodés », préfère donner sa démission de
procureur plutôt que de vieillir dans un milieu aussi
vil...

Ainsi le procès des légistes s'instruit en leur propre
Palais. Les preuves de leur culpabilité générale se

[1]. M. A. Baumann, magistrat du ressort de Nancy. Quiconque veut se faire une idée exacte des mœurs judiciaires doit
lire avant tout les deux ouvrages publiés par M. Baumann en
ces dernières années : *Le Tribunal de Vuillermoz* et *Souvenirs
de magistrat.* — Parlant de l'oisiveté des tribunaux de troisième
classe, l'auteur écrit : « A Lamorte-sur-Vence, la vie judiciaire
était aussi paisible que la vie locale, et les magistrats n'y avaient
à peu près rien à faire. C'est à peine s'il se produisait un assas-
sinat tous les trente ans, et, quant à l'audience civile, les affaires de murs mitoyens y étaient l'unique pâture des hommes de
loi. Il y a en France 300 tribunaux, sur 352, qui se trouvent
dans le même cas. » Voilà pour nos réformateurs une occasion
de besogner et de tailler...

pressent, accablantes, sous leur témoignage direct. Et
s'il était cependant repoussé par leurs derniers défenseurs, en admettant qu'ils pussent en susciter dans
l'universelle réprobation, s'il était récusé sous prétexte
qu'il exprime seulement une suite d'opinions indivi-
duelles, émises, peut-être, par des hommes mécontents,
aigris, envieux, désenchantés, il resterait à examiner
toute une accumulation de faits, la longue, l'intermi-
nable série des scandales du monde judiciaire. Mais
alors une dizaine d'in-folio n'y suffiraient point ! Car
toutes les tares de la vie sont venues publiquement
ajouter leurs stigmates aux infamies professionnelles.
Sans remonter bien loin dans la chronique scandaleuse, que voit-on depuis quelques mois ? Tantôt un
procureur accusé d'escroquerie, tantôt un juge arrêté pour abus de confiance, un autre pour affaire de
mœurs, puis tout un tribunal se livrant pendant une
suspension d'audience à de répugnantes scènes de pu-
gilat, puis un juge d'instruction — spécialement chargé
d'instruire les plaintes en adultère — relevé de ses
fonctions pour avoir favorisé par des manœuvres équi-
voques les amours adultérines de la femme d'un de
ses collègues, puis... mais à quoi bon poursuivre cette
liste déconcertante de leurs défaillances privées ? La
preuve est faite : ce digne gardien de la loi, qui s'appelle le juge, cet austère, cet incorruptible. n'est qu'un
hypocrite. Comme un autre il subit les passions humaines, il y succombe. Ah ! que l'on ne parle plus de
son intégrité, de sa fierté, de son impartialité, et de

son indépendance, et de sa pitié ! Des mots dont la foule n'est plus dupe. Les magistrats ? Maintenant qu'elle les coudoie, les tutoyant et les toisant, la crainte partie, elle les juge tels qu'ils sont. Des hommes investis par le favoritisme du droit de troubler la vie et la liberté des citoyens. Le plus souvent des médiocres, ne comptant plus leurs erreurs, presque toujours des ambitieux, ne ménageant plus leur honneur. Assis derrière un comptoir, le cœur endurci par l'habitude, d'ailleurs indifférents au malheur, ils frappent ceux dont ils n'ont rien à attendre, ils absolvent ceux dont ils espèrent la moindre satisfaction. Instruments d'arbitraire, fauteurs d'illégalités, le Gouvernement les tient à sa merci, le Capital à sa disposition. Pour gagner plus sûrement les faveurs de l'un et de l'autre, leur règle est d'affecter une sévérité implacable. Ne savent-ils pas que les étapes de l'avancement d'un magistrat se mesurent à l'importance ou au nombre des condamnations qu'il prononce ou qu'il obtient ? Avancer est toute leur affaire, comme elle est uniquement celle de tous les fonctionnaires. « Ils touchent leur paie; ils en désirent une plus forte : et voilà à quoi se bornent leurs principes ! Après cela, ils sont prêts à accuser, à juger, à condamner qui vous voudrez ! [1] »

Et l'interrogation de Tolstoï se pose et s'impose :

— Est-ce qu'on ne pourrait pas s'arranger pour garantir à tous ces fonctionnaires leurs traitements, et

---

1. Tolstoï, *Résurrection.*

même pour leur offrir une prime, à la condition qu'ils s'abstinssent désormais de ces néfastes besognes que les malheureux se croient tenus d'accomplir pour gagner leur argent [1]?

Alors?... Alors plus de juges...

## II

Plus de juges? Peste! la solution est radicale.

Le Capital proteste suffoqué :

— Et les traditions de servitude auxquelles se plie si docilement l'innombrable foule des humbles, qui les maintiendra? Et la société, dont je suis la charpente vitale, qui la défendra? Les possédants, qui les protègera? Les appétits, qui les refrénera? Les désordres publics, les séditions populaires, qui les réprimera? Le vol, la violence, l'homicide, qui les châtiera?... Plus de juges! Qui donc appliquera les lois?...

La riposte est directe, non sans vigueur. C'est l'argument dicté par la vie et ses petitesses. Il paraît irréfutable à tant de pauvres créatures qui frissonneraient de peur, jour et nuit, si elles ne se sentaient entourées de gendarmes terriblement équipés, de cachots solidement verrouillés. En vérité il traduit à merveille le gros bon sens des masses, l'égoïsme cruel des individus, la crainte affolante qui arme chacun de nous

1. Idem

contre son semblable. Le tien, le mien... Vite, qu'un
arbitre nous départage, qu'entre les deux il prononce
souverainement O juge! toi pour qui je n'éprouve, tu
le sais, que haine et mépris, je te remets le soin de
ma gloire et de mes biens, décide... Ainsi, l'on a fait
le tour de la magistrature, on l'a trouvée sur tous les
points usée, mangée aux vers, putréfiée, on a acquis
la certitude que l'antique machine, sous un mince
effort, s'affaisserait, le commun des hommes appelle
cet effondrement, et personne, en fin de compte, n'o-
serait le geste final. Ah! des menaces retentissantes,
des projets révolutionnaires, volontiers l'on en est pro-
digue. Mais on s'en tient aux harangues et aux disser-
tations. Hardi en paroles, timoré en actes, c'est la caractéristique éprouvée de tout réformateur sincère. Il
n'en est aucun, si pénétré soit-il de cette idée que la
magistrature est l'un des vices les plus criants de la
société actuelle, qui aurait le courage de la supprimer
en sa société nouvelle. Les hommes, oui, il en ferait
peut-être bon marché, et encore! ils sont si enragés
d'intrigue. L'institution, il n'y toucherait que pour la
« perfectionner », c'est-à-dire pour la compliquer. (Sur
ce sujet il y a peu de documents plus instructifs que
les programmes des doctrinaires socialistes : l'on n'y
parle que de *réglementation*, de *législation*, etc...
Seuls, quelques théoriciens anarchistes envisagent
carrément la disparition de la loi et de ses interprètes.
Aussi les socialistes se proposent-ils, lorsqu'ils accom-
pliront leur révolution systématique, de « fusiller d'a-

bord les anarchistes ». Ce fraternel avertissement vient d'un député collectiviste.)

C'est que la règle de fer qui disciplina nos ancêtres durant tant de siècles s'appesantit, aussi lourde, sur notre tête : nous ne la redressons qu'à de passagères bouffées d'orgueil. La pensée vole aux cieux et se croit affranchie. Les liens terrestres la ramènent à une plus exacte appréciation de sa liberté. S'évader de cette immense prison qu'est le monde, planer agile et pure au-dessus des misères humaines, quel rêve! Et quelle chute! Tout gêne la pensée, tout la contrarie, tout la ravale à des préoccupations qui obstruent ses spéculations. L'isolement enchanteur lui est défendu. Quand elle s'est résolue d'échapper à la matière qui l'écrase, elle n'a su imaginer que des *chimères*, et quel autre mot donnerait-on à ses plans idéaux puisqu'elle fut inapte à les réaliser, impuissante à les imposer? Un obstacle durable entre tous perpétue sa faiblesse : le joug social. Toute originalité est dénoncée comme une calamité. Les États constitués découragent l'esprit d'innovation avec l'assentiment à peu près unanime des individus. Ils sont trop intimement attachés au *modus vivendi* pratiqué par les générations antérieures. L'audace semblerait révoltante d'entamer cet héritage. Si bien que la tradition nous enveloppe comme un réseau. Soit consentement, soit timidité, nous sommes les forçats du passé. Nous naissons libres, assure le philosophe. Ah! la fâcheuse illusion. Un moule d'airain nous pétrit. Notions héréditaires, idées toutes faites, coutumes, préjugés, éducation, leur empreinte reste ineffaçable, et même, lorsque notre volonté prétend faire table rase, il y a une inquiétude qui nous vient au contact de la vie, nous demeurons respectueux des morales établies. C'est ainsi qu'à travers les divergences de théories et de méthodes nous nous écartons rarement de cet accord initial : l'impossibilité de servir l'humanité, de l'amender, autrement qu'en l'encadrant, en la dirigeant, en la soumettant aux prescriptions primordiales d'un contrat essentiellement prohibitif. Pour neuves et larges qu'apparaissent nos conceptions, une chose les rapetisse toujours : la prédominance des conventions sociales, le fétichisme, avoué ou secret, de la loi.

Et la loi gouverne les hommes, invincible. Au désabusés qui la malmènent, la Politique, accourant au secours du Capital, objecte, dédaigneuse :

— Fous! qui déroulez des critiques arides, qui vous entretenez de bouleversements impossibles, qui bâtissez des Salente de songe-creux, par quoi remplaceriez-vous les lois?

Mais la nature frémissante, empruntant la voix d'un de ses plus libres adorateurs, réplique brutalement :

— *Il y a des lois! Quelles lois?*

Et Diderot, en sa logique pressante, d'établir la prééminence originelle de la raison individuelle sur la raison publique, de la décision de « l'homme » sur celle de l'homme de loi : — Est-ce que l'homme n'est pas antérieur à l'homme de loi? Est-ce que la raison de l'espèce humaine n'est pas tout autrement sacrée que la raison d'un législateur? Nous nous appelons civilisés, et nous sommes pires que des sauvages. Il semble qu'il nous faille encore tournoyer pendant des siècles, d'extravagances en extravagances et d'erreurs en erreurs, pour arriver où la première étincelle de jugement, l'instinct seul, nous eût menés tout droit...

L'instinct, voilà le guide naturel, voilà le fondement de la moralité de nos actions. Il fixe aux hommes l'unique conduite à observer entre eux : se développer parallèlement sans se nuire réciproquement. Maxime née de la sagesse. Le révolutionnaire galiléen l'enseignait à ses disciples : Ne fais pas à autrui ce que tu ne voudrais pas que l'on te fît. Et la philosophie kantienne la reproduisait sous une autre forme : Agis de telle sorte que le libre usage de ta volonté puisse subsister avec la liberté de tous. Là est la répudiation formelle de la force, de l'habileté, de la perfidie, l'hommage rendu à l'égalité primitive, à l'état d'innocence parfaite. Si l'espèce humaine n'eût pas négligé ce principe supérieur, elle se fût accommodée du droit naturel. Des désirs coupables lui ont suggéré des ambitions néfastes. A l'état de nature substituant l'état de société, il lui a bien fallu créer un nouvel ordre de rapports. Ordre si factice qu'il ne pouvait se maintenir qu'au moyen de dogmes implacables. Apparut la distinction entre le bien et le mal, entre ce qui est juste et ce qui est injuste, entre ce qui est permis et ce qui est défendu. Le droit de récompenser et de punir

naissait, créant avec lui *le droit positif.* Dès lors s'é-
tablissait la justice officielle, la jurisprudence, la science
du droit, et, l'art des législations régissant les individus, l'instinct reculait devant la loi, la raison ployait
sous l'autorité.

L'esprit humain s'est plu à définir le *droit* sous
des formes aussi séduisantes que variées. En lui, tour
à tour, il a vu l'émanation de la raison, la règle de la
justice, le levier de la civilisation, la garantie de la liberté, etc... Pour Montesquieu, c'est le rapport nécessaire qui dérive de la nature des choses, pour Jean-
Jacques, c'est l'expression souveraine de la volonté
générale, pour ces politiques profonds qui s'appellent
Mirabeau et Robespierre, c'est la raison même, le
modèle le plus pur de la justice. Idéalement, le droit
peut être tout cela, et mieux encore. En réalité, ce
n'est que l'art de tenir les hommes en laisse, pas davantage. Qui dit loi, n'est-ce pas? dit commandement,
défense, contrainte. La loi, par cela seul qu'elle *est,*
entraîne une diminution morale de la personnalité humaine, attente à sa liberté. Même en dehors de son action directe, on la supporte impatiemment, on en souf-
fre, on en reste offensé, car on la sent qui rôde,
malfaisante, qui infecte l'air, qui outrage la pureté
naturelle, qui doute de la vertu comme si l'innocence
n'était plus qu'un produit de juristes. Or, la vérité est
toute contraire : il n'y a de fautes que par la loi. De
même que la confession déflore l'être ingénu qui l'a-
borde ignorant du mal et qui la quitte souillé de la

notion du vice, de même la lecture d'un code laisse
l'âme salie. Les codes sont les dépotoirs de l'humanité. Les délits et les crimes y pullulent comme fleurs
de pourriture. Il s'en dégage l'image d'une société
plus infernale que l'enfer des prêtres. Les hommes ne
se seraient associés que pour se voler, s'entretuer.
Suspects à eux-mêmes, ils se seraient jugés incapables
d'aller dans la vie autrement qu'au milieu d'un cortège
de chaînes et de châtiments. Se condamnant au rôle
d'automates, entassant lois sur lois, ils n'auraient ima-
giné ce prodigieux ensemble de prohibitions dégradan-
tes que pour mieux limiter leur action, entraver leurs
facultés, — et cela librement, d'un commun accord,
de gaieté de cœur !... Supposer que les hommes auraient été assez absurdes pour s'appliquer à se diminuer sous peine de supplices divers, quelle injure ! Et
ces chaînes qu'ils traînent leur vie durant, ils les auraient
forgées par amour de la « justice », unanimes à abdiquer leurs droits naturels !... Non, la loi n'a pas une
origine si simple ou si extraordinaire. Elle fut l'œuvre diabolique d'une minorité. Les premiers oppres
seurs l'inventèrent pour légitimer leurs attentats contre l'égalité humaine. Le droit de punir n'est sorti
que du désir d'acquérir, de conserver, de dominer. Ce
n'est pas l'oisiveté qui est la mère de tous les vices,
c'est la propriété. Du jour où il y eut des possédants
et des non-possédants, l'harmonie naturelle se trouvant rompue à jamais, notre espèce connut tous les
tourments avant-coureurs des actes qui depuis sont

appelés crimes. Le droit eut pour mission de brider les pauvres en divinisant les riches. La loi fut la charte de la servitude.

« La loi ! s'écrie, dans le chef-d'œuvre moral de Tolstoï, le vieillard à qui l'on demande comment il faut se comporter avec ceux qui ne l'observent pas, la loi, ah! oui, tu peux en parler. *Il* a commencé par s'emparer de la terre, il a dépouillé les hommes de toutes leurs richesses, il a supprimé tous ceux qui lui résistaient ; et ensuite il a écrit la loi pour dire qu'on ne devait ni tuer ni voler ! Je te certifie bien qu'il ne l'aurait pas écrite avant, sa loi !... ¹ »

Mais *il* l'a écrite, et, le pis, *il* l'applique. Car, en même temps qu'il s'élevait des hommes pour fabriquer la loi, il s'en trouvait pour l'exécuter. De ceux-ci, de ceux-là, lesquels sont le plus coupables ? Il n'y a pas de doute : c'est aux exécuteurs que l'humanité jette sa réprobation. Il s'est donc rencontré des hommes qui ont fait leur carrière de juger leurs semblables. Aberration tellement monstrueuse qu'elle resterait inexplicable si l'on ne connaissait la folie orgueilleuse de notre espèce, l'inconscience insolente du plus grand nombre. N'importe ! L'on a beau regarder, réfléchir, et que l'on aboutisse à l'optimisme ou au pessimisme, et même que l'on ait la prudence souriante de s'en tenir au doux scepticisme, ce privilège des eunuques, une chose étonne quand même, c'est ce

1. Tolstoï, *Résurrection*, troisième partie.

phénomène : un juge !... Un juge ! un être comme
nous, pétri de boue et de chair, faillible comme nous,
en proie comme nous aux erreurs, aux passions, et
qui, selon les circonstances, selon les impulsions de
son cœur et de son esprit, sera à son heure la victime
des mille tentations de la vie ! Ce juge sous sa robe
cachera peut-être l'âme d'un fourbe, d'un criminel,
et il sera chargé de dénouer les conflits de la mêlée
sociale ! Même s'il était l'homme le plus vertueux,
comment lui serait-il possible d'apprécier selon leur
valeur vraie les mystérieux mobiles des actions humaines ? A leur base n'y a-t-il pas, le plus souvent,
des causes inconnues qui sont des causes absolvantes ?
Quoi ! la fatalité, l'hérédité, l'éducation, et ce génie
intime qui nous inspire et nous meut, tout cela sera
tenu pour nul et non avenu par le juge, tandis qu'il
décidera de la liberté et de la vie d'un *délinquant* sur
de misérables données extérieures ?... Ils n'ont donc
même pas l'idée de se poser ces questions troublantes
avant que d'ambitionner leurs fonctions, les magistrats ? Et, s'ils se les posent, comment n'hésitent-ils
pas ?... J'entends ! « C'est l'amour d'autrui qui les décide, la passion de la justice, un don irrésistible de
la nature qui les pousse à réconcilier leurs semblables, à les départager, à les améliorer, *et cœtera,
et cœtera...* » Ah ! le mensonge impudent, et qui ne
provoque plus que de formidables éclats de rire lorsqu'on a passé en revue les friponneries de la magistrature.

*b.*

Quelqu'un, insidieux, d'interroger : « Alors, selon vous, il n'y aurait dans la magistrature, que des fripons? » La réponse sera nette : si l'on pensait que *tous les juges* fussent des hommes indignes, on l'écrirait sans hésiter, même en tête de cet ouvrage, même au risque d'*insulter l'honneur de la magistrature*... Seulement, comme l'on a le bonheur de n'être point un sectaire ni un justicier, on s'interdit volontiers la facilité d'englober dans une même condamnation les membres d'un même groupement social. Non, il n'est pas vrai que tous les magistrats soient des fripons. Parmi eux se trouvent de très honnêtes gens, comme il s'en rencontre d'ailleurs dans les professions le plus justement méprisées. Par malheur pour ces juges exceptionnels, la suspicion, sans cesse alimentée, s'est étendue à leur caste tout entière. Aussi, les scandales sont trop fréquents, les iniquités trop coutumières! Le peuple, instruit par une cruelle expérience, s'est fait des magistrats une opinion que l'on ne changera point. Sans doute, il lui arrivera — l'histoire nous en offre d'illustres exemples — de se tromper sur le compte de certains, surtout aux époques où justice et politique confondues sont bouleversées par une bourrasque terrible. Même alors, si ses huées vont aux bons et ses faveurs aux méchants, la leçon demeure forte, démontrant à quel déchaînement de fureurs aboutit forcément le spectacle continu des turpitudes : l'on ne doute de la vérité que lorsqu'on a été déjà trompé. Or, le peuple ne s'est tout à fait détaché de la magistrature qu'après

en avoir pâti longuement, patiemment. Il connaît ses
vices : n'en fut-il pas la constante, la principale victime? il les connaît, les raille, — et il désespère. Si
le juge lui avait été pitoyable, s'il lui avait au moins
montré quelque urbanité, il continuerait sans doute de
le considérer comme un fléau, du moins il ne le haïrait
pas : il subit tant d'autres maux avec résignation!
Mais le juge tint à honneur — et profit! — d'être son
ennemi héréditaire, un ennemi hautain, implacable,
lâche, ingénieux à le torturer en sa chair, en son cœur.
Si l'on disait à ce peuple encore tout frissonnant d'é-
pouvante au souvenir des injustices commises par ces
sombres procéduriers, par ces robins maudits qui ne se
réjouissent qu'à chasser des « coupables » comme les
fauves leur proie, ¹ si on lui disait que la faute initiale
vient de l'institution elle-même, qu'elle ne peut que
fausser l'esprit le plus droit, endurcir le cœur le plus
tendre, dévoyer la conscience la plus loyale, qu'en
tout cas les hommes, à tout prendre, sont excusables
parfois, il refuserait de croire et d'absoudre. Et si
pourtant l'on insistait sur ce que la tradition et les

1. Voici un exemple qui décèle la noirceur, la férocité sauvage
dont est capable un magistrat. Voyant le jury décidé à acquitter les inculpés contre lesquels il requérait, le représentant du
parquet, au comble de la fureur qu'une condamnation lui échap-
pât, s'écria en regardant ceux qui allaient être acquittés : « *Il
est des acquittements qui laissent derrière eux de longues amer-
tumes!...* » Ce propos révoltant, qui révèle une mentalité aussi
spéciale que dangereuse, a été tenu devant la Cour d'Assises de
la Seine par M. Van Cassel, avocat-général près la Cour de Paris, toujours en fonctions...

rouages usés de la machine à juger réduisent à l'impuissance les quelques magistrats qui se gardent honnêtes et sont possédés de l'amour du bien, ah! cette
fois, sa réponse serait preste. — Et le président Magnaud? S'est-il laissé arrêter par la routine, par le milieu?... Pourquoi les magistrats qui se disent animés
des meilleures intentions ne se libèrent-ils également
des préjugés professionnels? Qui les retient de s'inspirer d'une même équité? Que n'imitent-ils franchement
le juge de Château-Thierry?...


## III


Ce nom — Magnaud — était inconnu trois ans passés : il devint célèbre tout à coup. Cependant l'homme
qui le porte était, quand la renommée lui arriva, tel
qu'auparavant, un modeste président de tribunal de
petite ville. La fantaisie lui était-elle soudain venue
d'accomplir une action d'éclat? Avait-il découvert à
l'improviste une invention de génie? Non, il ne se signala à l'attention publique par rien de pareil. Juge,
il jugeait, et voici la surprise : ce faisant, et pas davantage, il gagna la gloire. Comment cet événement s'est-il
produit? C'est bien simple : tranquillement, sur son
siège, le président Magnaud s'avisa d'interpréter la
loi dans un sens humain. Le peuple, qui a perdu la foi
juridique, trouva la chose si nouvelle qu'il en délira
de joie. Il y avait donc en France *un bon juge!* Et voilà

M. Magnaud loué, magnifié, aimé. Si, dès ce moment,
toute la magistrature se fût rangée à la suite du tribunal de Château-Thierry, elle eût réalisé ce que nous
venons de déclarer impossible : elle se fût relevée dans
l'esprit public, en opérant, elle-même, une révolution
dans les mœurs judiciaires. Et aujourd'hui, elle n'aurait pas le vif déplaisir de voir, à sa honte, citer les
jugements du président Magnaud à titre d'uniques
monuments d'équité.

Si l'on veut apprécier à sa valeur l'œuvre du président Magnaud, il faut lire avec soin une brève allocution qu'il adressait tout récemment aux avoués de son
ressort. En quelques mots, sans détour, il affirmait le
triomphe prochain des idées de justice humaine et
sociale basées sur le droit naturel, il condamnait les
interprétations pharisaïques d'une jurisprudence si
souvent en opposition avec le sentiment public, il sou-
haitait que la maxime « *Summum jus summa injuria* »,
si déconcertante, disait-il, pour la conscience, ne trou-
vât plus son application [1]. Ces paroles caractérisent
parfaitement la jurisprudence inaugurée par le président Magnaud. Au lieu d'exécuter les lois à la lettre,
de s'enliser comme ses collègues dans les procédures
et la justice d'école, de n'être qu'un complice servile
de l'iniquité sociale, ce magistrat s'est bravement affranchi, et, homme plus que juge, révolté en son âme
droite que la loi fût seulement une machine à gouver-

1. Voir à l'Appendice, n° 1.

ner les masses, il a reconnu qu'elle est, selon la formule décisive de M. Georges Clemenceau, faite pour
l'homme et non l'homme pour la loi. A la loi écrite il
a substitué la loi naturelle, au dogme la raison, au code
la justice. Tandis que les juristes semblent prendre
pour devise l'axiome fameux : *Homo homini lupus*,
lui, fraternel, il n'a vu dans les accusés que des victimes de la société, et, loin de se complaire à les condamner, il les a pris en pitié, il a cherché les causes
véritables de leurs *délits*, il s'est révélé pitoyable et
humain, désolé de punir, ravi d'innocenter. Poussant
plus loin sa hardiesse, il ne s'est pas contenté de rejeter les traditions de la magistrature, il a osé attaquer
de front la société elle-même. C'était une habitude
prise dans les tribunaux de condamner un malheureux
*parce que* malheureux. Lui, établissant toutes les responsabilités, il a mis au jour celles de la société, il lui
a reproché de donner la première l'exemple de la vio-
lation de ses propres lois, et, nettement, il a proclamé
qu'elle n'a pas le droit de punir un homme dont le seul
crime précisément est d'être malheureux. Enfin, abordant le problème social en son point le plus discuté,
il a déclaré le droit à la vie antérieur au droit de propriété, il a fait s'incliner la loi devant la faim. On peut
constater par là combien audacieuse fut son initiative.
Enfin, le magistrat cessait d'être un fonctionnaire, un
automate, un ennemi : il devenait un homme charitable et clément.

De telles hardiesses n'éclatent pas sans heurter la

sereine soumission des profiteurs de la société. Rompre ainsi en visière avec tous les usages, traditions, interprétations, de la sacro-sainte magistrature ! Sortir de la routine juridique, quitter ses sentiers battus et rebattus pour appliquer différemment et humainement la loi ! S'émouvoir devant la misère au lieu d'observer la sécheresse séculaire des légistes ! Quel crime ! quelle trahison !... Les légistes soulevés qualifièrent les jugements du président Magnaud d'*antisociaux*. Si, par cette épithète, ils entendaient dire que le juge de Château-Thierry refusait de se faire à leur exemple le serviteur complaisant et impassible de la société, d'être l'instrument malléable des classes dirigeantes contre les classes pauvres, le représentant du capital contre le prolétariat, les légistes ne se trompaient pas, mais ils auraient dû alors convenir que la justice sociale — la leur — est inconciliable avec la justice humaine. Car le président Magnaud n'a pas fait autre chose qu'introduire l'humanité dans la loi. A ce point de vue ses jugements, en effet, sont *révolutionnaires*, étant en contradiction avec les traditions de la basoche. On a écrit, tant l'habitude de lire d'insipides grimoires a perverti l'esprit, que les considérants en sont plus philosophiques que juridiques. La vérité est que le président Magnaud a inscrit dans ses sentences mémorables des axiomes qui, loin de s'écarter de la justice, devraient en être la base. Voici, par exemple, comment il s'est exprimé :

Sur le droit à la vie :

*Attendu qu'il est regrettable que dans une société bien organisée, un des membres de cette société, surtout une mère de famille, puisse manquer de pain autrement que par sa faute; que lorsqu'une pareille situation se présente... le juge peu! et doit interpréter humainement les inflexibles prescriptions de la loi.*

*Attendu que la faim est susceptible d'enlever à tout être humain une partie de son libre arbitre...*

*Attendu que la probité et la délicatesse sont deux vertus infiniment plus faciles à pratiquer quand on ne manque de rien, que lorsqu'on est dénué de tout...*

*Attendu que celui qui, poussé par les inéluctables nécessités de l'existence, demande et obtient un morceau de pain dans le but de s'alimenter, ne commet pas le délit de mendicité...*

*Attendu que le droit à la vie est le patrimoine intangible de l'être humain...*

Sur les devoirs de la société envers les indigents :

*Attendu que... la société, dont le premier devoir est de venir en aide à ceux de ses membres réellement malheureux, est particulièrement malvenue à requérir contre l'un d'eux l'application d'une loi édictée par elle-même et qui, si elle s'y fût conformée en ce qui la concerne, pouvait empêcher de se produire le fait qu'elle reproche aujourd'hui au prévenu...*

*Attendu que le prévenu considère la prison... comme un de ces établissements hospitaliers que la société a oublié d'installer en quantité suffisante en faveur des malheureux de son espèce...*

*Attendu que ce qui ne peut être évité ne saurait être puni.*

Sur les devoirs des magistrats :

*Attendu que pour équitablement l'apprécier (le délit de l'indigent), le juge doit, pour un instant, oublier le bien-être dont il jouit généralement afin de s'identifier, autant que possible, avec la situation lamentable de l'être abandonné de tous...*

*Attendu que le souci du juge dans son interprétation de la loi ne doit pas être seulement limité au cas spécial qui lui est soumis, mais s'étendre encore aux conséquences bonnes ou mauvaises que peut produire sa sentence dans un intérêt plus général...*

*Attendu que vainement X... frères, pour établir qu'il n'y a pas faute inexcusable de leur part se retranchent derrière ce fait qu'ils n'ont été l'objet d'aucune poursuite correctionnelle, mais attendu que l'inaction du Parquet en cette circonstance importe peu au Tribunal, qui n'a pas à s'en préoccuper ni à en rechercher les causes.*

Sur la recherche de la paternité :

*Attendu qu'à tous ces éléments d'atténuation (délit de violences exercées par une fille-mère contre son séducteur), il vient s'en joindre un autre et non des moindres, résultant de cette lacune de notre organi-*

c

sation sociale qui laisse à une fille-mère toute la charge de l'enfant qu'elle a conçu, alors que celui qui, sans aucun doute, le lui a fait concevoir peut se dégager allègrement de toute responsabilité matérielle...

Sur les maisons de correction :

*Attendu, d'autre part, que, malgré tous les soins et la surveillance apportés par l'administration pénitentiaire, les maisons de correction, en raison du contact des enfants vicieux qui y sont placés, ne sont presque toujours que des écoles de démoralisation et de préparation à des crimes et délits ultérieurs...*

Sur les rapports des patrons et des ouvriers :

*Attendu que la charge de ce risque (professionnel) pour le patron est d'autant plus rationnelle et équitable que celui-ci a le droit, le devoir et le pouvoir de surveiller son ouvrier ainsi que de s'opposer à ses imprudences, tandis que l'ouvrier ne peut, en raison de sa situation instable et dépendante, s'opposer timidement, et dans la crainte d'être expulsé, aux procédés expéditifs du patron destinés le plus souvent à lui faire réaliser un fort bénéfice. Qu'enfin c'est l'ouvrier seul qui produit et qui expose sa santé ou sa vie au profit exclusif du patron, lequel ne peut compromettre que son capital... Qu'en effet la faute de l'ouvrier sera toujours plus excusable que celle du patron, car le premier en la commettant n'aura été*

*exagérément imprudent que poussé par le désir par-*
*ticulièrement excusable d'augmenter sa situation si*
*souvent précaire, tandis que le second, qui n'expose*
*que ses capitaux, n'aura agi que pour accroître ses*
*bénéfices sans risquer sa vie...*

*Attendu qu'en agissant de la sorte* (en conseillant
la cessation de travail à ses ouvriers), *le moissonneur*
*G... n'a fait qu'user de l'incontestable droit qu'ont*
*tous les travailleurs, auxquels la rétribution de leur*
*travail paraît, à tort ou à raison, insuffisante, d'ar-*
*river, par des moyens licites, à obtenir une rémuné-*
*ration plus élevée; que ce droit, non seulement appar-*
*tient au travailleur lui-même, mais à tous ceux qui,*
*même sans faire partie du prolétariat, prennent sa*
*défense et cherchent par leurs conseils éclairés et*
*désintéressés à améliorer son sort.*

Le beau souffle d'égalité et de fraternité qui anime
ces considérants élève vers l'idéal humain. Oh ! comme
la loi serait moins abhorrée si elle s'offrait ainsi pleine
de tendresse et de mansuétude. On lui pardonnerait
presque ses origines et ses pratiques iniques, car, après
avoir été aux mains des privilégiés un instrument d'op-
pression, elle apparaîtrait aux victimes de la vie l'arme
de réparation.

Quel est-il donc, cet homme qui n'a pas craint de
se dégager des vieilles coutumes de l'esprit judiciaire
et d'ouvrir à la magistrature le chemin de la vérité?
Un homme sans passé, que de travail, sans ambition,

que de justice [1]. Lorsqu'il entra dans la judicature, il avait l'amour du bien et du vrai : il ne crut pas que ses fonctions de juge l'obligeaient à changer de sentiments et d'idées, ni à cesser d'être indépendant et libéral. Autour de lui, dans ce monde étroit de la chicane, s'agitaient des passions réactionnaires, des préoccupations égoïstes, des intérêts mesquins. D'esprit large, de pensées démocratiques, il se trouvait jeté dans une caste spéciale et presque fermée, dont l'accès est difficile en raison de la modicité des traitements qui n'en permet l'entrée qu'aux riches. Caste féodale en une certaine mesure, puisque, de père en fils, les sièges, par tacite accord avec la Chancellerie, se transmettent et se perpétuent dans une même famille. Caste autoritaire, jalouse de sa morgue, fière de ses traditions, et qui a la sottise de se croire douée d'une véritable supériorité sociale, et qui affecte d'épouser les préjugés pareillement orgueilleux des castes militaire et sacerdotale. Caste si réfractaire aux idées émancipatrices de la civilisation qu'elle ne pardonne leur audace aux *parvenus* violant son sanctuaire qu'à la condition

1. Fils d'un fonctionnaire des Finances, M. Paul Magnaud est né à Bergerac en 1850. Après ses études de droit, il se fit inscrire au barreau de Paris d'où la maladie le tint longtemps éloigné. Nommé substitut à Doullens en 1881, il fut tour à tour juge d'instruction à Montdidier, Senlis, Amiens, et c'est le 6 juillet 1887 qu'il fut nommé président du tribunal de Château-Thierry. Il a pris part à la guerre de 1870 dans l'armée de la Loire. Chevalier de la Légion d'honneur au titre militaire, il a le grade de capitaine d'état-major dans la réserve. M. Magnaud est membre de la Société des études historiques.

qu'ils abdiquent leur personnalité, qu'ils se soumettent à sa discipline imbécile. M. Magnaud ne se soumit pas, n'abdiqua point. A la stupéfaction de ses collègues, il garda au milieu d'eux la conscience droite, le front haut, la pensée libre. Il méprisa ouvertement ce qu'il voyait honorer le plus à ses côtés, c'est-à-dire les compromissions, les hypocrisies, les mômeries. Son premier acte, quand il prit possession de la présidence de Château-Thierry, fut, non seulement de supprimer « la messe du Saint-Esprit, » mais de *faire enlever de la salle d'audience du tribunal le Christ appendu au mur* : sur son ordre, les emblèmes religieux se trouvèrent remplacés par le buste de la République [1]. N'est-il pas naturel qu'en un pays où toutes les religions sont admises, où aucun dogme n'a la prééminence constitutionnelle sur un autre, le symbole du catholicisme cesse enfin de présider aux décisions de la justice?... Ce premier acte annonçait aux justiciables de l'arrondissement de Château-Thierry un changement complet dans leur tribunal. Et, en effet, le chef du corps judiciaire, après s'être révélé libre-penseur ferme et logique, se montra républicain aussi convaincu que résolu. Cela n'est pas banal. Un magistrat qui ose soutenir les institutions nationales, afficher ses opinions franchement démocratiques, menacer les

---

1. Est-il besoin de dire que le tribunal de Château-Thierry est le seul en France, pays de tolérance, pays qui a supprimé la religion d'État, où un magistrat ait eu le courage d'agir avec une aussi honorable liberté d'esprit ?

partis réactionnaires, annoncer du haut de son siège
qu'au besoin il en appellerait à la force pour défendre
la République [1], ce magistrat n'est-il pas unique en
France?... Cependant le président Magnaud devait
étonner ses justiciables davantage encore: il poussait
l'originalité jusqu'à rendre des jugements justes et
humains [2]. Insoucieux du style dit juridique, bouscu-
lant impitoyablement l'ondoyante jurisprudence et
l'archi-doctrine, il trancha les procès engagés devant
lui dans le sens de bonté et de vérité, d'ailleurs sans
s'inquiéter du préjudice que cette innovation admirable pourrait causer à sa carrière. Naturellement, il
lui arriva de se heurter aux jurisprudences établies
ou aux mœurs judiciaires. Rien ne le fit reculer. Et
même, plus d'une fois, tout en exposant en ses
sentences des principes en opposition avec les règles
des légistes, il dit son opinion sur les arguties juridiques, sur les lenteurs des tribunaux, sur ces stupides
conflits de juridictions qui suspendent le cours de la
justice pendant des années au seul détriment des citoyens.

1. Voir à l'Appendice, nos 2 et 9.
2. Après le jugement Ménard (1898), on a accusé le président
Magnaud de rechercher dès lors la réclame par des sentences
à thèse. La vérité est que la presse, une fois alléchée par ses
décisions, se tint dès ce moment à l'affût des incidents concernant le tribunal de Château-Thierry. En lisant cet ouvrage, et
en observant la date des documents y rassemblés, on se con-
vaincra sans peine que le président Magnaud s'est toujours
prononcé selon la même conception de justice.

On ne peut nier qu'il y avait là de quoi émouvoir l'opinion publique. Elle fut charmée par les allures indépendantes de ce juge, par ses tendances humanitaires, et, conquise, elle applaudit fortement. Cela ne fut pas au goût des magistrats. Que l'un d'eux se permît d'être populaire par sa seule façon de rendre la justice, ce miracle échappait à la jugeotte de ces gens. Leur jalousie s'éveilla. Le président Magnaud leur fit l'effet d'un gâte-métier, d'un phénomène antijuridique. Ce fut à qui dans les Cours et Tribunaux se gausserait de lui. Il devint dans la magistrature l'objet de l'animadversion générale. Cette aversion se manifesta d'une façon typique à Paris. Un jour l'avocat d'une femme sans ressources, chargée de famille, et qui était accusée d'un vol de choux, dit au tribunal :

— Il reste, messieurs, le fait du vol; mais un jugement de Château-Thierry...

A ces mots, le président interrompt :

— Inutile de nous opposer cette jurisprudence, mon cher maître. Le tribunal saura apprécier la cause... [1].

Le tribunal, en effet, apprécia à sa façon : il condamna. Il est instructif, le spectacle de ces robins habitués à se conformer machinalement à la routine, ne basant que sur elle leurs décisions, parce que cela leur est plus commode, et qui, en entendant seulement prononcer le nom d'un novateur, se rebiffent et lancent

1. Cet incident s'est passé à la 10e Chambre correctionnelle, audience du 8 janvier 1900, sous la présidence de M. Victor Fabre, vice-président.

un persiflant *Vade retro !* Décidément, la magistrature
ne veut pas s'orienter vers le libéralisme. Voici, à ses
yeux, le crime du président Magnaud. Il regarde l'a-
venir, il prépare l'évolution sociale avec une noble
passion, tandis que les autres magistrats s'enfoncent
dans le passé avec fureur [1]. C'en est assez pour expliquer les outrages, les persécutions, dont ils cherchent
à le fatiguer. Leur hostilité envers lui est manifeste. On s'en rendra compte par les procédés de la
Cour d'Amiens dont dépend le tribunal de Château-
Thierry [2].

C'est à la fois grotesque et révoltant. Alors que le
président Magnaud provoquait l'enthousiasme public,
le procureur général d'Amiens faisait appel *a minima*
de ses sentences les plus mémorables. L'acharnement
de ce haut serviteur de la Chancellerie parut si sotte-
ment méchant qu'il lui en advint des désagréments
de presse et de tribune. Houspillé ici, fouaillé là, il

---

[1]. En ces derniers temps a surgi un nouvel adversaire contre
le président Magnaud, lui reprochant d'être *trop avide de bruit,
de caresser l'espoir de se rendre populaire.* Et qui écrit cela ?...
le fameux Quesnay de Beaurepaire ! Toujours le coup de pied
de l'âne...

[2]. Nous savons, d'après des renseignements puisés dans le
monde judiciaire d'Amiens, que, parmi les conseillers de la
Cour d'Appel, il s'en trouve un petit nombre — oh ! trois ou
quatre — qui éprouvent une réelle sympathie pour le tribunal
de Château-Thierry et qui s'efforcent de faire triompher ses
idées autour d'eux. Par malheur pour ces braves gens, leurs
bonnes intentions sont paralysées par la majorité. Celle-ci est
un composé de ces... *fonctionnaires* si vertement fustigés par
Tolstoï.

eut en outre un double déplaisir : d'abord le garde des
sceaux, interpellé à la Chambre, rendit hommage au
tribunal de Château-Thierry, puis il envoya à ses su-
bordonnés une circulaire leur prescrivant l'application
des principes pratiqués par le président Magnaud.
C'était pour le procureur général une leçon cinglante,
de celles qu'un magistrat n'oublie qu'après en avoir
tiré vengeance. Aussi la guerre fut-elle bientôt décla-
rée au bon juge. Cour et parquet, chacun s'en mêla.
Les têtes étant ainsi montées, il en résulta une série
de scandales dont le public, bien entendu, fit les frais,
car la justice, boiteuse déjà et aveugle, devint sourde.
Elle frappa à tort et à travers, du moins chaque fois
qu'il s'agissait des habitants de l'arrondissement de
Château-Thierry. Et cela dure encore, et cela menace
de s'éterniser si le ministre de la justice ne se décide
à rappeler au respect des justiciables cette compagnie
de perruches échauffées, je veux dire la Cour d'A-
miens. Là, en effet, le parti-pris maintenant règne
plus que jamais : quels que soient les jugements rendus par le président Magnaud, tout inattaquables qu'ils
soient, le plaideur succombant peut en appeler avec
une quasi-certitude d'obtenir une infirmation, la Cour
les réformant par système et par goût. On devine à
quels dénis de justice aboutit cet état de choses. Il
s'ensuit que la Cour soulève en son ressort la risée
générale, et qu'elle s'attire un mépris plus marqué.
Comment le public n'éclaterait-il pas contre ces enju-
ponnés occupés à passer leur mauvaise humeur sur le

dos des justiciables ? Comment respecterait-il des hommes pleins de fiel mettant leurs haines avant le souci
de la justice ? Quoi ! c'est ça, la justice ? C'est ce procureur général si féroce contre les déshérités qu'il
poursuit d'une folle rage le juge à eux pitoyable ? C'est
cet avocat-général qui, en pleine audience, insulte ce
même juge, se déclarant affligé et excédé, le pauvre
homme ! de ses sentences humaines, le comparant, ô
joie ! à un *cratère en ébullition* ? [1] C'est cette bande
de conseillers, tristes épaves de la politique contemporaine ou adorateurs des régimes déchus, ces pharisiens empressés à écraser la vérité pour servir on ne
sait quels calculs ?... Ça, la justice ? Ça, la magistrature ?... Hélas ! oui, c'est ça, à Amiens et ailleurs
encore, et ça n'est pas grand'chose.

Voilà donc comment se comportent les magistrats
envers celui qui eût pu, comme le disait ce député,
les réhabiliter. Ils le raillent et le persécutent. A leur
aise ! Aussi bien ils n'empêcheront pas le président
Magnaud de parfaire son œuvre, imperturbablement.
Il a démontré que la justice peut être douce et équitable. Bravement, il a corrigé les sévérités imbéciles de
la loi, il en a signalé les violentes défectuosités. Il a si
bien fait qu'à l'avenir la loi, grâce à lui, et en dépit de
toutes les résistances, sera tenue d'être plus humaine.
Les gens de cœur lui en garderont une éternelle estime.
Quant aux autres, bien qu'ils soient le plus grand

---

1. Voir le récit de cet incident à l'Appendice, nº 6.

nombre, ils ne comptent pas : lorsqu'une révolution
se dessine, il faut être avec elle ou se résigner à être
balayé par elle. Or, nous allons au devant d'une révolution dans les mœurs judiciaires. Qu'elle supprime
tous les abus, on n'a point l'illusion de l'espérer. Souhaitons qu'elle impose au moins les principes émis par
le président Magnaud. Ce serait déjà un résultat appréciable, et dont il faudrait bien se contenter en attendant la réalisation de l'état social rêvé par Diderot,
l'état magique « où il n'y aurait ni roi, ni magistrat,
ni prêtre, ni lois, ni tien, ni mien, ni propriété mobi-
lière, ni propriété foncière, ni vices, ni vertus ». Terre
promise dont nous abandonnons la conquête à nos pe-
tits-enfants et à leur descendance...

Henry LEYRET.

Août 1900.

# PREMIÈRE PARTIE

---

# LE DROIT A LA VIE

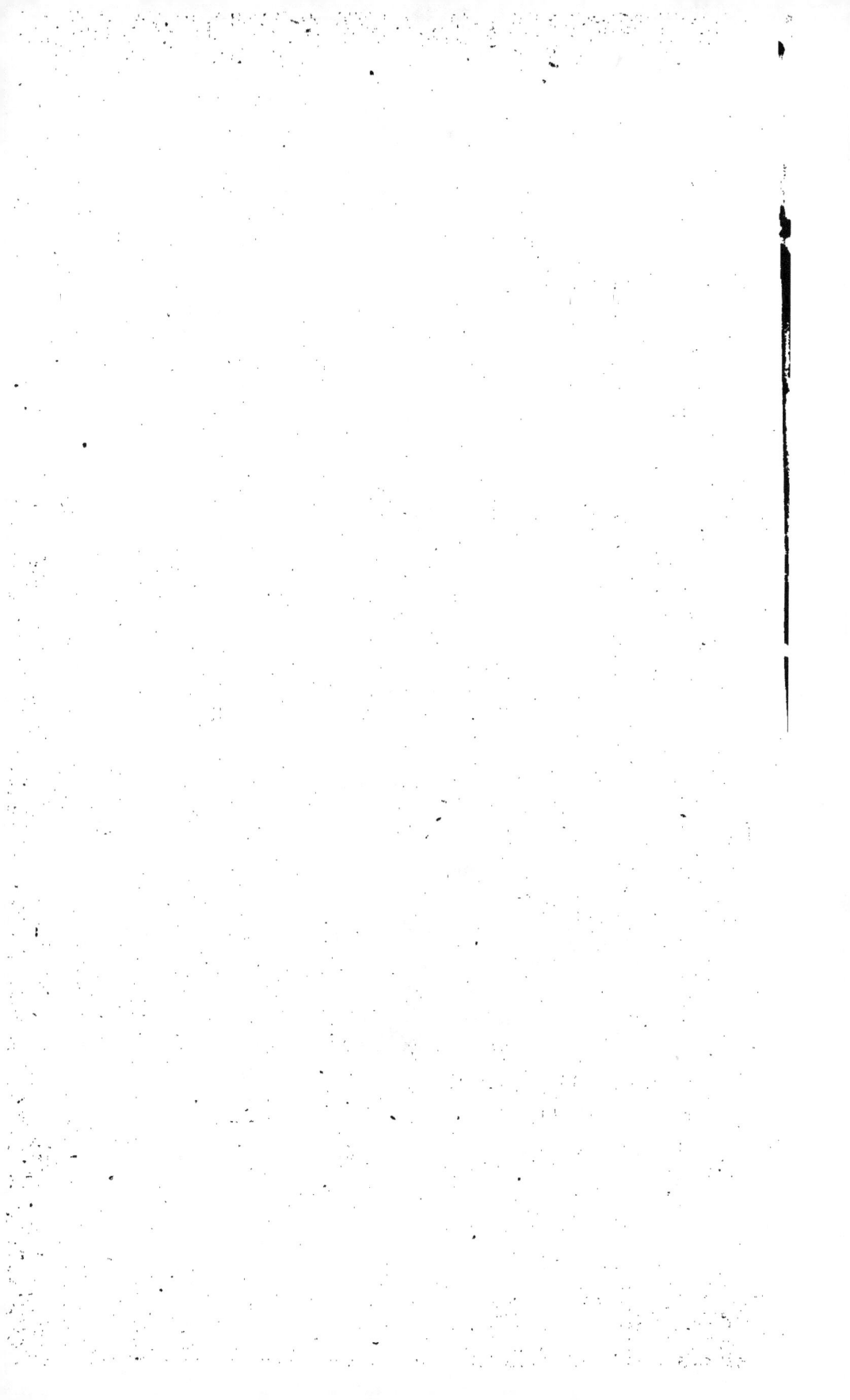

# LES JUGEMENTS

# PRÉSIDENT MAGNAUD

## I

### Vol d'effets : acquittement.

TRIBUNAL DE CHATEAU-THIERRY.

Audience du 27 décembre 1889.

*Présidence de M. Magnaud, Président.*

Le Tribunal,

Attendu qu'il résulte des débats que le 26 décembre 1889, Bardoux, qui sortait le jour même de la maison d'arrêt, a très ostensiblement pris un paquet de gilets de laine à la devanture du magasin du Sieur Callou ;

Qu'il n'a, en rien, cherché à dissimuler les objets qu'il venait d'appréhender, ni à se soustraire par une fuite précipitée à la poursuite du plaignant ou des autres témoins de cette scène ;

Qu'il n'a donc pas formé le projet de s'approprier lesdits objets ;

Qu'il n'a pas eu davantage le dessein de causer un préjudice à autrui, puisqu'il n'ignorait pas que les objets dont il était nanti allaient lui être immédiatement repris et rendus à leur propriétaire;

Que, s'il a revêtu l'un de ces gilets qui tous avaient été laissés auprès de lui dans la pièce où il était consigné, c'est après son arrestation et pour se couvrir momentanément et non dans le but de soustraire cet objet, puisqu'il n'ignorait pas que les gilets qu'il venait d'enlever avaient été comptés et que, d'ailleurs, à la maison d'arrêt où il allait être conduit, la revue de ses vêtements serait passée ;

Que, dans les mobiles qui ont pu faire agir B., on ne rencontre ni l'intention de s'approprier le bien d'autrui ni celle de causer un préjudice qui sont les éléments constitutifs et caractéristiques de la soustraction frauduleuse;

Qu'il en résulte donc que le prévenu n'a fait que simuler un vol, afin d'être réintégré au plus tôt dans la maison d'arrêt qu'il n'avait quittée le matin même qu'à regret;

Que, si des faits de cette nature se produisent assez fréquemment, la cause en est au régime confortable des maisons d'arrêt;

Que, dès lors, on s'explique facilement que B..., plusieurs fois condamné pour vagabondage et dépourvu de tout sens moral, ait essayé, par un moyen quelconque, de se faire réintégrer pendant la mauvaise saison dans l'établissement beaucoup plus philantrophique que répressif qu'il venait de quitter.

Qu'il échet, en conséquence, de le renvoyer des fins de la poursuite, sans dépens.

Par ces motifs, le Tribunal renvoie B... des fins de la poursuite, sans dépens.

Ce jugement, pour n'avoir pas soulevé, à l'époque où il fut rendu, l'émotion provoquée dix ans plus tard par les inoubliables sentences du tribunal de Château-Thierry, n'est ni moins humain ni moins hardi.

En fait, Bardoux avait publiquement, volontaire-

ment, sciemment, commis un vol : son acte avoué, le
prévenu est acquitté. Pourquoi ? Le Président Magnaud
le déclare sans détours dans ses considérants. Ce n'é-
tait pas l'intention de causer un préjudice à autrui
qui avait poussé Bardoux à s'emparer d'un objet exposé à l'étalage d'un commerçant : c'était l'urgente
nécessité de s'assurer un abri. La prison, le matin
même, l'avait rendu à la liberté. La liberté? C'est-à-
dire, pour cet être sans domicile, sans pain, sans autre attache dans la vie — que la vie elle-même, la certitude de mourir bientôt de froid et de faim. De cette
liberté dérisoire, criminelle, qui ne lui garantit en
cette saison de chômage, car l'on est en décembre, que
le droit de crever comme un chien, Bardoux ne veut
point. Volontiers il la troquerait contre n'importe quel
esclavage qui lui assurerait au moins le gîte et la pi-
tance. Mais quel patron voudrait de lui, vieux cheval
de retour? Et pourquoi chercher ce maître compatissant, pourquoi même se donner la peine de travailler,
quand, immédiatement, d'un geste, Bardoux peut mettre fin à ses perplexités? Ce geste bienheureux, par
quoi misère et froidure seront soudain conjurées, le
vagabond le fait avec joie, et c'est un vol. Le soir
même, il sera réintégré, réinstallé, à la maison d'arrêt. Il y rentrera avec un soupir de satisfaction, car,
pour lui, pauvre épave, la prison — c'est la délivrance.

Que, dans une société qui se prétend bien organisée, des hommes, — des hommes libres !... — n'aient
pas d'autre moyen de subvenir aux premières nécessités de la vie que se faire ouvrir les portes des prisons,
qu'ils ne puissent bénéficier de la philanthropie mo-

derne que grâce à une condamnation, c'est contre
quoi s'élève la sentence du président Magnaud. Magistrat, il est chargé d'appliquer la loi à ceux qui l'enfreignent : il n'est pas tenu par cette même loi d'amnistier celui qui la méprise le premier, l'État, ni de
couvrir les vices de la société. N'en est-ce pas un, et
des plus révoltants, que, chaque année, devant les
tribunaux, des milliers d'êtres humains, par souci
de prendre leurs quartiers d'hiver, viennent, en toute
tranquillité d'esprit, solliciter un billet de logement
dans une geôle? La plupart des magistrats trouvent
cela tout naturel. La routine, l'indifférence l'égoïsme
aussi, les invitent à condamner machinalement ces délinquants volontaires. De rechercher leur passé, de
songer à leur avenir, pour peser les mobiles et pour
prévenir une erreur nouvelle, ces gens n'ont cure.
Ils condamnent, tantôt plus, tantôt moins, car il faut
bien faire marcher la machine judiciaire, mais quant
à essayer de sauver un homme, quant à se permettre
de corriger par une bienfaisante équité les torts de la
société, vraiment, est-ce là leur affaire?... Ils le pensent
si peu que, loin de vouloir rendre à la sécurité du travail ces milliers de vagabonds, ils les voient revenir
devant eux avec un certain plaisir : ce sont leurs
clients préférés. Tels magistrats plaisantent avec eux,
leur demandent à combien de mois ils souhaitent d'ê-
tre condamnés, et, en souriant, font droit à leur désir.
Tels autres, plus sévères, les morigènent, les mora-
lisent, mais ils les condamnent tout de même, d'abord
pour la forme, ensuite parce que toute condamnation
ajoute au renom, à l'importance du tribunal. Les uns
et les autres frappent par habitude, sans nulle velléité

de réformer ces pratiques détestables : les vagabonds
le savent, et s'y fient [1].

La passivité morale des magistrats est l'une des prin-
cipales causes de l'extension du vagabondage. Il en
est une autre, et c'est, écrit le président Magnaud
dans ses considérants, le régime confortable des maisons d'arrêt. Est-ce à dire qu'il soit désirable d'introduire dans les prisons un régime plus sévère que le
régime actuel ? Non pas, certes! Les améliorations
apportées au XIXe siècle dans l'administration pénitentiaire sont le fruit du progrès de la fraternité humaine.
Revenir à des peines plus dures, au système impitoyable d'autrefois, ce serait renier la civilisation elle-
même. Si le régime des prisons reste sans efficacité
sur les vagabonds, n'est-ce pas une preuve que les
moyens de répression employés par la société contre
le vagabondage, inutiles et mauvais, vont précisément
contre le but que s'est proposé le législateur? Poursuivre les vagabonds professionnels, (et, *professionnel*,

1. « Au fond, nous autres vagabonds endurcis, nous avons
une certaine sympathie respectueuse pour la magistrature,
car c'est elle qui nous pourvoit de nourriture et de couchage
quand nous n'en trouvons nulle part... J'ajouterai que je
me suis demandé si, de notre côté, nous n'étions pas un
peu utiles aux magistrats. J'ai remarqué plusieurs fois, en
assistant aux audiences correctionnelles, que certains tribunaux auraient bien peu à faire si on ne leur amenait régulièrement de petites bandes de chemineaux. Un jour
même, comme on m'avait conduit au parquet avec un autre
traînard arrêté en même temps que moi, j'ai entendu un
procureur dire à son substitut : — Surtout, n'oubliez pas
de faire deux dossiers distincts pour que nous ayons un
dossier de plus sur la statistique... J'en ai conclu que les
juges et les vagabonds s'aidaient réciproquement à vivre. »
Antoine BAUMANN, « Souvenirs de magistrat », pp. 143-144,
1 vol. in-18, Paris, 1899.

Il suffit d'une condamnation prononcée à la légère
pour le devenir,) c'est les encourager à persister dans
leurs habitudes d'errance, c'est les détourner des tentatives d'un travail suivi en leur donnant la tentation
d'une paresse soutenue, c'est leur communiquer le goût,
et, parfois même, la nostalgie de la prison. Comme
ces combattants de la vie qui, las des batailles illusoi-
res, des espoirs chimériques, s'en retournent se terrer
au vieux foyer familial, ainsi les vagabonds, quand la
fatigue les prend de courir vainement les poudreuses
routes sans fin, quand ils voient autour d'eux tomber
les feuilles mortes et la solitude grandir, se hâtent pi-
toyablement vers l'unique havre où ils puissent an-
crer. La prison leur est asile.

Même, ils choisissent d'avance celle dont ils se pro-
mettent refuge, repos, réconfort. Mieux qu'un procureur général, ils connaissent les capacités de répression des magistrats du ressort où ils cheminent. Mieux
qu'un directeur général, ils connaissent les avantages
et les inconvénients des maisons d'arrêt de la région
où ils séjournent. Leur expérience personnelle ne les
renseigne-t-elle pas à chaque nouvelle étape? Ils vont
donc à la maison d'arrêt où ils savent devoir être tranquilles. Tous les gardiens ne sont pas des brutes. Parfois, ce sont de bons diables. Alors un pacte intervient : si les détenus ne lui attirent pas « d'histoire »,
le gardien leur laissera la paix. Et, pour des mois, une
existence paisible, régulière, monotone, commence. Et,
dans les causeries du soir, les uns les autres se com-
muniquent leurs observations pratiques sur les pays
qu'ils ont parcourus, sur les tribunaux qu'ils ont fré-
quentés, sur les prisons qu'ils ont habitées, sur les tra-

quenards du Code, sur le péril de certaines récidives, enfin sur les moyens de vagabonder toute la vie sans danger [1].

Et, pendant qu'ils parlent, qu'ils dorment, qu'ils travaillent à l'atelier, qu'ils se promènent au préau, tranquilles maintenant parce que à l'abri de la faim et du froid, la prison, traîtreusement, fait son œuvre : elle les énerve, les débilite, les lénifie, et, lorsque, leur énergie à jamais perdue, ils font litière de tout amour-propre, de tout regret, de tout scrupule, ces domptés deviennent pires que des révoltés, car ils ne sont plus que des résignés. Résignés à vivre de délits annuels, d'emprisonnements périodiques, résignés à vagabonder, à mendier, à voler, résignés à abdiquer leur qualité d'hommes pour profiter jusqu'à leur vieillesse des avantages attachés à la qualité de prisonniers. Que sonne, au printemps, l'heure de leur libération : ils ne quitteront pas la prison sans esprit de retour et, en effet, sitôt revenue la mauvaise saison, les voici qui occupent les gendarmes, qui emplissent les prétoires, qui peuplent les maisons d'arrêt. Pauvres diables, au fond, et moins blâmables, en vérité, que tant de juges qui, par un sot respect des prescriptions littérales de la loi, achèvent de les perdre plutôt que d'essayer de réveiller leur âme endormie.

En acquittant l'un de ces vagabonds, M. le président Magnaud n'a pas seulement condamné les coupa-

---

1. Il faut lire dans *Souvenirs de Magistrat* de M. Antoine Baumann « l'histoire d'un vagabond » : c'est une remarquable psychologie du vagabond français faite par un observateur qui a étudié de près, pendant des années, ces victimes de la vie... et de la loi.

1.

bles usages des tribunaux. Il a également signalé l'une de nos plus abominables imperfections sociales : à quand la réforme?

# II

## Dégradation volontaire d'un monument public : acquittement.

---

TRIBUNAL DE CHATEAU-THIERRY.

Audience du 25 février 1898.

*Présidence de M. Magnaud, Président.*

Le Tribunal,

Attendu que S... ne méconnaît pas avoir brisé la lanterne d'un bec de gaz appartenant à la ville de Château-Thierry, mais déclare l'avoir fait dans le seul but de se faire mettre en prison pour être ainsi nourri et logé aux frais de l'Etat.

Attendu que, dans ces conditions, l'intention de nuire, élément constitutif de tout délit, n'existant pas, il y a lieu de renvoyer le prévenu des fins de la prévention, sans dépens.

Par ces motifs :

Renvoie S... des fins de la prévention, sans dépens.

Afin de s'assurer du pain et un abri, celui-là commet un vol à l'étalage, celui-ci brise la lanterne d'un bec de gaz. Dans les deux cas, l'intention de nuire fait défaut. Aucun des deux malheureux n'a obéi à une pensée de malveillance. Le mobile de leur acte, violence matérielle ou vol, fut la nécessité pressante de sauver leur propre vie d'un péril extrême. Le but étant le même, la sentence ne pouvait varier.

L'action de briser un réverbère, qualifiée en droit « dégradation de monument servant à l'utilité publique », est fréquente. Comme elle n'entraîne jamais la relégation, fût-elle plusieurs fois accomplie par le même individu, les miséreux recourent souvent à ce moyen. Il semble que le Code l'ait mis à leur disposition comme une bouée de sauvetage. Et, en effet, les magistrats leur appliquent régulièrement la loi selon leur désir. De sorte que les casiers judiciaires se remplissent, les prisons se peuplent, de la façon la plus injuste. Car, s'il est vrai qu'il ne puisse y avoir délit là où il n'y a pas eu intention de nuire, il est inique que les tribunaux condamnent à la prison des hommes de toute évidence innocents. Le fait d'obliger la Société à remplir ses devoirs d'hospitalisation vis-à-vis des malchanceux dénués de tout ne saurait être un délit. Le président Magnaud l'a pensé ainsi, et il n'a pas hésité à renvoyer le prévenu S... des fins de la plainte. C'était à la fois un acte de justice et de prévoyance. Il est incontestable que si les magistrats, quittant leur esprit de routine, cessaient d'envoyer en prison les prévenus de bris de réverbères et actes similaires, ceux-ci s'abstiendraient désormais de dégrader les monuments publics. Il y aurait avantage, et pour la collectivité, qui n'aurait plus à regretter des préjudices matériels de cette nature, et pour les nécessiteux, qui ne verraient plus leur casier judiciaire s'augmenter à chaque instant d'une nouvelle condamnation.

Les condamnations infligées pour dégradation de monuments publics sont imméritées, nous venons de l'expliquer, puisqu'il n'y a pas intention de nuire. En outre, elles sont parfaitement inutiles, car elles restent sans effet sur ceux qu'elles frappent. La prison, répétons-le, ne moralise pas : elle endurcit. Au lieu donc d'envoyer là les malheureux dont le seul crime est de se trouver sans asile et sans pain, la Société devrait créer des maisons de refuge, d'hospitalisation, où elle les installerait. Précisément, le président Magnaud a pris, on le sait, l'initiative d'une réforme de ce genre. Il voudrait que l'on transformât une partie des locaux des prisons en quartiers d'hospitalisation où l'on déposerait les pauvres miséreux sans leur infliger de condamnation. Le régime des hospitalisés devant être le même que celui des détenus, la réforme n'entraînerait aucune dépense supplémentaire pour l'État. Cette idée, excellente au point de vue humanitaire, est parfaitement réalisable. Le Congrès de l'Humanité, dont M. Magnaud est le président d'honneur, l'adoptera peut-être.

# III

## Vol d'un pain : acquittement.

———

TRIBUNAL DE CHATEAU-THIERRY.

Audience du vendredi 4 mars 1898.

*Présidence de M. Magnaud, Président.*

Le Tribunal,

Attendu que Louise Ménard, prévenue de vol, reconnaît avoir pris un pain dans la boutique du boulanger P...;

Qu'elle exprime très sincèrement ses regrets de s'être laissé aller à commettre cet acte;

Attendu que la prévenue a à sa charge un enfant de deux ans pour lequel personne ne lui vient en aide et que, depuis un certain temps, elle est sans travail malgré ses recherches pour s'en procurer;

Qu'elle est bien notée dans sa commune et passe pour laborieuse et bonne mère;

Qu'en ce moment, elle n'a pour toute ressource que le pain de deux kilos et les deux livres de viande que lui délivre chaque semaine le bureau de bienfaisance de Charly pour elle, sa mère et son enfant.

Attendu qu'au moment où la prévenue a pris un pain chez le boulanger P...., elle n'avait pas d'argent et que les denrées qu'elle avait reçues étaient épuisées depuis trente-six heures;

Que, ni elle, ni sa mère n'avaient mangé pendant ce laps de temps, laissant pour l'enfant les quelques gouttes de lait qui étaient dans la maison;

Qu'il est regrettable que dans une société bien organisée, un des membres de cette société, surtout une mère de famille, puisse manquer de pain autrement que par sa faute;

Que, lorsqu'une pareille situation se présente et qu'elle est, comme pour Louise Ménard, très nettement établie, le juge peut et doit interpréter humainement les inflexibles prescriptions de la loi.

Attendu que la faim est susceptible d'enlever à tout être humain une partie de son libre arbitre et d'amoindrir en lui, dans une grande mesure, la notion du bien et du mal,

Qu'un acte, ordinairement répréhensible, perd beaucoup de son caractère frauduleux, lorsque celui qui le commet n'agit que poussé par l'impérieux besoin de se procurer un aliment de première nécessité, sans lequel la nature se refuse à mettre en œuvre notre constitution physique;

Que l'intention frauduleuse est encore bien plus atténuée lorsqu'aux tortures aiguës résultant d'une longue privation de nourriture, vient se joindre, comme dans l'espèce, le désir si naturel chez une mère de les éviter au jeune enfant dont elle a la charge;

Qu'il en résulte que tous les caractères de la préhension frauduleuse librement et volontairement perpétrée ne se retrouvent pas dans le fait accompli par Louise Ménard qui s'offre à désintéresser le boulanger P..., sur le premier travail qu'elle pourra se procurer;

Que, si certains états pathologiques, notamment l'état de grossesse, ont souvent permis de relaxer comme irresponsables les auteurs de vols accomplis sans nécessité, cette irresponsabilité doit, à plus forte raison, être admise en faveur de ceux qui n'ont agi que sous l'irrésistible impulsion de la faim;

Qu'il y a lieu, en conséquence, de renvoyer la prévenue des fins des poursuites, sans dépens et ce, par application de l'article 64 du Code pénal,

Par ces motifs, le tribunal renvoie Louise Ménard des fins des poursuites, sans dépens.

Le jugement d'acquittement de Louise Ménard est universellement connu. Prononcé le 4 mars 1898, il fit pendant des mois couler des flots d'encre. Reproduit dans toute la presse française, dans la presse étrangère aussi, commenté, discuté, approuvé, blâmé, il souleva autant d'admiration chez les uns que d'indignation chez les autres. En vérité, ce fut l'immense majorité des citoyens qui admira : ce fut une infime minorité de pharisiens qui s'indigna.

Tandis que M. le président Magnaud recevait l'approbation presque unanime de la France, exprimée sous forme de lettres innombrables, d'articles de journaux, d'ordres du jour de félicitations, d'adresses émanées des cercles sociaux, tandis que riches et pauvres, unis dans une commune pensée de fraternité, lui adressaient pour secourir l'acquittée l'un sa modeste obole, l'autre une part de son superflu [1], des publicistes se trouvèrent pour incriminer ses intentions avec la même mauvaise foi qu'ils apportaient à attaquer son jugement. Il faut citer, pour mémoire, les deux organes parisiens où se produisirent ces critiques acerbes, ces invectives passionnées : c'est le *Journal des Débats*, c'est la *République française*, précisément les deux feuilles le plus dévotieusement attachées à la politique aveuglément arriérée, sauvagement égoïste, douce aux riches et dure aux pauvres, du grand affameur de France — M. Méline.

1. M. le président Magnaud réunit ainsi, pour mademoiselle Louise Ménard, une somme de plusieurs milliers de francs. Ajoutons que la directrice du journal la *Fronde*, madame Marguerite Durand, s'empressa, avec un zèle méritoire, d'offrir à la jeune femme une place dans ses bureaux, où elle se trouve toujours à la satisfaction complète de tous.

La *République française* reprochait avec aigreur au magistrat de Château-Thierry le « tapage » fait autour de son nom, le blâmant de n'avoir pas lui-même secouru Louise Ménard, ni désintéressé le boulanger[1], le raillant de posséder « une vision assez fausse et de la société elle-même et du rôle de magistrat ». Le *Journal des Débats*, renchérissant sur ces propos malveillants, se montrait plus hargneux encore, impitoyable censeur d'un magistrat qui osait acquitter une « voleuse », féroce défenseur d'une société qui devait à son salut de condamner sans pitié, les yeux fermés, tout délinquant. « Tout délit mérite une peine ». En vertu de ce principe sacré, le *Journal des Débats* enrageait que M. Magnaud se fût permis de renvoyer indemne Louise Ménard, et, s'écriant que c'était là une « mystification », il exigeait que le garde des sceaux ordonnât appel du jugement : la loi — la loi... — doit être toujours appliquée, elle est supérieure à l'humanité, la faim n'est pas une excuse. Qu'arriverait-il, dieu du Capital, si les miséreux qui ont faim se mettaient à manger impunément plutôt que de se suicider ?

Lorsqu'on lui montra la virulente diatribe des *Débats*, M. le Président Magnaud se mit à sourire, et, simplement, il dit :

— Je crois que l'auteur de cette consultation n'aurait point écrit pareil article s'il n'avait mangé depuis trente-six heures...

D'un mot, le magistrat justifiait sa sentence : Nulle

1. Voir, à l'Appendice, les lettres de M. Paul Magnaud à la *République française*, où il relève les erreurs de fait et de jugement commises par ce journal.

raison spécieuse ni juridique ne valait contre cet argument capital. Cependant, il la voulut également justifier en droit [1] :

« — Je dis, expliqua-t-il, qu'enfermé dans les données juridiques, le tribunal n'a pas eu besoin de chercher pour en sortir la porte de l'équité. Je n'ai pas à défendre ici un jugement que le tribunal n'a rendu qu'après réflexion. Ce n'est pas une vaine sensiblerie qui nous a dicté notre sentence : c'est aux principes mêmes du droit pénal que nous avons emprunté nos motifs. Mais plaçons-nous au point de vue général. Quelle est la base de notre système pénal ? Que punit la Code ? *L'intention*. Ce que doit envisager le magistrat chargé d'appliquer la loi, c'est la responsabilité de l'agent. Vous connaissez l'article 64 du Code pénal :

IL N'Y A NI CRIME NI DÉLIT LORSQUE LE PRÉVENU ÉTAIT EN ÉTAT DE DÉMENCE AU TEMPS DE L'ACTION OU LORSQU'IL A ÉTÉ CONTRAINT PAR UNE FORCE A LAQUELLE IL N'A PU RÉSISTER.

« La faim, après trente-six heures de jeûne, me paraît être une force à laquelle une femme ne peut résister. Elle passe devant une boutique de boulanger, le pain est là, attirant, dans la vitrine ; et là-bas la malheureuse a sa mère et son petit qui meurent d'inanition... Allez donc parler de volonté libre, de discernement possible en pareil cas...

» Au reste, n'acquitte-t-on pas comme ayant agi sous l'empire d'une force invincible des femmes nerveuses ou enceintes qui ont dérobé tel ou tel bibelot dont elles n'avaient nul besoin ?.. Alors ? Comment

1. *L'Aurore*, numéro du 17 mars 1898.

n'appliquerait-on pas pareille jurisprudence à l'individu qui a faim ? Toute la question est de savoir si la faim était un prétexte ou une nécessité réelle, absolue, dominante, au moment du vol, et si, par suite, la soustraction frauduleuse n'a été que le geste instinctif et machinal. »

Cette interprétation de la loi semblait irréfutable. Approuvée par des juristes célèbres, tels que MM. Paul Janson et Daniel de Folleville [1], elle découlait naturellement des premiers principes du droit. C'est ce qu'établissait en une consultation solide la *Gazette des Tribunaux*. Avec son autorité spéciale en matière de jurisprudence, elle proclamait, elle aussi, que « l'absence d'intention criminelle, est une des circonstances qui détruisent la culpabilité. [2] » Et, s'appuyant sur Dalloz, sur un arrêt de la Cour de Cassation, elle concluait que la théorie admise par le jugement de Château-Thierry, et qui pousse l'indulgence jusqu'à l'impunité, est parfaitement juridique.

1. M. Daniel de FOLLEVILLE, doyen honoraire de la Faculté de Droit, écrivait au président Magnaud : « Mes sincères et cordiales félicitations. Votre jugement, monsieur le Président, est parfaitement juridique et il est, de plus, une bonne action. » M. Paul JANSON, le grand avocat de Bruxelles : « Témoignage de haute estime. Le jugement au point de vue de l'art. 64 du Code pénal défie toute critique. »

2. *Gazette des Tribunaux*, numéro du 10 mars 1898. L'arrêt cité par la *Gazette*, C. de Cass. (ch. criminelle), 11 décembre 1834, porte : « Attendu, en droit, que les tribunaux correctionnels, dont les membres réunissent les fonctions de jurés à celles de juges n'excèdent nullement leurs pouvoirs, en reconnaissant qu'à raison de sa moralité ou des circonstances dont il est entouré, le fait, qui a été l'objet des poursuites, se trouve dépouillé des caractères de criminalité qui pourraient lui faire appliquer les peines portées par la loi. (DALLOZ, Pêche, n° 240, note). »

Vaine démonstration ! Si la loi maintenant se mettait d'accord avec l'humanité pour légitimer les indomptables exigences de la faim, dès lors elle déchirait elle-même le pacte social, la fameuse convention, chef-d'œuvre d'iniquité et d'hypocrisie, imposée à la crédulité béate des peuples pour accabler les faibles, pour amnistier les forts, invention géniale des fourbes, des spoliateurs, imaginée pour écraser implacablement les révoltes de la chair et de l'esprit, et que la dérision des hommes appelle un *contrat* — quoiqu'elle n'ait jamais été soumise à l'acceptation libre des millions d'individus par elle enchaînés — alors qu'elle serait plus justement nommée la charte d'esclavage des éternels déshérités. Quelle innovation ! quel danger !.. Pas plus que le *Journal des Débats*, pas plus que la *République française*, soit les deux principaux réflecteurs de la pensée gouvernementale de cette époque [1], le procureur général près la Cour d'Amiens ne supporta pareille révolution dans les mœurs judiciaires. Courtisan respectueux des préjugés de ses maîtres, il ne crut pouvoir tolérer que l'un des juges de son ressort osât jeter à la société avec tant d'éclat un tel défi. Inamovible, le président Magnaud échappait par là même à toute remontrance, à toute mesure de rigueur. Restait au haut magistrat un moyen de blâmer ce président indépendant : l'appel *a minima*. Il en usa, et le jugement de Château-Thierry fût déféré d'urgence à la Cour d'Amiens.

A cette nouvelle, il s'éleva dans le pays un *tolle* général. Ce désaveu officiel d'un magistrat compatissant

1. M. Méline était président du Conseil des Ministres.

aux pauvres, survenant au moment où, par un vote
exprès de la Chambre, était affiché sur toutes les mai-
ries de France un discours du député Viviani flagellant
et flétrissant les magistrats complaisants aux riches,
ce scandaleux appel contre la pitié souleva la conscience publique. En vain, les pharisiens dans les *Débats* triomphaient, s'écriant que, s'il en avait été autrement, « il faudrait fermer nos prétoires, mettre nos
juges à la retraite, licencier la gendarmerie et nous
abandonner les uns et les autres aux agréments de
l'état de nature ». On comprit en haut lieu que l'opinion ne pardonnerait pas cette décision monstrueuse.
Déjà, l'on rappelait le mot de Voltaire, disant que appeler *a minima*, c'est présenter requête contre la plus
belle des vertus, la clémence, et c'est instituer *une jurisprudence d'anthropophages*. Déjà, le Conseil général
de l'Assistance publique, indirectement touché par la
sentence de Château-Thierry, s'excusait en proclamant,
par une motion spéciale, que les secours vitaux sont
dus à quiconque « se trouve temporairement ou définitivement dans l'impossibilité physique de pourvoir
aux nécessités de la vie ». Déjà même l'on offrait au
président Magnaud un siège de député à Paris[1]. Aussi,
menacé d'une interpellation, le garde des sceaux
s'empressa de déclarer à la Chambre des députés qu'il
n'était intervenu en rien dans l'affaire, que son procureur général avait agi dans la plénitude de son indépendance[2]. Et ce langage significatif fut bientôt

1. Voir, à l'Appendice, la lettre de refus de M. Magnaud.
2. Discours de M. Milliard, ministre de la justice, séance
du 21 mars 1898.

suivi, comme il fallait dès lors s'y attendre, de l'acquittement de Louise Ménard par la Cour d'Amiens.

L'arrêt de la Cour fut rendu le 22 avril. Des débats il résulta qu'au moment du vol Louise Ménard subissait avec les siens son troisième jour de jeûne, que le boulanger qui l'avait dénoncée sur-le-champ était *son propre cousin*, que, lorsque la gendarmerie arriva chez elle, soit peu d'instants après l'événement, le pain volé, six livres, était déjà dévoré aux trois quarts, que le séducteur de la malheureuse l'avait abandonnée, après promesse de mariage, sans avoir jamais secouru ni la mère ni l'enfant, enfin que la « voleuse » avait vainement supplié son cousin et les gendarmes de l'épargner, de lui donner au moins jusqu'au lendemain pour rembourser le prix du pain, vingt-trois sous : ils avaient été impitoyables. Ces circonstances exceptionnelles émurent à peine le porte-parole du parquet général. Il voulut bien avouer que si le jugement de Château-Thierry n'avait pas provoqué « une émotion traditionnelle et littéraire », si la presse ne s'en était pas emparée pour « lui faire un sort » le ministère public n'aurait pas interjeté appel, — ce qui était reconnaître qu'il s'agissait, non plus de justice, mais d'une mesure politique. Et, examinant les faits de la cause, il concluait à une condamnation, bien entendu avec la loi Bérenger pour satisfaire l'opinion publique, mais à une condamnation quand même pour établir que la loi doit être appliquée à tous les coupables. « Or, l'inculpée est coupable, car elle ne devait pas se laisser acculer à la misère, elle devait chercher du travail. » A ce sophisme pitoyable, l'avocat de Louise Ménard répondit d'un trait droit : — Avant le travail,

il fallait du pain d'abord ! [1] Ce fut l'avis de la Cour.
Elle prononça l'arrêt suivant :

*La Cour,*

*Attendu que les circonstances tout exceptionnelles
de l'affaire ne permettent pas de dire s'il y a eu de la
part de l'inculpée une intention frauduleuse;*

*Attendu que le doute doit profiter à l'accusé ;*

*Sans adopter les motifs des premiers juges :*

*Confirme le jugement dont est appel,*

*Renvoie la fille Ménard des fins de la plainte sans
amende ni dépens.*

Cet acquittement était attendu. L'on y applaudit de
toutes parts [2]. Sans doute, la Cour, n'osant pas braver le sentiment public en prononçant une condamnation même atténuée par la loi de sursis, reculait devant

1. M. Goblet, ancien président du Conseil, alors député
de Paris, s'était généreusement chargé de défendre Louise
Ménard et le jugement de Château-Thierry.

2. De toutes parts ?... Pas tout à fait. Dans le pays même
de Louise Ménard, la jalousie et l'envie s'étaient éveillées
à la suite des secours d'argent venus à la pauvre femme.
Là, l'acquittement fut accueilli avec colère. Voici ce qu'é-
crivait l'acquittée à sa mère entre les deux procès : « Chère
mère, ne sois pas inquiète, il m'est impossible de revenir à
Paris avant deux ou trois jours au moins. Il faudra que je
retourne à Château, ça m'ennuie beaucoup, car je vais m'en-
nuyer de Trésor et ça va me coûter... Nous avons été très
mal reçus à Charly par les habitants qui ont dit sur notre
passage : *Il n'est tel que de voler.* Tout le monde était au pas
des portes. M. Morlot (député) a été très gentil et M. le
président aussi. Tous deux nous portent beaucoup d'intérêt...
M. le président dit que ça n'est pas encore fini ; il a reçu
des mandats et des lettres jusque du Canada et des prin-
cesses ! Je pense que Trésor est bien sage. Embrasse-le pour
moi, ainsi que je t'embrasse. Ta fille, qui t'aime, LOUISE
MÉNARD. »

l'adoption formelle de la courageuse théorie du président Magnaud. Elle balbutiait : « J'acquitte parce qu'il
y a doute dans l'intention », alors que le juge de Château-Thierry avait bravement formulé : « J'acquitte
parce qu'il y a eu nécessité dans l'acte et légitimité
dans les mobiles ». Scrupules trop pudibonds ! Ils ne
prévalurent point contre la sentence tombée des lèvres
du premier magistrat. Celui-là avait d'un bond touché
l'idéale justice. Inconnu des hommes jusqu'alors, le
voici soudain populaire pour avoir jeté aux foules stu-
péfaites l'éclatante parole de vérité.

L'heure est émouvante. Toute d'espoir, de joie, de
fierté même, pour l'immense troupeau des humbles. Un
juge est venu, qui, interprète de la loi, a dit: « La loi
doit être humaine », qui, organe de la société, a dit :
« La société, envers les affamés, est coupable. » Verbe
de fraternité ! Surpris de l'entendre, le monde, comme
si jamais il ne l'avait ouï, en tressaille. Considérez cet
élan des cœurs tendus de reconnaissance vers le bon
juge qui a osé le mot d'équité et d'amour. Le plus atten-
drissant, ce n'est pas l'affluence des dons pour la pau-
vresse, car la sensiblerie crée la générosité. C'est l'adhésion des esprits, c'est le nombre considérable des
hommes de droiture et de réflexion qui s'écrient: bien
jugé ! Et, entre tous, c'est ce professeur de philosophie
d'un lycée de province qui, au moment de commencer
son cours de Morale, donne en exemple à ses élèves d'a-
bord le jugement de Château-Thierry [1].

1. « Ce matin même, j'ai lu à mes élèves de philosophie —
qui précisément vont aborder le cours de Morale, — le
compte rendu, publié par un journal de la région, d'un jugement de votre Tribunal. Vous avez acquitté une pauvre

L'humanité avait-elle jusque-là ignoré l'esprit de fraternité ? Non. Des hommes au cours des siècles l'avaient conçu. Des penseurs, des moralistes, des sociologues, des « révoltés ». Même un roi s'était rencontré au temps des Encyclopédistes pour écrire que les droits de l'individu sont supérieurs aux droits de la société, qu'en conséquence le vol peut être légitime et *vertueux* [1].

Paradoxes de beaux-esprits, fantaisies de poètes, dé-

femme, chargée de famille et coupable d'avoir pris un pain après un jeûne de trente-six heures. Vous avez bien fait, Monsieur, vous avez agi en homme de cœur et en juge équitable. Je voudrais savoir votre nom, pour le donner en exemple, dans ma sphère très modeste. Permettez-moi toujours de vous apporter ce témoignage sincère de ma très vive et très respectueuse sympathie. Tous mes élèves sont honorés autant qu'heureux, en cette occasion, de se joindre à leur professeur. » Lettre de M. A..., professeur de philosophie d'un lycée du Centre.

1. « Si, par impossible, il se trouvait une famille dépourvue de toute assistance et dans l'état affreux où vous me la dépeignez, je ne balance pas à déclarer que le vol lui devient légitime : 1° Parce qu'elle a éprouvé des refus au lieu de recevoir des secours. 2° Parce que, se laisser périr, soi, sa femme et ses enfants, est un bien plus grand crime que de dérober à quelqu'un de son superflu. 3° Parce que l'intention du vol est *vertueuse* et que l'action en est une nécessité indispensable. — Je me suis même persuadé qu'il n'est aucun tribunal qui ayant bien constaté la vérité du fait n'opinât à absoudre un tel voleur. Les liens de la société sont fondés sur des services ; mais si cette société se trouve composée d'âmes impitoyables, tous les engagements sont rompus et l'on rentre dans l'état de la pure nature où le droit du plus fort décide de tout. » *Lettre de Frédéric II à d'Alembert*, 3 avril 1770.

Il n'est pas jusqu'à un pape, Léon X, qui, dans une encyclique, n'ait légitimé le vol conseillé par la faim : « Il n'y a pas de délit et par conséquent les juges ne doivent pas condamner l'individu qui s'est approprié un pain, étant à bout de ressources, ou toute autre denrée devant servir à apaiser sa faim. »

clamations de démagogues, utopies, utopies!... C'est la
réponse dédaigneuse des « politiques ». Des chefs de
peuple réalisant la fraternité et maintenant son règne
par l'unique effet d'une houlette charmeresse, beau sujet de pastorales, vraiment! Si, par impossible, ces rê-
ves de songes-creux venaient à quitter le domaine des
chimères, ne serait-ce point l'immédiate fin des traditions, des religions, des lois, des castes, des riches,
ne serait-ce point l'écroulement de tout? Paysan qui
t'es cassé à labourer ton champ, à quoi bon tes sueurs
si ton blé est au premier manant qui passe? Boulanger
qui t'es usé à chauffer ton four, à quoi bon tes peines
si ton pain est à la première drôlesse qui a faim? Ban-
quier qui as pâli sur les chiffres, à quoi bon tes soucis
si ton or est au premier déclassé qui n'a rien? Prêtre,
qui domines par la terreur des châtiments d'un autre
monde, à quoi bon ton ministère si les hommes se mettent à réaliser le paradis terrestre? Et toi, juge, qui
vis de la loi, de quoi vivras-tu, si la loi n'est plus?...
Des chaînes aux va-nu-pieds, aux vagabonds, aux affamés! des chaînes à tous ces misérables pour leur en-
seigner que les droits de la nature sont annihilés par
les droits de la propriété! Des chaînes aux fous qui prê-
chent aux meurt-de-faim le droit à la vie! Revêts ta
robe, prends ton code, bâillonne sans pitié ces criminels,
ô juge! inflexible gardien de l'autorité.

Mais voilà qu'à son tour le juge a entendu les longs
appels de la vérité. Voilà qu'il rougit de s'incliner depuis
si longtemps devant le mensonge. Il se relève, et c'est
pour agir. Des gendarmes lui ont amené une femme
poussée au vol par la faim. Un procureur l'a, au nom
de la loi, requis de condamner la voleuse. Et le juge,

repoussant enfin la règle sociale en suite de quoi la misère est punie comme un crime, s'est refusé à consommer l'infamie séculaire: ce jour-là, l'humanité a terrassé la loi.

Car, entendez bien, le juge n'a pas voulu faire qu'un geste de pitié. Il a voulu plus et mieux. La pitié, si elle eût seule inspiré son cœur, lui offrait le secours de la loi Bérenger. Il eût dit à la délinquante: « Coupable, je te frappe, mais, misérable, je t'excuse. Va, et ne pèche plus! » Certes, même ainsi limité, son acte eût été louable. Tant de magistrats se montrent féroces à l'égard des justiciables dépourvus d'une famille redoutable, d'une protection puissante! Tant se plaisent, une fois sur leur siège, à devenir sourds à tout sentiment humain! Que l'un d'eux, par hasard, se laisse apitoyer, qu'il daigne oublier les traditions de rigueur attachées à sa fonction, cela déjà n'est-il pas méritoire, étant si rare?... Eh bien! le président Magnaud est allé beaucoup plus loin que ce simple mouvement du cœur. La loi Bérenger? Mais, pour l'appliquer, d'abord il faut condamner, c'est-à-dire admettre l'existence d'un délit, d'une culpabilité quelconque. Et, précisément, ce qui a été avant tout rejeté par l'interprète de la loi, c'est l'idée de *la faute*. Lorsqu'un être humain est acculé au vol sous peine de périr par privation des aliments de première nécessité, est-il coupable de céder à l'inévitable tentation? Non! a répondu le magistrat. Si la loi veut établir des responsabilités quand même, qu'elle les recherche en dehors du prétoire, car la vraie coupable, l'unique, c'est la société!

Et le président Magnaud de conclure par les terribles considérants que l'on a lus, l'un regrettant que, dans une société bien organisée, un membre de cette société, surtout une mère de famille, puisse manquer de pain autrement que par sa faute; l'autre reconnaissant que, devant les impérieux besoins de notre constitution physique, la notion du bien et du mal s'évanouit: souveraine alors est la voix de la nature, proclamant le droit à l'existence, le droit à la vie.

Le droit à la vie!... Économistes, jurisconsultes, hommes d'État, tous les égoïsmes coalisés le nient. Celui qui possède le superflu refuse le droit à l'existence à celui qui n'a même pas le nécessaire. Défense aux pauvres de toucher à la propriété des satisfaits! Pour ceux-ci, toutes les garanties du contrat social, les codes, les règlements, les juges, les policiers, les geôliers, les gendarmes, les soldats. Pour ceux-là, toutes les souffrances de l'esclavage, la maladie, le chômage, la misère, l'abandon, et comme allègement à cette détresse, le vol ou la charité, la prison ou le suicide. Triomphe des forts, écrasement des faibles. Quelle inégalité plus révoltante! Il est fort beau d'invoquer le contrat social: ne serait-il pas plus juste de pratiquer la solidarité sociale? Quoi! tout pour les uns, rien pour les autres? Et si l'on objecte que l'inégalité des conditions découle de la nature humaine elle-même, si c'est sur la disparité intellectuelle des hommes que l'on se base pour justifier la prééminence des plus habiles, pourquoi ne pas reconnaître du moins que la nature a donné aux hommes, à tous les hommes, une égalité indiscutable, et c'est l'égalité de l'instinct de conservation? Cet instinct, est-ce autre chose que la nécessité de satisfaire « aux impérieux besoins de notre constitution physique », de manger quand on a faim?

Question redoutable. Jusqu'ici tous les juges l'écartaient, ne consentant à être que des machines à condamner aveuglément. L'honneur du président Magnaud est de l'avoir abordée avec bravoure, de l'avoir résolue avec équité — par l'affirmative. L'humanité lui en doit de la reconnaissance.

————

# IV

## Filouterie d'aliments (récidive) : quinze jours de prison.

---

TRIBUNAL CIVIL DE CHATEAU-THIERRY.

Audience publique du 23 mars 1900.

*Présidence de M. Magnaud, Président.*

Ministère public contre C...

Le tribunal, après en avoir délibéré conformément à la loi, a statué en ces termes :

Attendu qu'il résulte des débats et des aveux du prévenu, la preuve qu'il s'est fait servir le 16 mars 1900, vers midi, dans l'établissement des époux L. J. débitants à G. V. des aliments qu'il a consommés et ce, sachant qu'il était dans l'impossibilité absolue de payer.

Attendu que C... déclare que, s'il a commis l'acte qui lui est reproché, c'est sous la pression de la faim, tout en re-connaissant cependant qu'il avait pris son repas la veille, au soir ;

Attendu que la faim, pour être une cause d'irresponsabi-lité pénale, doit s'entendre, non pas de ce besoin de nourri-ture qui nous prend quelques heures après un précédent repas, mais d'une abstention forcée et tellement prolongée que l'existence en est compromise.

Que, dans ces circonstances d'une exceptionnelle gravité

dont l'appréciation appartient au juge, la faim cesse d'être
une simple cause d'atténuation pour devenir cette force irrésistible qui, d'après l'article 64 du code pénal, fait disparaître le délit et oblige à prononcer la relaxe du prévenu,
faute d'intention frauduleuse.

Mais attendu que tel n'est pas le cas de C... qui a commis
au préjudice des époux L. J. le délit de filouterie d'aliments, fait absolument exclusif, par suite des circonstances
dont il est généralement accompagné, de cette impulsion
spontanée qui résulte de l'instinct de la conservation :

Qu'en effet, après s'être introduit dans l'auberge des
époux L. J. et y avoir tranquillement pris place, il s'est fait
servir tout d'abord un verre d'eau-de-vie et successivement : du pain, une boîte de sardines, du fromage, une bouteille de bière, ainsi que divers accessoires tels que : café,
cognac, papier à cigarettes, qui n'ont qu'un très lointain
rapport avec des objets de première nécessité destinés à
pourvoir aux inéluctables exigences de la vie.

Attendu que ces faits, accomplis avec réflexion, établissent surabondamment que C... n'a été poussé à commettre
le délit qui lui est reproché que par le désir d'apaiser, assez
copieusement aux dépens d'autrui, une faim normalement
pressante, mais encore sans danger.

Attendu, en outre, que depuis moins de cinq ans, le prévenu a été plusieurs fois condamné pour le même délit et des
délits similaires à quatre mois, trois mois et un mois d'emprisonnement ;

Qu'il est, en conséquence, en état de récidive.

Attendu, toutefois, qu'il est constant que C... était sans
aucune ressource, mal vêtu, transi de froid et sous l'influence d'un besoin de nourriture au moment où il a commis avec tant d'indiscrétion le délit qui lui est reproché ;

Que tout être humain, même peu intéressant, qui se trouve
réellement dans une aussi pénible situation, doit bénéficier
de circonstances atténuantes, surtout si l'on tient compte
de ce que la probité et la délicatesse sont deux vertus infiniment plus faciles à pratiquer quand on ne manque de rien
que lorsqu'on est dénué de tout ;

Qu'il y a donc lieu d'en accorder à C..., mais dans les li-

mites assez restreintes qu'impose son  état de récidive légale.

Par ces motifs,

Le tribunal condamne C... à quinze jours d'emprisonnement.

On a dit au président Magnaud :

« Admettre le droit à la vie, c'est consacrer le droit
au vol. Que telle mère de famille, prise en flagrant délit
de vol d'un pain, vous ait paru digne de pitié au point
de l'acquitter, soit ! passons. Votre cœur a pu ce jour-
là s'ouvrir à l'indulgence totale avec quelque raison,
peut-être. Mais ne craignez-vous point d'avoir ainsi
donné une prime à la paresse, d'avoir fourni un prétexte légal à la gourmandise, à la convoitise agissante ?
Que ferez-vous désormais lorsqu'on amènera aux pieds
de votre tribunal l'un de ces êtres dès longtemps perdus pour le travail, dont l'existence est livrée au hasard, et qui, le plus souvent, ne pourvoient à leur
nourriture qu'en commettant, quelquefois sans nécessité pressante, le délit bien connu de *filouterie d'aliments ?* Quand cet homme, interrogé par vous sur les
motifs de son acte, se retranchera derrière l'exposé de
principes qu'est en réalité votre jugement du 4 mars
1898, que lui répondrez-vous ?... »

Deux ans, presque jour pour jour, après la sentence
qui lui attirait ces objurgations, ces questions que l'on
supposait devoir l'embarrasser, le président Magnaud
se trouve en présence du cas prévu par les esprits ti-
morés. Voici devant lui un prévenu poursuivi pour
filouterie d'aliments, et qui invoque l'excuse de la faim.
Le magistrat, l'interrogeant, apprend qu'il avait mangé
d'une manière suffisante la veille de son délit, le soir,

et que le lendemain, à midi, lorsqu'il s'est fait servir
un repas dans une auberge sans avoir les moyens de
le payer, il s'est moins préoccupé de demander des
mets solides et nourrissants, des objets de première
nécessité, que des *extras* [1]. Le magistrat apprend en
outre que le prévenu est coutumier de délits similaires. Va-t-il l'acquitter ? Peut-être le ferait-il, en dépit
de ses condamnations antérieures motivées par des
faits analogues, car il sait qu'il y a des êtres abandonnés pour qui la récidive est devenue comme une obligation vitale. Mais il constate que la vie du délinquant
n'était pas en danger, et, d'ailleurs, que son instinct
de conservation ne pouvait être excité jusqu'à justifier
l'indiscrétion apportée par lui dans le nombre et le choix
des objets consommés. Dès lors, le président Magnaud
ne reconnaît plus là les conséquences de la nécessité, et
il condamne.

Oh ! il condamne légèrement. C... s'est déjà vu
infliger, à la suite de ses filouteries d'aliments, plusieurs mois d'emprisonnement. Le président Magnaud, lui, ne le condamne qu'à quinze jours de prison. Comment ! dira-t-on, ce C... est incorrigible, et
vous le punissez moins qu'il ne le fut à ses premiers
délits?... « N'était précisément son état de récidive
légale, répond le juge, je me montrerais indulgent
envers lui dans des limites plus larges encore. Oui, à
mon avis, il est coupable, mais il y a en sa faveur des

1. On entend bien que ce mot est employé ici pour mieux
traduire la pensée du juge. Appeler *extras* un morceau de
fromage, une boîte de sardines, une bouteille de bière, etc.,
cela ferait rire des gens habitués à ne se satisfaire que de
menus variés et copieux. Mais tout est relatif, et, de cette
relativité, le juge est forcé de tenir compte.

circonstances atténuantes. Oui, il a abusé sans excuse
sérieuse du bien d'autrui, mais la probité et la délicatesse sont deux vertus plus faciles à pratiquer quand
on ne manque de rien que lorsqu'on est dénué de tout.
Oui, il a eu le tort de filouter des aliments qui n'étaient
pas absolument nécessaires à sa conservation, mais,
au moment où il commettait cet acte, il était sans aucune ressource, mal vêtu, transi de froid, et, tout de
même, il se trouvait sous l'influence d'un besoin de
nourriture. C'est pourquoi je lui suis pitoyable autant
que je le puis. » Et, alors, les hommes sévères qui en
premier lieu reprochaient au président Magnaud d'a-
voir été trop indulgent envers C... s'étonnent avec
ironie qu'il ne l'ait pas été davantage : « Eh bien !
Monsieur le juge, que faites-vous du droit à la vie ?
Vous avouez vous-même que, nonobstant les circonstances de la cause, C... était sous l'influence d'un besoin de nourriture, et vous le condamnez ?... Où sont
les fameux considérants du jugement de 1898 ? Vous
n'osez pas y recourir, vous les laissez prudemment de
côté, vous reculez devant votre œuvre ! »

Argumentation spécieuse. Loin de reculer devant son
œuvre, le président Magnaud la poursuit avec une logique admirable. Loin de renier le jugement du 4 mars
1898, il le complète, il le parfait avec le jugement du
23 mars 1900. Car il confirme, avec plus d'énergie encore, l'interprétation si humaine qu'il a donnée de l'article 64 du Code pénal.

La faim est toujours une excuse. Mais elle est normale ou pressante, elle est pénible seulement ou déjà
menaçante, elle est ce besoin de nourriture qui se fait
sentir à l'approche des heures de repas, ou bien, irritée

par une abstention involontaire et prolongée, elle est
cette force irrésistible qui vient de l'instinct de conservation. Partant de cette distinction, en somme assez naturelle, le président Magnaud accorde des circonstances atténuantes à un délit commis dans le
premier état, parce que la faim, même normale, est
une cause d'atténuation. Mais ce n'est que dans le cas
où un jeûne forcé met l'existence en péril, où il est de
toute nécessité de manger sous peine de mourir de
faim, c'est alors seulement, quand la vie, se sentant en
danger, se révolte, que la nature humaine, recourant
pour se sauver, à la violence ou à la ruse, est décla-
rée, par l'article 64, irresponsable, c'est-à-dire non
coupable.

Lorsque le président Magnaud précise ainsi les
conditions physiques dans lesquelles la faim peut et
doit s'assouvir, lorsqu'il les restreint à l'impérieuse
nécessité, il fortifie d'autant plus le principe naturel
du droit à la vie. Dégager ce principe des fausses interprétations, c'est le maintenir à l'abri des applications
intentionnellement fâcheuses. Ces dernières une fois
écartées, le principe reste un et pur. Dès lors, rien
de plus facile que de le reconnaître chaque fois qu'il
se manifeste dans son humaine simplicité.

# V

## Mendicité : acquittement.

---

TRIBUNAL DE CHATEAU-THIERRY.

Audience correctionnelle du 20 janvier 1899.

*Présidence de M. Paul Magnaud, Président.*

Le Tribunal,

Attendu que Chiabrando, âgé seulement de dix-sept ans, est poursuivi pour mendicité ;

Qu'il a, en effet, à La Ferté-Milon, le 22 décembre 1898, demandé et obtenu un morceau de pain ;

Qu'au moment de son arrestation il n'avait pas d'autres ressources ;

Attendu qu'on ne lui a jamais appris aucun métier ;

Qu'à la mort de son père, naturalisé français, survenue en mai 1897, sa mère, dénuée de toutes ressources, mais qui le réclame aujourd'hui, le plaça loin d'elle, par l'intermédiaire d'une autre personne, chez un cultivateur où il arriva en haillons et duquel il n'a jamais reçu aucun salaire ;

Que malgré cela, pendant son séjour de plusieurs mois chez ce patron, on n'eut rien à lui reprocher sous le rapport de la probité et de la moralité, si bien que le maire de la commune, au moment où il s'éloignait pour chercher une situation plus rémunératrice, lui délivra un certificat de bonne conduite :

Qu'il partit sans argent à la fin de septembre 1897 et, ne trouvant que difficilement du travail dans la culture à cette époque de l'année, erra à l'aventure, implorant parfois, dans son abandon, la charité publique;

Que, dans ces circonstances, il encourut trois légères condamnations pour mendicité et vagabondage, délits similaires et tout à fait dépourvus de criminalité.

Attendu que cette existence mouvementée dure depuis environ quinze mois, mais que, pendant le laps de temps qui sépare les minimes condamnations prononcées contre lui, dont aucune pour improbité, on constate qu'il a fait de sérieux efforts, tant en France qu'en Belgique, pour se procurer du travail, qu'il en a trouvé même assez souvent et s'est hâté d'en profiter, quelque minime qu'on ait été le salaire;

Que s'il n'est pas noté comme un ouvrier très courageux, il ne faut pas perdre de vue que les nombreuses privations qu'il subissait n'étaient pas pour lui donner une bien grande vigueur physique;

Que ce reproche ne lui est d'ailleurs adressé que par ceux de ses patrons qui ne le payaient pas, les autres déclarant au contraire qu'il leur a donné satisfaction;

Qu'on ne saurait en outre avoir la prétention d'exiger d'un adolescent, presque un enfant, à peine rémunéré en raison de sa misère, la même énergie dans le travail que de la part d'un homme fait;

Attendu que c'est dans ces conditions que Chiabrando sans travail, presque sans vêtements et dans l'impossibilité de pouvoir compter sur le secours des siens, a demandé et obtenu, à la Ferté-Milon, un morceau de pain;

Qu'à raison de ce fait, il est poursuivi pour mendicité, le département de l'Aisne possédant un établissement destiné à y obvier.

Attendu sur ce point, que l'établissement dont il s'agit est affecté d'après les renseignements officiels, à huit départements; qu'il contient seulement sept cent seize places toutes occupées actuellement, alors qu'il existe dans l'étendue de sa circonscription un nombre infiniment supérieur d'indigents obligés de recourir à la mendicité;

3

Que sa population se compose de vieillards, de mendiants, atteints d'infirmités de toutes les catégories, d'idiots à concurrence de six cent vingt-six ; de soixante-douze mendiants reçus à la suite de condamnations et de dix-huit enfants au-dessous de quinze ans ;

Qu'il ne reçoit aucune personne valide réduite momentanément à l'indigence par manque de travail ;

Attendu que malgré son utilité incontestable et les louables efforts de l'administration, cet établissement, à raison de son exiguité, ne répond ni aux nécessités, ni aux exigences de la situation ;

Que, du reste pour s'y faire admettre, l'indigent doit non seulement faire une demande, mais encore obtenir l'intervention de sa famille ou de sa commune de qui on exige l'engagement de participer aux frais d'entretien ;

Qu'il était impossible à Chiabrando, comme à la plupart des indigents cherchant du travail loin de leur pays d'origine, de fournir de semblables justifications ;

Qu'eût-il été à même de les produire, il lui fallait, tout au moins, se procurer à manger en attendant la décision administrative, toujours longue à venir, malgré l'activité qu'on peut apporter à la rendre ;

Qu'il y a donc lieu de décider que l'établissement existant à Montreuil-sous-Laon, dans le département de l'Aisne, pour obvier à la mendicité non seulement dans ce département, mais dans *huit* autres, est absolument insuffisant pour satisfaire au vœu de la loi ;

Que cette constatation suffirait à elle seule pour amener la relaxe du prévenu.

Attendu qu'en effet la société, dont le premier devoir est de venir en aide à ceux de ses membres réellement malheureux, est particulièrement mal venue à requérir contre l'un d'eux l'application d'une loi édictée par elle-même et qui, si elle s'y fût conformée en ce qui la concerne, pouvait empêcher de se produire le fait qu'elle reproche aujourd'hui au prévenu ;

Attendu, au surplus, que l'établissement de Montreuil-sous-Laon, répondrait-il à toutes les exigences de la loi, le délit de mendicité n'est réellement et juridiquement commis

que par ceux qui, dans le but avéré de ne se livrer à aucun
travail, sollicitent habituellement la charité publique, soit
directement, soit par les moyens ou sous les prétextes les
plus divers;

Que c'est contre les mendiants professionnels que la loi
a été faite et que c'est sur eux seuls qu'elle doit s'appesan-
tir dans toute sa rigueur;

Qu'on ne saurait se montrer trop sévère à l'égard de ces
parasites de la société qui n'ont d'autre métier que d'exploiter la charité publique, non seulement en sollicitant
cyniquement l'aumône sur la voie publique, à domicile ou
à l'entrée de certains édifices publics, mais encore en s'introduisant, grâce à la complaisance coupable des uns ou à
la légèreté impardonnable des autres, dans toutes les œuvres
de bienfaisance, au détriment des véritables malheureux à
l'égard desquels ils finissent par rendre sceptiques même
les cœurs les plus compatissants.

Attendu que celui qui, poussé par les inéluctables nécessités de l'existence, demande et obtient un morceau de pain
dans le but de s'alimenter, ne commet pas le délit de mendicité;

Que tel est le cas de Chiabrando;

Attendu que, pour équitablement l'apprécier, le juge doit,
pour un instant, oublier le bien-être dont il jouit généralement afin de s'identifier, autant que possible, avec la situation lamentable de l'être abandonné de tous, qui, en haillons,
sans argent, exposé à toutes les intempéries, court les routes et ne parvient le plus souvent qu'à éveiller la défiance
de ceux auxquels il s'adresse pour obtenir quelque travail;

Qu'évidemment l'appel fait à la solidarité humaine par
ce malheureux, dans sa détresse même parfois méritée,
doit d'autant moins constituer une infraction pénale qu'il
peut arriver à l'homme le plus laborieux, dont le travail
est la seule ressource, de se trouver dans un état d'indigence momentanée, mais absolue, par suite de maladie ou
d'un chômage inopiné et prolongé;

Qu'on ne saurait admettre que le législateur ait voulu
atteindre l'être réellement privé de tout qui, pour atténuer
pour lui ou pour les siens les tortures de la faim, sollicite

convenablement son semblable, plus heureux, de lui venir
en aide et ne manifeste aucune animosité si sa requête est
repoussée ;

Qu'une demande de cette nature, formulée dans de pareilles conditions, ne comporte aucune faute, par conséquent
aucune répression, qu'elle doit être considérée cas de force
majeure, auquel la deuxième partie de l'article 64 du code
pénal, libéralement entendu, enlève tout caractère délictueux
et qui découle du droit à la vie, ce patrimoine intangible
de l'être humain ;

Que bien souvent d'ailleurs, celui qui, en de pareilles circonstances, essaie d'obtenir un secours nécessaire, le fait
pour éviter de se le procurer par des moyens véritablement
coupables ;

Attendu que les lois pénales répressives de délits *qui ne
portent préjudice à personne* et sont exclusifs d'intention frauduleuse, doivent surtout, dans des cas semblables à celui
qui est soumis actuellement au tribunal, être interprétées en
s'inspirant des plus larges pensées d'humanité et en tenant
compte des réalités de la vie, parfois si dures, pour les déshérités de la fortune ;

Qu'accumuler sur le prévenu des condamnations de la
nature, de celle qui, d'ailleurs, est requise avec beaucoup
d'indulgence, c'est lui rendre la recherche du travail plus
difficile et le pousser inévitablement, en lui faisant perdre
tout espoir de réhabilitation, dans la voie de la mendicité
professionnelle avec toutes ses désastreuses conséquences ;

Que, s'appuyant sur ces principes à la fois juridiques et
humains, le Tribunal ne peut voir dans le prévenu Chiabrando qu'un malheureux et non un délinquant au sens de
l'art. 274 du Code pénal.

Par ces motifs,
Le renvoie des fins de la poursuite, sans dépens.

Le jugement Chiabrando souleva comme le jugement Ménard l'enthousiasme public. Le cas du jeune
mendiant semblait pourtant moins propice à émouvoir
les cœurs sensibles que la situation dramatique de la

jeune mère de Charly. Mais l'opinion attacha aux
deux acquittements une importance semblable au point
de vue social. En l'une et l'autre cause se posait une
seule et même question : celle de savoir si, oui ou
non, les droits de l'individu doivent primer les règlements caducs de la société. Le président Magnaud
attaquait le problème avec une volonté de décision
égale à son audace d'équité. Sans faiblesse il substituait
à l'interprétation traditionnellement mesquine de codes surannés un esprit de justice en harmonie avec
les conquêtes de la pensée. Il n'hésitait pas, sous les
injonctions de sa conscience et de sa raison, à écrire
que le droit à la vie est le patrimoine intangible de
l'être humain. Comment ne pas admirer ce juge dont le
courage tenace s'élevait jusqu'à l'application de la vraie
justice ?

Les esprits généreux, et les humbles aussi, repre-
naient leurs louanges en l'honneur du président Magnaud. Mais les pharisiens repartaient en guerre contre
lui, et, à leur tête, le procureur général de la Cour
d'Amiens. Dès longtemps en défaveur auprès de ses
chefs hiérarchiques, le juge de Château-Thierry leur
était devenu un sujet d'irritation jalouse depuis la
publicité donnée par la presse à ses sentences. Ce sentiment singulier paraissait d'ailleurs animer toute la
magistrature française. Elle observait à l'égard du
président Magnaud une attitude dédaigneuse. Il semblerait plutôt qu'elle eût dû être fière de compter un
pareil homme dans ses rangs. La popularité soudaine
de ce juge, n'était-ce pas une sorte de réhabilitation
pour un corps si discrédité aux yeux des justiciables ?
Nos magistrats ne le comprenaient pas ainsi. Au lieu

de s'applaudir des hommages venus à l'un d'eux, de les mériter à leur tour en imitant l'exemple qui leur était donné par un modeste tribunal, ils prenaient le président Magnaud en pitié. On assure qu'il ne s'en trouva pas un seul parmi eux pour se solidariser avec lui, ou, simplement, pour lui adresser une marque d'estime, de sympathie. Cet isolement en lequel on le tenait n'était au reste que le corollaire de la persécution dont il se trouvait victime au parquet général du ressort. Oh! une sorte de persécution très spéciale : dès qu'il avait rendu un jugement dont les attendus révélaient la noblesse de son esprit et ce bel amour de l'humanité qui dicte ses sentences, le jugement était frappé d'appel. Ainsi fut-il fait encore dans l'affaire Chiabrando.

Cette fois, le jugement fut infirmé par la Cour : elle condamna [1] Chiabrando à deux jours de prison. Seulement, changeant la qualification du fait, elle envisagea dans la cause non plus le délit de *mendicité simple* retenu par le tribunal de Château-Thierry, mais le délit de *mendicité d'habitude*. Chiabrando, acquitté en vertu de l'article 274 du Code pénal, n'est condamné qu'en vertu de l'article 275, comme mendiant profes-

1. Des journaux de l'époque, et qui étaient, disait-on, bien renseignés, racontèrent que la condamnation fut due à des causes étrangères à l'affaire. Dès que l'on avait appris que le procureur général interjetait appel, une demande d'interpellation avait été déposée à la Chambre des Députés. Si la Cour confirmait le jugement Chiabrando comme elle avait, l'année précédente, confirmé le jugement Ménard, la situation personnelle du procureur général devenait difficile à la Chancellerie à cause des suites politiques à la Chambre. La Cour prit ce cas en considération, et c'est pourquoi Chiabrando fut condamné...

sionnel [1]. Cette différence dans l'appréciation des faits
et dans l'application de la loi était importante. Il en
découlait la confirmation très nette des attendus du
jugement de Château-Thierry. La Cour reconnaissait
en effet l'exactitude de la thèse juridique du président
Magnaud. Arrêt d'une portée considérable ! D'abord il
désavouait le réquisitoire passionné du procureur général qui, raillant le magistrat de première instance
d'avoir accueilli le droit à la vie, le blâmait « après
avoir proclamé le droit au vol, de vouloir proclamer
le droit à la mendicité [2]. » Ensuite, et surtout, il pu-
bliait l'aveu que la jurisprudence du président Magnaud, loin d'être fantaisiste, se trouvait parfaitement
justifiée en droit : c'était la reconnaissance, par une
Cour d'appel, de cette vérité jusque-là repoussée que
la loi elle-même ne s'oppose pas à être interprétée
avec humanité.

Si, comme l'ont proclamé les conseillers de la Cour
d'Amiens, la thèse développée par le président Magnaud dans les attendus du jugement Chiabrando est
juridique, si elle est inattaquable en droit, comme l'a
avoué le garde des sceaux devant le Parlement [3], qu'est-

---

1. Chiabrando, devant la Cour d'Amiens, fut défendu par
M. René Viviani, député de Paris.

2. «... Véritablement, les débats qui se sont déroulés devant la Cour d'Appel d'Amiens n'ont pas été de nature à
changer cette impression (que la Chancellerie persécutait
le président Magnaud) ; nous avons vu devant la cour d'appel un spectacle très malheureux : des discussions personnelles, des rancunes de magistrats, une malveillance évidente contre un homme qui n'avait commis d'autre faute
que d'être trop approuvé. » Chambre des Députés, séance
du 17 mars 1899, discours Sembat.

3. Chambre des députés, séance du 17 mars 1899.

ce à dire, sinon qu'elle est également justifiée en fait?

Il faut s'entendre une bonne fois. La loi n'est pas une abstraction. Elle est une réalité objective. Elle pèse sur des êtres responsables, ou, du moins, déclarés tels dans l'intérêt de la société. Lorsque le citoyen chargé d'assurer ses sanctions l'applique à la lettre, parce qu'il se croit lié par les textes, il témoigne d'un cerveau primitif. Fatalement, dans la crainte de sortir des limites du cadre donné, il se montre barbare, assimilant la loi au lit de Procuste. Ce fut une erreur regrettable de Beccaria, en son *Traité des délits et des peines*, de poser en principe que la loi ne doit pas être interprétée, que le juge la doit observer rigoureusement, qu'il doit l'appliquer à la lettre sans en consulter l'esprit. C'est oublier que la loi n'est pas autre chose qu'une formule conventionnelle qui ne saurait prévoir la multiplicité des mobiles par quoi l'homme ondoyant et divers se résout à l'action. L'humanité échappe à la prise du législateur. Il prétend l'embrasser tout entière, et, à peine s'enorgueillit-il de l'avoir soumise, qu'elle se délivre d'une poussée formidable et terrible. Elle est la vie puissante et mystérieuse. Qui la connaît? Qui aurait la faculté de lui assigner des bornes? La loi, si large qu'on la puisse supposer, restera toujours une chose étriquée. Née des calculs de l'homme, elle est une simple convention imparfaite et révocable. Elle n'a ni force ni beauté. La vérité se suffit à elle-même : la loi, point. La première n'a besoin que d'*être* pour resplendir. Pour s'imposer il faut à la seconde des filets, des liens, des chaînes : elle règne par l'esclavage. Mais la nature indomptée se rit de ses prescriptions, de ses entraves. Le Code? La passion le dé-

chire. La prison ? L'instinct la brave. De l'homme
apprivoisé par la peur la faim fait un individu libre,
farouche. En regard des phénomènes vitaux, qu'est-ce
que la loi ? Un monument d'impuissance et d'iniquité.
C'est pourquoi le juge qui s'y conforme aveuglément,
par esprit d'obéissance, se condamne à l'injustice.

Subordonner le droit écrit au droit humain, voilà
justement le vrai mérite du président Magnaud. A
travers les textes arides, secs, inertes, il voit la créature pantelante et misérable. Il ne lui suffit pas que le
ministère public établisse un rapport plus ou moins
évident entre un délit et un article de loi. C'est le mobile de l'acte dénoncé qu'il recherche d'abord. Qu'importe la matérialité d'un fait s'il y a eu nécessité phy-
siologique de l'accomplir ? Ainsi le président Magnaud
examine la prévention, étudie minutieusement la cause,
remonte aux antécédents du prévenu, approfondit sa
moralité, se met par la pensée en ses lieu et place, et,
s'interrogeant : « Les mêmes circonstances étant données, dit-il, qu'eussé-je fait moi-même ?... » Ah ! ce
n'est pas là l'un de ces magistrats qui, se piquant de
ne trouver dans les prévenus que des coupables, se
frottent les mains de condamner sans pitié dans l'espoir que leur sévérité les fera bienvenir de la Chancellerie. C'est un homme qui juge avec son cœur et sa
conscience. Magistrat, il se sait, par sa situation, au
nombre des privilégiés du sort. Du haut de son siège,
il peut feindre d'ignorer « la situation lamentable de
l'être abandonné de tous, qui, en haillons, sans argent,
exposé à toutes les intempéries, court les routes et ne
parvient le plus souvent qu'à éveiller la défiance de
ceux auxquels il s'adresse pour obtenir quelque tra-

vail. » Eh bien! il ne veut point de cette excuse hypocrite. Il oublie et sa robe, et son bien-être, et la
tradition qui lui permet de rester inaccessible aux sentiments philanthropiques. Or il songe : « Comment le
juge apprécierait-il équitablement le cas des prévenus
s'il ne s'identifiait autant que possible avec eux! » Et
c'est parce qu'il s'identifie avec le mendiant Chiabrando
qu'il le comprend et qu'il l'acquitte.

Qu'est-ce que Chiabrando? Un vagabond, prononce
le ministère public, condamné trois fois déjà pour
mendicité. Mais le président Magnaud s'inquiète et
enquête. Chiabrando a dix-sept ans. Tout jeune, il a
perdu son père. Sa mère alors de l'abandonner. On ne
lui a mis en main aucun métier. Sans ressources, sans
gagne-pain, seul à quinze ans, que faire de ses bras?
Il les loue aux champs. Il les loue... C'est-à-dire que
des cultivateurs daignent les employer à leur service
à condition que cela ne leur coûtera rien qu'un morceau de pain. Chiabrando travaille donc sans gagner
nul salaire. A la longue il se fatigue d'être exploité. Il
cherche un travail enfin rémunérateur. C'est la course
éperdue de village en village. Et rien dans la poche!
Rien... Sauf un certificat de bonne conduite donné par
le maire d'une commune où il a peiné sans gages pendant plusieurs mois. Un certificat, cela ne donne pas
à manger lorsque l'estomac crie famine. L'enfant, au
hasard des routes, tend la main. Parfois une aubaine
lui vient chez un fermier brave homme : il se hâte
d'en profiter, courageux à la besogne. Les aubaines
passent vite, les moissons tombent, le chômage revient.
La main de nouveau se tend et implore. Hélas! les
cœurs parfois sont de pierre. Un jour, n'y tenant plus,

Chiabrando casse la vitre d'un *réverbère*, puis, s'en allant tout droit chez le commissaire : « Arrêtez-moi, lui dit-il. Je suis sans ressources, j'ai faim, je ne veux pas voler : mettez-moi en prison, elle me sera un abri ! » Quinze mois de travail et de misère alternés. L'abandonné, malgré ses efforts sérieux, a la malchance pour lui. On l'arrête une quatrième fois au moment où il demandait et obtenait un morceau de pain. Et le voici devant le président Magnaud.

Le juge de Château-Thierry pèse les antécédents du jeune mendiant. Il a sous les yeux les résultats de l'enquête judiciaire. Il y voit que, de tous les patrons intermittents de Chiabrando, les seuls qui se plaignent de lui sont les patrons qui ne le payaient pas : « ce n'était pas un ouvrier très courageux, » écrivent-ils. Et le juge de répondre à ces exploiteurs trop exigeants que les privations subies par Chiabrando n'étaient pas faites pour lui donner une bien grande vigueur physique... Mais le délit est là, établi, reconnu, poursuivi. Or, l'article 274 du Code pénal est formel : tout individu tombe sous le coup de la loi s'il a été surpris mendiant dans un département possédant un dépôt de mendicité, ce qui est le cas du département de l'Aisne où Chiabrando a été arrêté. En conséquence, selon la lettre de la loi, Chiabrando doit être puni. Pardon ! objecte le président Magnaud. Le prévenu en effet n'a pas observé la loi, mais la société lui a-t-elle donné l'exemple ? Avant de requérir contre lui l'application d'une loi édictée par elle-même, s'y est-elle conformée en ce qui la concerne ? Examinons ce point d'abord, et ensuite nous condamnerons s'il y a lieu.

Oui, il y a dans le département de l'Aisne un établissement destiné à obvier à la mendicité, celui de Montreuil-sous-Laon. Seulement, ce dépôt ne contient que 716 places dont 626 sont occupées par des vieillards, des infirmes, des idiots : il reste quatre-vingt-dix places (d'ailleurs toutes occupées) pour les mendiants valides des *huit départements* auxquels est affecté l'établissement de Montreuil ! ! ! Si l'on réfléchit que, chaque année, trente mille indigents sont condamnés par les tribunaux, quinze mille pour vagabondage, quinze mille pour mendicité, cela donne, chiffres ronds, une moyenne de trois mille pour les huit départements compris dans la circonscription de Montreuil-sous-Laon. Or, à ces trois mille indigents, la société — généreuse — offre quatre-vingt-dix places... Et le comble, ô ironie, c'est qu'avant de les admettre au dépôt, elle exige d'eux une demande officielle, des papiers d'identité, une autorisation de leur famille ou de la commune où ils sont nés ! Que voilà de la belle philanthropie, utile, secourable... C'est la philanthropie pratiquée par la société qui, pour toute la France, a institué vingt-quatre dépôts de mendicité, chacun satisfaisant au vœu de la loi à l'égal du dépôt de Montreuil-sous-Laon...

Quoi ! la société méconnaîtrait à ce point les nécessités et les exigences de sa propre loi, et, tandis qu'à jamais impunie parce que toute-puissante, elle ne se soucierait pas autrement de la situation des malheureux, il lui serait licite de requérir contre eux un châtiment impitoyable ! L'iniquité serait d'autant plus monstrueuse que, du mendiant et de la société, le seul coupable souvent est la société elle-même : par exemple, s'il eût trouvé sur sa route un dépôt prêt à le se-

courir, Chiabrando aurait-il mendié? L'homme juste
répond : non! Ainsi le décide le président Magnaud
qui déclare l'article 274 inapplicable dans la cause,
la société ne l'ayant, la première, observé que d'une
façon insuffisante. Voilà donc, de fait, un premier motif d'acquittement, et c'est le moindre pourtant. Aussitôt après l'avoir formulé, le président Magnaud, quit
tant la discussion terre à terre pour s'élever aux plus
hautes considérations sociales, examinant alors la
mendicité en soi, déclare qu'elle ne constitue pas un
délit.

Sans doute, et avec raison, le président Magnaud
fait une distinction entre la mendicité professionnelle
et la mendicité occasionnelle. Un mendiant professionnel, ce n'est pas toujours l'ouvrier sans travail ou le
vagabond réduit à l'aumône, et qui, à solliciter la charité, récolte plusieurs condamnations. Les professionnels de la mendicité infestent les villes plus que les
campagnes. C'est la catégorie des parasites pour qui
l'exploitation de la charité constitue un métier chaque
jour pratiqué avec profit. Ceux-là, si l'on avait la naïveté de leur offrir un morceau de pain, le jetteraient
avec mépris : il leur faut des *sous*, les sous, notamment, qui tombent dans leurs escarcelles aux portes
des églises... Pour beaucoup, ce sont gens sans vergogne et bien rentés, — les *faux mendiants* — et qui
ne devraient exciter aucun intérêt. Le mendiant à
qui doit aller la charité, la solidarité, la fraternité,
quel besoin de le définir? N'est-ce pas le pauvre être,
abandonné de tous et privé de tout, dont le geste sup-
pliant découle de l'instinct vital? Rechercher les causes de sa détresse, qu'importe! Il a faim : ne faut-il

pas qu'il mange? Point de travail, point de ressources : il doit choisir entre le vol et la mendicité. Le vol
lui répugne. S'il tend la main, le mépriserez-vous? De
quel droit? En vous sollicitant, il fait appel à la solidarité humaine : puisque la société est impuissante à
le secourir, ses semblables se doivent à eux-mêmes de
l'aider. En leur demandant l'aumône, il exerce un
droit — le droit à l'assistance. Sa demande, comme le
dit le président Magnaud, est un cas de force majeure.
Elle ne saurait comporter aucune faute, aucune répression, « attendu que celui qui, poussé par les inéluctables nécessités de l'existence, demande et obtient un
morceau de pain dans le but de s'alimenter, ne commet pas le délit de mendicité ».

Voilà de quelle humaine façon un juge doit interpréter la loi : en tenant compte des droits de la nature
et des réalités de la vie, *parfois si dures pour les déshérités de la fortune.* Traduire ainsi la loi, rapproche de
la justice idéale, découvre les imperfections sociales,
appelle les réformes. Loin de redouter des interprétations de cette nature, il les faut souhaiter pour le bien
de l'individu. Si la société ne se trouvait parfois —
trop rarement — censurée et fouettée par ses propres
défenseurs, jamais elle ne se déciderait à s'amender.
Le jugement Chiabrando en offre un nouvel exemple.
Discuté à la Chambre des Députés, il eut pour effet
d'arracher au ministre de la justice ce double aveu :
1° que notre législation sur la mendicité est surannée;
2° que le Code pénal français est resté absolument arriéré
au milieu des législations européennes. Et le garde des
sceaux dut encore promettre à la Chambre qu'il donnerait à ses parquets les instructions les plus larges et

les plus humanitaires à l'égard des vagabonds et des
mendiants [1]. En effet, il envoyait bientôt aux procureurs généraux une circulaire visiblement inspirée par
le jugement du président Magnaud [2]. « A un grand
nombre de vieillards et d'invalides, vagabonds et
mendiants par nécessité, y était-il dit, ce sont les refuges et les hospices qu'il faudrait ouvrir, et non les prisons [3]. » Et encore : « quand vos substituts auront le
sentiment qu'ils ont devant eux un prévenu intéressant, à un titre quelconque, et qu'on peut encore arrêter sur une pente dangereuse, qu'ils n'hésitent pas,
malgré la matérialité des faits, à requérir une ordonnance de non-lieu ou un jugement de relaxe... Ils auront fait ainsi œuvre saine et utile de justice et de solidarité sociale. » Et enfin elle se terminait par un
rappel à ces principes libéraux et humains dont la
large application sera la gloire du tribunal de Château-
Thierry. Quel plus bel hommage rendu au président
Magnaud, alors qu'il était en butte aux tracasseries et
aux dédains de ses chefs, que cette appropriation publique de ses idées, de ses « attendus », imposée par
l'opinion au chef suprême de la magistrature française?...

1. Séance du 17 mars 1899. — Au cours de cette séance,
M. Morlot, député de Château-Thierry, prononça un discours
tout à l'honneur du président Magnaud et de ses collègues
du tribunal. On en trouvera le texte à l'*Appendice*.
2. *Journal Officiel* du 3 mai 1899. Voir à l'*Appendice* le texte
complet de cette circulaire.
3. La circulaire est du 3 mai 1899; le 3 mars précédent,
le président Magnaud avait acquitté le mendiant et vagabond
Dubost en disant que c'était « un être bon à hospitaliser
et non à condamner. » Voir le jugement suivant.

# VI

## Mendicité et vagabondage : acquittement.

————

TRIBUNAL DE CHATEAU-THIERRY.

Audience correctionnelle du 3 mars 1899.

*Présidence de M. Paul Magnaud, Président.*

Le Tribunal :

Attendu que Dubost a été trouvé le 25 janvier 1899, mendiant à la Ferté-Milon.

Qu'aucun établissement susceptible d'obvier efficacement à la mendicité, n'existant pour cette localité, le prévenu est poursuivi en vertu de l'article 275 du code pénal, c'est-à-dire comme se livrant habituellement à la mendicité, quoique valide, et en même temps pour vagabondage.

Sur le délit de mendicité :

Attendu que le mendiant professionnel ou d'habitude est l'homme qui, sans jamais chercher à se procurer du travail et pouvant travailler, vit uniquement de mendicité, refuse même parfois l'aumône qu'il a sollicitée, comme n'étant pas à sa convenance ou encore la-gaspille s'il n'en trafique pas ;

Que le délit de mendicité professionnelle ne saurait être relevé contre celui qui s'adresse, seulement par intervalle et dans les moments difficiles où il est sans travail, à la charité publique, surtout s'il est établi qu'il a souvent tra-

vaillé, même dans des conditions désavantageuses, à des
époques peu antérieures au fait de mendicité pour lequel il
est poursuivi;

Qu'il faut en outre que le mendiant, pour être qualifié de
professionnel, exploite depuis longtemps et sans discontinuer la charité publique;

Que l'âge aussi du prévenu doit être pris en très grande
considération et qu'il est évident que celui qui serait en
état de minorité pénale ou qui sortirait à peine de cette
minorité au moment où le fait de mendicité aurait été commis, ne saurait être retenu de ce chef qu'à la condition
que, dès l'enfance et après avoir volontairement abandonné
le domicile paternel, il n'ait jamais vécu que d'aumônes et
se soit refusé cyniquement à tout t        il;

Qu'en réalité, sauf de très rares    ceptions, l'homme fait,
qui depuis longtemps ne veut pa  travailler ou ne justifie
pas d'efforts sérieux pour se créer des ressources par le
travail, peut seul être qualifié de mendiant professionnel.

Attendu, en outre, que pour que le délit de mendicité
professionnelle prévu par l'article 275 puisse être réprimé,
il faut aussi que le mendiant soit valide;

Qu'il échet donc de rechercher si Dubost remplit ces deux
conditions;

Attendu que Dubost qui n'a plus de famille, a subi, à ce
jour, *quarante-deux condamnations*, toutes pour mendicité,
vagabondage, rupture de ban et outrages à agents et magistrats, ces dernières provoquées par lui dans le but évident d'être puni plus sévèrement afin de n'avoir pas à se
préoccuper de longtemps des nécessités de l'existence;

Attendu que depuis environ vingt-et-un ans, il en a passé
onze dans les prisons où il a complètement oublié, faute de
l'exercer, son métier de relieur;

Qu'il reconnaît, sans difficulté, ne vivre habituellement
que de mendicité, mais déclare qu'il y est contraint par son
état de santé qui ne lui permet de se livrer à aucun travail
sérieux;

Attendu qu'examiné avec le plus grand soin au point de
vue de son état physique et mental par le docteur Vilcoq
que le tribunal a commis à cet effet, cet expert déclare

« que Dubost est bizarre, mélancolique, indifférent à tout,
» résigné d'avance à recommencer cette même existence de
» mendicité et de séjour dans les prisons, qu'en outre, il est
» atteint d'une hernie qui peut l'empêcher de se livrer à de
» pénibles travaux, sans cependant s'opposer à toute occu-
» pation, et qu'il est anémié par le temps passé dans les
» geôles; que bien qu'il n'y ait chez lui aucun signe de dé-
» générescence mentale, il n'en est pas moins évident que
» ses facultés physiques sont très amoindries et que cet
» affaiblissement peut, au même titre que la misère physio-
» logique et la vieillesse prématurée, être attribué au séjour
» prolongé dans les prisons » ;

Attendu qu'il résulte de ce rapport, qu'en dehors de sa
faiblesse intellectuelle, le prévenu n'est pas suffisamment
valide pour subvenir aux besoins de son existence ;

Que l'un des éléments constitutifs du délit de mendicité
professionnelle, prévu par l'article 275 du Code pénal, la
validité, faisant défaut, ce délit n'est pas suffisamment établi à l'encontre de Dubost.

Sur le délit de vagabondage :

Attendu que le seul fait de n'avoir ni domicile certain, ni
moyens de subsistance et de n'exercer habituellement ni
métier, ni profession, en un mot d'être simplement malheureux par sa faute ou sans sa faute, constituant un délit,
alors même qu'il n'en résulterait aucun préjudice matériel
ou moral pour autrui, il échet de rechercher si ces éléments
constitutifs du délit de vagabondage, se retrouvent dans le
cas de Dubost et si même dans ce cas, les peines édictées
par l'article 271 peuvent lui être appliquées ;

Attendu que Dubost a été arrêté vingt-neuf jours après
sa sortie de la maison d'arrêt de Mâcon, où il avait subi
trente jours de détention et d'où il était sorti avec un pécule
de 5 francs 88 centimes ;

Attendu que cette somme représente environ vingt centimes par jour pendant vingt-neuf jours, c'est-à-dire de quoi
se procurer le pain quotidien ;

Qu'il convient d'y ajouter les quelques secours, tout au
moins en logement, qu'il a pu recevoir dans certaines mai-
ries des localités par lui traversées ;

Attendu que la prévention n'établit pas que, dès les premiers jours de sa libération, il ait dépensé tout son pécule;

Que, dès lors, on ne peut strictement affirmer qu'au moment de son arrestation, il était depuis plusieurs jours sans moyen de subsistance;

Attendu, au surplus, que sans s'appuyer sur ce fait matériel cependant très juridiquement concluant et, en considérant même comme constant que Dubost ait été trouvé dans les trois conditions prévues par l'article 270 du Code pénal, le délit de vagabondage ne saurait être retenu à sa charge;

Attendu, en effet, que puisqu'il n'a personne pour s'intéresser à lui et venir à son aide, et qu'il n'est pas susceptible de se livrer utilement à des travaux pénibles, les seuls qu'il pourrait peut-être se procurer sur sa route, il *est forcément sans moyens de subsistance et, par conséquent, sans domicile certain.*

Qu'il est bien évident que ce qui ne peut être évité ne saurait être puni, et que le simple bon sens indique que le législateur n'a entendu sévir que contre ceux qui, pouvant travailler, se trouvent, par leur faute, parfois elle-même bien excusable, dans les trois situations nettement précisées par l'article 270 du Code pénal;

Qu'en conséquence, tant pour le délit de vagabondage que pour celui de mendicité, il échet de renvoyer le prévenu des fins de la poursuite, sans dépens;

Que cette solution s'impose d'autant plus que le prévenu Dubost est un être bon à hospitaliser et non à condamner;

Que son sens moral étant, en partie, atrophié, il considère la prison, où il passe ses journées au lit et dans laquelle il demande instamment à être réintégré, comme un de ces établissements hospitaliers que la société a oublié d'installer en quantité suffisante en faveur des malheureux de son espèce, afin d'obvier ainsi, d'une manière efficace, à la mendicité en même temps qu'au vagabondage;

Attendu que le tribunal ne saurait se prêter à ce désir de Dubost, toute condamnation temporaire ne devant être prononcée qu'avec le double objectif de punir une faute et surtout d'amender celui qui s'en est rendu coupable;

Qu'il convient, en outre, de remarquer que si *Dubost a*

*encouru quarante-deux condamnations, on n'en trouve aucune pour improbité et qu'on doit certainement tenir grand compte à ce malheureux, dont la faiblesse d'esprit va sans cesse en progressant, d'avoir eu cependant assez d'énergie et d'honnêteté naturelle pour résister pendant sa longue misère à toute tentation de s'emparer du bien d'autrui ;*

Par ces motifs : *le Tribunal renvoie Dubost des fins de la poursuite sans dépens.*

Après Chiabrando — un enfant, Dubost — un homme. Le premier, excusable surtout, aux yeux de la foule, à cause de son enfance malheureuse, et *coupable* d'ailleurs du seul délit de mendicité simple (article 274 du Code pénal). Le second, un récidiviste, un vieux cheval de retour, dont le casier judiciaire atteste quarante-deux condamnations, toutes pour mendicité, vagabondage, rupture de ban, outrages à des magistrats et à des agents de la force publique, et qui est traduit devant le tribunal de Château-Thierry sous la double prévention de vagabondage et de mendicité d'habitude (articles 270, 271 et 275).

Dans les deux cas même solution : acquittement. .

Un premier fait est acquis : Dubost, quoique arrêté à la Ferté-Milon comme Chiabrando et à la même époque environ, n'entend pas invoquer contre lui le fameux article 274. Le parquet maintenant accepte pour démontrée l'inanité de cet article. Le dépôt de Montreuil-sous-Bois ne remplit pas son objet, il est décidément insuffisant, la société est reconnue en faute de par les considérants, basés sur enquête, du président Magnaud. Les critiques du juge ont emporté l'adhésion de l'avocat de la société. Quittant l'article 274, parce que inapplicable et injustifié, il se rabat sur l'ar-

ticle 275 visant la mendicité professionnelle, et, en
son nom, il requiert la peine prévue par le Code.

Le juge considère la nature du délit. Il définit le
mendiant professionnel l'individu vivant chaque jour
de la mendicité, s'y livrant par paresse volontaire,
exploitant la charité publique depuis longtemps, sans
discontinuer, refusant parfois l'aumône lorsqu'il ne la
trouve pas à sa convenance, la gaspillant même ou en
trafiquant. Définition exacte, conforme aux mœurs des
faux mendiants. Ce qui constitue le caractère professionnel requis par la loi, c'est l'aumône pratiquée à
l'égal d'un métier. Or, le mendiant professionnel, s'il
est habile ou protégé, échappe le plus souvent à la
justice. Celle-ci, par contre, manque rarement de frapper l'ouvrier sans travail ou l'indigent qui s'adresse à
la charité publique dans les moments difficiles : est-il
permis d'assimiler au professionnel, qui fait de l'aumône une industrie, l'indigent véritable sous prétexte
que celui-ci a subi un certain nombre de condamnations? Ce serait prendre l'effet pour la cause.

Il est incontestable que le prévenu Dubost a l'habitude de mendier : lui-même le reconnaît sans difficulté.
Sur les quarante-deux condamnations qu'il a encourues, il ne sait plus le nombre de celles dont la mendicité fut la cause. Cause accidentelle, et c'est le point
important. Ce qu'il importe en effet de remarquer, c'est
la situation de cet homme dans la société. Au jour où
il comparaît devant un tribunal pour la quarante-troi-
sième fois, il compte, sur les vingt dernières années
de son existence, onze ans de séjour dans les prisons.
Nul acte d'*improbité* cependant n'est à sa charge. Par
suite de quelle maladie, de quel premier chômage, de

quelle misère initiale, a-t-il commencé cette existence
de paria ? Sans aucun doute, ce fut d'abord un pauvre
malchanceux. Si, à l'origine, il avait eu comme Chiabrando la bonne fortune de rencontrer en ses juges un
président Magnaud, peut être se serait il arrêté dans
la voie de la déchéance. Mais la pente est rapide, et
quand, loin de vous retenir, le juge vous y pousse d'une
main cruelle ou seulement indifférente, la chute s'accélère. De condamnation en condamnation, Dubost en
est arrivé, tels des milliers d'autres, à considérer la
prison comme son domicile légal : n'en sortir que pour
y revenir, il n'a plus connu d'autre règle de vie. Jadis,
relieur de son métier, il travaillait tout de même entre
deux stations hivernales aux maisons d'arrêt. Et, peu
à peu, engourdi par la prison, abêti par cette existence
d'indolence passive, il a oublié son métier, il est devenu incapable d'un travail sérieux. C'est désormais
l'être indifférent à tout, parfaitement résigné à son
sort, simple d'esprit, à qui, par surcroît, la maladie
apporte ses souffrances physiques, ses *impedimenta* et
dit : « A l'avenir, tu ne pourras plus subvenir aux besoins de ton existence! » Alors, puisqu'il n'a ni richesses ni famille, puisque la société elle-même l'abandonne, comment manger, s'il ne vole ou ne mendie ?
C'est pourquoi, constatant qu'il ne peut plus travailler
parce qu'il est malade, faible d'esprit, faible de corps,
le président Magnaud l'acquitte sur ce premier chef,
« l'un des éléments constitutifs du délit de mendicité
professionnelle, prévu par l'article 275 du Code pénal,
*la validité*, faisant défaut ».

L'acquittant sur le délit de mendicité, le va-t-il condamner sur le délit de vagabondage ?

A ne juger que d'après la lettre, Dubost, de même qu'il est bien un mendiant professionnel, est également un vagabond, car il n'a ni domicile certain (si ce n'est la prison), ni moyens de subsistance (si ce n'est la charité publique). Laissons les faits matériels, bien qu'ils soient « très juridiquement concluants ». Le problème se pose, non pas uniquement entre un homme et la loi, mais entre l'Etat et l'Individu, entre la société et le citoyen.

Il y a, dans le jugement, un attendu admirable entre tous, admirable d'ironie vengeresse, celui où le président Magnaud rappelle avec amertume que « le fait d'être simplement malheureux par sa faute ou sans sa faute constitue un délit, alors même qu'il n'en résulterait aucun préjudice matériel ou moral pour autrui ». Cet axiome social pèse depuis des siècles sur l'individu. L'énoncer, c'est révéler l'iniquité abominable de la morale étatiste. Inutile d'en souligner l'infamie en des développements de rhétorique. Que la société soit toute douceur, toute louange, toute bassesse, à l'égard des heureux, les puissants, les riches, les roués, qu'elle soit au contraire pour les déshérités une marâtre inexorable, quelle pensée révolterait davantage l'esprit humain? Ainsi, ce n'est pas assez d'avoir crié : Malheur aux faibles ! la société a consommé le crime en donnant à ses suppôts ce mot d'ordre : Sus au malheur ! Ni bonté, ni commisération, ni fraternité. Quiconque est malheureux doit être puni : c'est un coupable. A d'autres, les protections, les aides efficaces, les hommages, les faveurs, les récompenses, les honneurs ! Pour lui seul, toutes les sévérités, toutes les répressions du Code. La malchance est une faute, la misère est un délit, la détresse est un crime. La société n'honore que le succès. Le malheur lui est si odieux qu'au lieu de chercher à le réparer elle le pourchasse, elle l'accable. Tout au plus, parfois, et par dédain, daigne-t-elle l'envisager avec quelque pitié, et *pardonner* (! ! !) sous conditions. Mais, au préalable, il reste entendu que le malheur est une déchéance avilissante dont celui qui en est victime ne mérite nul respect, nulle attention, pas la moindre compassion. A qui porte la besace, la société est impitoyable. Haro sur ce vagabond! haro! haro! Point d'excuse. Et le gendarme d'appliquer sa poigne sur le malheureux, le procureur de le poursuivre, de requérir l'application des lois, des justes lois...

Ce vagabond, pourtant, est-ce vraiment un aussi grand criminel? Se trouve-t-il dans le malheur par sa faute, *parfois elle-même bien excusable?* S'il erre à l'aventure sur les routes, serait-ce par perversité? Aurait-il, de gaieté de cœur, abandonné emploi, famille, foyer? Le voici devant vous, et c'est, par exemple, ce Dubost. Son foyer? Il n'en a plus. Sa famille? son emploi? pas davantage. Alors?... Puisqu'il n'a personne pour s'intéresser à lui et venir à son aide, qu'il n'est pas susceptible de se livrer utilement à des travaux pénibles, les seuls qu'il pourrait peut-être se procurer sur sa route, quoi? Le juge lui répondra-t-il par les rigueurs de la loi? Belle façon de résoudre le problème! Aussi, comme c'est le président Magnaud qui apprécie et qui prononce, il répond avec son simple bon sens : puisqu'il est malheureux, il est forcément sans moyens de subsistance et, par conséquent, sans domicile certain; or, CE QUI NE PEUT ÊTRE ÉVITÉ NE SAURAIT ÊTRE PUNI.

Parole de haute justice. Elle absout le vagabond,
elle condamne la société. Le punir, lui, pourquoi ? Le
juge remarque que toute condamnation temporaire ne
doit être prononcée qu'avec le double objectif de punir
une faute et surtout d'amender celui qui s'en est rendu
coupable. D'une part, le président Magnaud rejette l'i-
dée que le malheur de Dubost puisse constituer un délit [1]. D'autre part, il est avéré que, loin de redouter la
prison, Dubost demande instamment à y être réintégré,
parce qu'il y passe ses journées au lit : durant les onze
années qu'il y a séjournées, quel bénéfice moral en a-
t-il tiré ? Il y a perdu l'habitude de son métier, le goût
du travail, sa santé, son énergie, son intelligence.
Est-ce par cette diminution physique et morale qu'elle
l'a amendé ? Dérision ! Bien loin de le corriger, elle
l'a si fortement adapté à elle-même qu'il la considère,
dit le juge, comme un de ces établissements hospitaliers que LA SOCIÉTÉ A OUBLIÉ D'INSTALLER en faveur
des malheureux de son espèce : Dubost est un être bon
à hospitaliser et non à condamner. A la société de remplir son devoir : qu'elle ferme ses prisons ! qu'elle ouvre ses refuges !

[1]. Le jugement Dubost est du mois de mars 1899 : la même
année, au mois d'octobre, un avocat général de la Cour
d'Appel de Paris prononçait à la rentrée des tribunaux un
discours sur la mendicité inspiré par les sentences du président Magnaud. Il y était dit textuellement : « La misère
n'est ni un crime ni un délit, c'est un malheur pour celui
qu'elle atteint ; or, on ne punit pas le malheur, on le sou-
lage quand on n'a pas pu le prévenir !... Si la société veut
user de son droit de punir, et elle le doit, si elle veut vivre,
il faut que préalablement elle se soit acquittée du devoir
qui est le corrélatif de son droit. » La magistrature se déci-
derait-elle à imiter le juge de Château-Thierry ?

4

Ses refuges? Elle a *oublié* de les installer. Oublié!... le mot est plutôt bénin. Tel quel, doucement ironique, il fait néanmoins ressortir l'égoïsme effrayant de la société. Elle s'est arrogé le droit de punir, elle entend l'exercer avec fermeté, impitoyablement. Quant à son devoir de prévenir, comment le pratique-t-elle? Nous l'avons vu dans le chapitre précédent : pour trente mille mendiants et vagabonds, elle a institué vingt-quatre dépôts notoirement insuffisants, occupés tout le long de l'année par des vieillards et des infirmes : les malheureux valides n'y ont pas accès, ou par surprise. Voilà dans quelles proportions se manifeste la philanthropie légale en France.

Un pareil état de choses est-il la conséquence d'un régime politique plus spécialement que de tout autre? Sous la Révolution, l'on disait que le vagabondage et la mendicité sont la lèpre de la monarchie. Nous dirons plus simplement qu'elles sont le fruit de l'égoïsme des classes dirigeantes. Il est certain que le dix-neuvième siècle, en France, a apporté peu d'améliorations au sort des déshérités. La société, comme aux siècles précédents, n'a répondu à l'humanité malheureuse que par « les maréchaussées, les édits, les prisons ». La Convention Nationale avait pourtant essayé de réagir contre ce mépris séculaire des pauvres. Il faut lire l'enthousiaste rapport de Barère au Comité de Salut public[1]. « Le tableau de la mendicité, écrit le conventionnel, n'a été jusqu'à présent que l'histoire de la

1. *Premier rapport fait au nom du Comité de Salut public sur les moyens d'extirper la mendicité dans les campagnes, et sur les secours que doit accorder la République aux Citoyens indigents, par Barère.*

conspiration des grands propriétaires contre les hommes qui n'ont rien... Les malheureux sont les puissances de la terre; ils ont le droit de parler en maîtres
aux gouvernements qui les négligent. » Tout un système d'assistance multiple et généreuse suivait ces
aphorismes de fraternité. Et Barère proposait d'instituer une fête civique pour *honorer le malheur*. La
France a *oublié* de réaliser les projets de la Convention quant à l'assistance publique. Il a fallu un siècle
pour qu'un juge, affranchi des préjugés étroits de sa
compagnie, osât rappeler le droit des citoyens à l'assistance et à la vie. La société, du reste, en demeure
stupéfaite. Aux mendiants et aux vagabonds elle continue d'appliquer les rigueurs d'un Code arriéré et in-
humain : les établissements qu'elle leur ouvre sous
forme de refuges, c'est ses prisons. Et la France est
un pays très civilisé, très généreux, très humanitaire...

# VII

## Mendicité et contravention à un arrêté d'expulsion : treize mois d'emprisonnement.

---

TRIBUNAL CORRECTIONNEL DE CHATEAU-THIERRY.

Audience du 30 mars 1900.

*Présidence de M. Magnaud, Président.*

Le Tribunal :

Attendu que l'homme sans travail et tombé dans la misère qui, pour parer à sa détresse, sollicite convenablement de son semblable mieux favorisé par le sort un secours quelconque en attendant de meilleurs jours, et se retire sans la moindre protestation, si sa requête est rejetée, ne commet aucun acte pénalement répréhensible ;

Que cet humble et simple appel à la solidarité humaine, n'ayant rien de contraire à la morale, ce n'est certainement pas lui que le législateur a voulu atteindre en créant le délit de mendicité ;

Qu'il n'en saurait être de même de l'individu majeur et valide qui, sans jamais chercher à améliorer sa situation par le travail, fait de la mendicité sa profession habituelle et en tire tous ses moyens d'existence ;

Que celui-là est un parasite et un exploiteur de la bonté humaine et de la charité publique, dont il tarit la bienfaisante source au détriment des véritables malheureux ;

Qu'on ne saurait le frapper trop sévèrement, non plus que celui qui, insolemment, demande l'aumône, la repousse si elle ne lui convient pas, exige qu'on l'augmente ou qu'on en change la nature, et injurie, menace ou violente ceux qui n'obtempèrent pas à ses injonctions;

Que c'est, précisément, à ce dernier genre de mendicité que s'est livré le prévenu F..., de nationalité étrangère qui, le 24 mars 1900, à B..., muni d'une lettre apitoyante fabriquée par lui et armé d'un énorme bâton, s'est présenté malhonnêtement chez les nommés R... C... B... L... pour solliciter l'aumône, alors qu'il était encore possesseur d'une petite somme, et a injurié, menacé, puis jeté des pierres à ceux qui refusaient de la lui faire ou de lui donner autre chose que du pain, « *cet aliment*, disait-il, *n'étant bon que pour les chiens.* »

Attendu que ces faits tombent sous l'application des articles 276 et 279 du Code pénal.

Attendu, en outre, que le prévenu a été trouvé sur le territoire français dont il a été expulsé par arrêté ministériel en date du 31 octobre 1895, sans que ledit arrêté ait été rapporté ;

Que pour ce fait, qui est prévu et réprimé par les articles 7 et 8 de la loi du 3 décembre 1849, il a déjà été trois fois condamné à trois mois et six mois d'emprisonnement, par les tribunaux de Reims, Sedan et Paris, indépendamment de deux autres condamnations pour vol;

Que de ce chef, il se trouve en état de récidive légale et tombe sous l'application de l'article 58 du Code pénal.

Attendu qu'en cas de conviction de plusieurs délits, la peine la plus forte est seule appliquée, conformément à l'article 365 du Code d'instruction criminelle.

Attendu, toutefois, qu'en raison de la gravité des peines édictées par l'article 279 du Code pénal, *mais pour ce seul motif*, il y a lieu de faire bénéficier le prévenu de circonstances atténuantes.

Par ces motifs, le Tribunal :

Condamne F... à treize mois d'emprisonnement.

Le condamne au remboursement des frais.

Fixe la durée de la contrainte par corps au maximum.

4.

Dit qu'à l'expiration de sa peine, il sera reconduit à la frontière.

Les deux mendiants acquittés par les jugements des 20 janvier et 9 mars 1899 étaient des malheureux dans toute l'acception du mot. La société était coupable envers eux, n'ayant pas rempli à leur égard le devoir d'assistance auquel elle s'était engagée elle-même par sa propre loi. La justice — la vraie — commandait au juge de les renvoyer indemnes, après avoir établi une distinction très catégorique entre la mendicité simple et la mendicité professionnelle : « Cette dernière seule, disait le président Magnaud, doit encourir toutes les sévérités de la loi. » Un an plus tard, un mendiant professionnel, un parasite, selon son expression, comparaît à la barre, prévenu en outre d'avoir, pour la troisième fois, contrevenu à un arrêté d'expulsion : le juge de Château-Thierry, conséquent avec lui-même, le punit rigoureusement.

Le jugement du 30 mars 1900 n'est pas moins intéressant que les sentences des 20 janvier et 3 mars 1899. Il proclame, lui aussi, le droit à l'assistance, il affirme que l'appel à la solidarité humaine n'a rien de contraire à la morale, que celui qui sollicite son semblable ne commet aucun acte pénalement répréhensible. Mais, avec la même netteté dans les principes et dans les expressions, il condamne sans pitié les professionnels de la mendicité, les exploiteurs de la bonté et de la charité, les individus qui, dans le but d'obtenir une aumône de leur choix, la demandent avec arrogance, ayant à la bouche injures et menaces, prêts à user de violence si l'on résiste à leur volonté. Ainsi procède le

mendiant F... plus disposé à persuader par l'étalage de
son gourdin que par le spectacle de sa misère, jetant
des pierres à qui repousse ses exigences, refusant le
pain « qui n'est bon, dit-il, que pour les chiens ». Vraiment, une pareille façon de demander l'aumône porte
en elle sa propre condamnation. Un véritable malheureux, dont les besoins sont pressants, se gardera bien
d'y recourir : plus soucieux de manger que de terrori-
ser, il se défendra d'en appeler à des moyens dont l'effet immédiat serait de tarir pour lui toute source de
charité. La maladresse est insigne de prétendre apitoyer son prochain par l'insulte et l'effroi.

Il y a plus. Celui qui, dans un but personnel, escompte
la crainte qu'il peut inspirer à autrui par ses démonstra-
tions extérieures, celui-là, eût-il même pour prétexte
la faim, se rend coupable d'une faute lourde, de celle
qui est le plus reprochée aux puissants : l'abus de la
force. Quelle que soit la situation sociale de l'être qui
profite de sa supériorité pour soumettre à ses caprices
son semblable, que cette supériorité soit physique ou
morale, qu'elle s'exerce en haut ou en bas, qu'elle
vienne du riche ou du gueux, de l'Etat ou de l'individu,
qu'elle prenne pour instruments les lois ou les bras,
elle reste répréhensible toujours. L'abus de la force
est la négation de l'égalité des hommes : qu'il se manifeste au profit de la collectivité ou de l'individu, nous
le réprouvons avec la même rigueur. Il est une des formes de la tyrannie : la tyrannie est haïssable, de quelque prétexte qu'elle se pare. Si nous la condamnons
dans l'Etat, comment l'excuserions-nous dans l'individu ? Celui-ci, même malheureux, n'a nul droit d'at-
tenter à la personne de son semblable. Le droit à la

solidarité ne confère pas le droit à la force. Exiger l'assistance à main armée, c'est substituer la lâcheté à la solidarité. Retour tout droit à la barbarie. *Homo homini lupus* — l'homme est un loup pour l'homme. Soit ! Faible, si le bâton qui me sollicite m'affole, où prendra-t-il le droit de se plaindre si je lui réponds par une arme à feu? Car celui qui abuse de la force périra par la force.

L'homme libre ne saurait entreprendre sur la liberté de son voisin sans méconnaître le principe dont il se réclame. Or, abuser de ses muscles pour forcer l'aumône, c'est mettre en pratique le principe d'autorité dans ce qu'il a de plus détestable: le droit du plus fort.

# VIII

## Première pétition à la Chambre des Députés.

---

### Mars 1899.

#### *Modification de l'article 64 du Code pénal.*

Messieurs les Députés,

L'interprétation très étroite dans certains cas et fort large dans d'autres que la jurisprudence a faite de l'article 64 du Code pénal, principalement dans sa seconde partie, mérite, je crois, d'attirer votre attention.

La contrainte physique est à peu près éliminée comme élément d'absolution ; seule la contrainte morale subsiste dans une certaine mesure, alors que la première devrait être prise au moins en aussi sérieuse considération dans l'appréciation de la responsabilité pénale.

En dehors des cas de démence indiscutables, l'article 64 ne parait jusqu'ici avoir été utilisé en matière de délit qu'en faveur des prévenus de haute marque, pour lesquels il semble qu'on ait créé ce genre de folie appelé la « kleptomanie ». Dans bien des cas, en effet, il a été décidé que la fascination produite sur certaines personnes par des objets de grand luxe devait être considérée soit comme une monomanie, soit comme une force irrésistible faisant disparaître entièrement la responsabilité de l'acte accompli.

Cette situation créée par une interprétation trop limitée de la loi appelle certainement une importante modification.

Vous estimerez, j'en suis sûr, avec moi que, si la fascination produite momentanément par la vue et le désir d'un
objet de luxe peut faire disparaître la culpabilité, cette fascination est autrement puissante et autrement intéressante,
lorsqu'elle amène un être humain, qui meurt de faim, soit
à tendre la main, soit à s'emparer d'un objet de première
nécessité, sans lequel son organisme cesserait, à brève
échéance, de fonctionner.

Il est temps, penserez-vous, de faire profiter les malheureux
d'une interprétation de l'article 64 qui, jusqu'à présent, n'a
été faite largement qu'au bénéfice des personnes infiniment
moins intéressantes.

La jurisprudence s'est toujours refusée à considérer les
tortures de la faim endurées par un être humain ou par
ceux dont la loi naturelle et la loi civile lui donnent la
charge, comme une force suffisamment irrésistible, une force
majeure, faisant disparaître la culpabilité ; tout au plus, en
pareille occurrence, admet-on des circonstances atténuantes.

Une seule exception à cette rigueur s'est produite l'an
dernier ; il échet d'en faire la règle et de la consacrer définitivement dans la loi.

Et comme il serait injuste de laisser supporter à un tiers,
le préjudice, quelque minime qu'il puisse être en pareil
cas, causé par l'acte accompli dans ces lamentables circonstances, vous déciderez que la réparation en sera supportée,
soit par la commune d'origine de l'auteur de cet acte, soit
par celle de son domicile.

Ce faisant, Messieurs, vous permettrez à l'humanité de
pénétrer, par une plus large porte, dans nos lois pénales et
vous donnerez un commencement de satisfaction aux idées
d'amélioration sociale qui germent maintenant dans tous
les cœurs épris de vraie justice.

J'ai l'honneur, en conséquence, de vous soumettre la proposition suivante :

L'article 64 du Code pénal est ainsi modifié :

« Il n'y a ni crime ni délit lorsque le prévenu était en
» état de démence au temps de l'action ou lorsqu'il a été
» contraint, par une force à laquelle il n'a pu résister, ou
» encore par les inéluctables nécessités de sa propre exis-

» tence ou celle des êtres dont il a légalement et naturelle-
» ment la charge. »

L'article 136 de la loi du 5 avril 1884 est ainsi modifié :

« Sont obligatoires pour les communes les dépenses sui-
» vantes : Les indemnités dues à des tiers pour réparations
» du préjudice résultant pour eux d'actes accomplis par les
» indigents originaires de la commune, poursuivis devant
» les tribunaux en raison de ces actes, mais acquittés par
» application de l'article 64 du Code pénal, sauf recours ul-
» térieur contre eux s'il échet. »

Je vous prie d'agréer, Messieurs, l'expression de mon
profond respect.

PAUL MAGNAUD,
Président du tribunal civil de Château-Thierry (Aisne).

Les jugements du président Magnaud n'ont soulevé
tant de bruit qu'à cause de la rareté des sentences
équitables et humaines dans la jurisprudence française. En ce qui concerne notamment l'application de
l'article 64 à Louise Ménard, l'interprétation du tribunal de Château-Thierry n'apparaît si remarquable que
parce qu'elle est unique. Si elle n'avait pas revêtu ce
caractère d'exception, elle n'aurait provoqué ni commentaires, ni critiques, ni enthousiasme, ni blâme, et
il est certain que le jugement du 4 mars 1898 n'aurait
pas été frappé d'appel par le parquet général de la
Cour d'Amiens. Or, si les décisions d'un juge de première instance peuvent succomber devant une juridiction supérieure qui oppose — code en main — la légalité à l'humanité, si les sentences dictées par la
vraie justice doivent être annihilées par des arrêts
dus à une justice de tradition et de convention, le
président Magnaud et ses imitateurs (s'il en vient!)
s'appliqueront vainement à faire triompher le droit à

la vie. Il se trouvera toujours au-dessus d'eux des magistrats résolus à repousser leur doctrine au nom des
formules et des textes de la loi : la lettre, une fois de
plus, tuera l'esprit.

Le président Magnaud, instruit par l'expérience, vit
le danger. Magistrat, il n'avait pas cru outrepasser
son droit ni méconnaître son devoir en interprétant la
loi avec équité. Devant l'attitude du procureur général
et des juges d'appel et, peut-être, se rendant compte
qu'entre les considérations de ses attendus et les instructions de la Chancellerie ses collègues de la magistrature n'hésiteraient pas à faire leur choix, qui ne
serait certainement pas favorable à la cause des malheureux, il forma le projet de rendre la loi telle, dans
son texte et ses dispositions, qu'à l'avenir la société
serait obligée, légalement et sans qu'il y eût possibilité de discuter ou de contester, d'admettre le droit au
pain. Dans ce but, usant de son droit de citoyen, il
adressa une pétition à la Chambre des Députés.

L'article 64 du Code pénal, il est utile de le rappeler, dit : « Il n'y a ni crime ni délit, lorsque le prévenu était en état de démence au temps de l'action ou
lorsqu'il a été contraint, par une force à laquelle il n'a
pu résister. » Puisque, d'après les légistes les plus
rigoureux, la contrainte n'est pas autre chose que
toute force physique ou morale, qu'on ne peut ni prévoir, ni éviter, et à laquelle il est impossible de résister, pourquoi ne pas spécifier dans la loi que la faim
est au premier chef une contrainte irrésistible, un cas
de force majeure? Pénétré de cette vérité, le président
Magnaud demande à la Chambre d'ajouter à l'article 64
ces mots : « ou encore par les inéluctables nécessités

de sa propre existence ou de celle des êtres dont il a légalement et naturellement la charge. »

Les motifs par lesquels se justifie cette modification sont démonstratifs. Alors que les magistrats s'abstiennent de faire profiter les déshérités de l'article 64, ils ne se privent point d'en accorder le bénéfice aux prévenus de haute marque : ils acquittent les « kleptomanes » aussi facilement qu'ils condamnent les affamés. Les premiers cependant cèdent à la tentation, à la fascination des objets de luxe : pour excusables qu'ils soient, peut-on soutenir qu'ils le soient pareillement aux indigents qui subissent les tortures de la faim ? N'est-il pas évident que la mère de famille qui vole un pain pour nourrir son enfant et soi-même est plus digne d'intérêt que la femme du monde qui vole des dentelles pour se parer ? Si vous accordez l'absolution légale à l'une sous prétexte qu'elle a cédé à une folie spéciale et pardonnable, pourquoi la refuseriez-vous à l'autre qui n'a fait en somme qu'obéir à l'instinct de conservation ?...

Et d'ailleurs, cet instinct de conservation, si rigoureusement nié par les magistrats lorsque c'est la faim agissante qui l'invoque, n'est-il pas reconnu par la loi ? N'est-ce pas en son nom que la loi acquitte un individu accusé d'avoir accompli un meurtre en cas de légitime défense ? Je puis donc tuer en toute impunité un homme qui menace ma vie, je ne pourrais pas prendre un morceau de pain sans lequel la vie m'échapperait ! Dans les deux cas, pourtant, c'est bien au même empire de la nécessité que j'obéirais : d'où vient alors la différence de traitement ?

On voit de quelle pensée généreuse émane la pétition du président Magnaud. Néanmoins, la France contemporaine la considère comme une hardiesse redoutable : ce n'est pas à l'honneur de notre savoir. Non seulement, en effet, plusieurs jurisprudences étrangères ont, depuis longtemps déjà, fait entrer dans leurs codes la doctrine qui est celle du juge de Château-Thierry, mais, en France même, elle a eu force de loi : en 1791, le Code pénal absolvait le vol produit par l'extrême misère... Quant aux peuples étrangers qui reconnaissent dans la loi les droits de l'humanité, c'est l'Italie, c'est la Hongrie, c'est l'Allemagne, et c'est la Suisse dont le Code pénal porte : « Celui qui pour se préserver ou préserver autrui d'un danger imminent, impossible à détourner autrement et menaçant la vie, l'intégrité corporelle, l'honneur, la propriété ou quelque autre bien, aura commis un acte incriminé comme délit, ne sera pas punissable lorsque les circonstances ne permettent pas d'exiger de lui le sacrifice du bien menacé. Dans les autres cas, le jury atténuera librement la peine. » Comment un principe de pure équité entré juridiquement dans les mœurs de la République helvétique et de plusieurs monarchies constituerait-il dans la République française une innovation subversive ?

Sa pétition envoyée, le président Magnaud pria M. Millerand de la déposer sur le bureau de la Chambre. Le député de Paris, d'accord avec le groupe socialiste du Palais-Bourbon, et afin d'arriver plus rapidement à un résultat législatif, la transforma en une proposition de loi qu'il déposa à la séance du 21 mars 1899. Désirant laisser au président Magnaud l'honneur de son initiative, il conserva la pétition en son intégrité

et dans le texte du projet et dans l'exposé des motifs :
c'était l'œuvre personnelle du président Magnaud
qu'allait avoir à examiner la Commission de législation criminelle.

L'examen se poursuivit pendant un an. Il aboutit,
en avril 1900, à la publication d'un rapport prélimi-
naire rédigé par le député Perrillier et concluant à la
modification de l'article 64 du Code pénal. Seulement,
la pensée et le texte si précis du président Magnaud
disparaissaient : la commission semblait ne s'être
préoccupée que de les dénaturer ou de les atténuer
dans la plus large mesure. D'une part, elle supprimait
la disposition du projet visant les indemnités dues par
les communes d'origine des indigents acquittés. D'autre part, elle déclarait impossible de définir le cas d'extrême misère : l'absolution accordée à l'affamé qui
prend un pain s'étendra-t-elle, au nom du droit à la
vie, aux indigents qui voleront des vêtements, voire
de l'argent? Ainsi, d'accord sur le principe de la réforme, elle reculait sur son application. Dans cette in-
certitude, deux textes lui étaient présentés : l'un, par
M. Perrillier, trop vague, et laissant au juge toute lati-
tude d'acquitter ou de condamner, à sa fantaisie; l'autre, par M. Cruppi, trop étroit, limitant l'indulgence
de la loi aux seules soustractions ou filouterie d'aliments, et déclarant que le cas d'extrême misère *peut
être* considéré comme un motif de non responsabilité. Entre ces deux propositions également timides
et insuffisantes, s'éloignant tout à fait du projet, la
commission hésitait : elle remit à plus tard sa décision.

A ce moment, l'un des principaux organes de la

presse [1] jugea qu'il serait logique de consulter le prin
cipal intéressé, c'est-à-dire le promoteur de la réforme, M. le président Magnaud lui-même : la Commission parlementaire avait en effet négligé au cours
de ses longues études d'entendre le juge de Château-
Thierry. Aux objections qu'on lui signalait, le président Magnaud répondit :

— Les personnes susceptibles de combattre ma thèse, devenue celle de M. Millerand, déjeunent et dînent régulièrement, j'en suis bien sûr, et par suite ne peuvent se faire
une idée des tortures qu'engendre la faim. Mais est-on de
bonne foi lorsqu'on me reproche de vouloir exonérer de
toute peine celui qui simplement poussé par un besoin ordinaire de nourriture, aura saisi le bien d'autrui ? Il est
évident que le fait de s'être emparé d'un objet de première
nécessité, le soir, à la devanture d'une boutique, ne saurait
trouver son excuse dans cette circonstance que l'on n'a pas
déjeuné le matin même. Jamais cela n'a été dans ma pensée
et ceux-là seulement s'y trompent qui le veulent bien. Re-
lisez le jugement que j'ai rendu naguère. Dans mes considérants, il est bien constaté que la délinquante n'avait pas
mangé depuis *trente-six* heures, sa mère et son enfant non
plus, et qu'en pareille situation les tortures de la faim,
l'imminence de la mort par inanition, avaient fait disparaître en elle tout libre arbitre, c'est-à-dire la notion du
bien et du mal; que même, eût-elle encore cette notion, elle
s'était trouvée, par l'instinct de la conservation (la force
irrésistible dont parle l'article 64 du Code pénal), dans la
nécessité de commettre une mauvaise action. Il est donc
faux de prétendre que, si ma proposition est adoptée, il
suffira d'établir, pour être acquitté, que l'on avait « simplement faim. »

» Au contraire, je n'ai voulu viser que les cas où la vie
serait en danger. L'être humain n'a pas demandé à naître,

1. Le *Figaro*, 16 mai 1900.

il n'a pas demandé davantage à être constitué avec un estomac. Mais puisqu'il ne peut vivre qu'en introduisant quelque nourriture dans cet estomac, il faut bien admettre que,
lorsqu'il est sur le point de périr faute de pouvoir s'alimenter, la bête reprend chez lui le dessus. Si alors un pain se
trouve à portée de sa main, il sera contraint de s'en emparer, contraint par une force irrésistible, la même qui pousse
le noyé à saisir une branche d'arbre ou une planche qui
flottent. C'est élémentaire.

» Que vient-on maintenant nous parler de l'ordre social,
soutenir qu'il serait ébranlé, tous les parasites, les fainéants,
les paresseux devant invoquer, chaque fois qu'ils seraient
pris, le nouvel article du Code résultant de ma proposition?
Je viens d'expliquer combien il leur serait difficilement applicable. Mais à mon tour je poserai une question.

» Si l'article 64 du Code pénal, modifié dans le sens que
j'indique, devient un danger social, comment se fait-il qu'on
le retrouve dans les Codes criminels d'Autriche, d'Italie,
d'Allemagne, pays monarchiques? Comment se fait-il que
« la Caroline », code pénal de Charles-Quint, qui n'était cependant pas tendre, dise que le juge renverra indemnes
ceux qui ne se seront emparés que de menus objets de première nécessité et pour satisfaire à d'impérieux besoins?
Comment se fait-il que le Code pénal de 1791 ait admis l'extrême misère comme faisant disparaître la culpabilité? Comment! ce que les monarchies, ce que Charles-Quint ont admis, la République française ne l'accepterait pas? Des
législateurs républicains seraient effarouchés par un principe que les gouvernements d'autorité et d'arbitraire ont
reconnu naturel? Non, en vérité, cela ne saurait être.

» A ceux qui se montrent à ce point sévères envers les
malheureux, je conseillerai de lire Montesquieu (*Esprit des
lois*, livre XXIII, chap. IX). Ils y verront que les aumônes
faites dans la rue ne remplacent point les *devoirs* de l'Etat
« qui doit à tous les citoyens une subsistance assurée, un
» vêtement convenable et un genre de vie qui ne soit pas
» contraire à la santé ».

» Qu'ils lisent M. Burlamaqui (*Droit naturel*, p. 91): « Il
» faut remarquer, » dit-il, que « dans un cas d'une extrême

» nécessité, *le droit imparfait* que donne la loi de l'humanité
» se change en un droit parfait et rigoureux. »

» Si maintenant l'on passe dans le camp des réactionnaires
et des cléricaux, on trouve dans saint Thomas d'Aquin
(*Somme théologique*, II, 2e partie, quest. LXVI, art. 7) « En-
» fin, dans le cas d'une nécessité si grave et si urgente
» qu'elle ne comporterait aucun délai, il est permis à
» l'homme de prendre du bien d'autrui ce qu'il en faut pour
» faire face à cette nécessité à laquelle il ne peut se sous-
» traire autrement. »

» Arrivons à l'Evangile : « En ce temps-là, dit saint Ma-
» thieu, Jésus passait le long des blés, un jour de Sabbat.
» Ses disciples avaient faim et au grand scandale des pha-
» risiens » (lisez : les jurisconsultes d'alors) « ils se mirent
» à cueillir des épis et à les manger. » Et Jésus, voyant
cela, ne disait rien, ne désapprouvait pas.

» La doctrine de saint Thomas a d'ailleurs été formulée
dans la législation ecclésiastique par une encyclique de
Léon X proclamant que l'individu qui, étant épuisé de ressources, s'est approprié un pain n'a, de ce fait, commis
aucun délit.

» En voilà assez, je pense, pour établir la légitimité du
principe que je désire faire inscrire dans la loi. N'ai-je pas
d'ailleurs, au lendemain du jugement acquittant Louise
Ménard, reçu des approbations de personnes appartenant
à *toutes* les classes de la société ?

» Le *Temps*, récemment, déclarait qu'avec l'article 64 tel
qu'il est conçu, le magistrat peut très bien renvoyer indemne
le pauvre diable qui a agi sous l'empire d'une nécessité
absolue. Cela est évident, et c'est précisément cet article
64 qui m'a servi pour acquitter Louise Ménard. Seulement
je suis le seul de mon espèce qui se soit permis d'interpréter ainsi cet article. Toute la jurisprudence est absolument
contraire à mon interprétation ; à l'unanimité elle déclare
d'après le Code pénal de 1810, que *la faim* ne peut être qu'une
circonstance atténuante.

» Et voyez sa logique! Elle déclare qu'il n'y a ni crime
ni délit si un individu commet un acte criminel, sachant
qu'il est criminel, au cas où il n'aura agi que par obéis-

sance passive. En un mot, la jurisprudence admet que celui-là subit une force irrésistible qui, militaire ou civil,
commet un acte criminel par crainte de perdre son grade
ou sa liberté, et cette même jurisprudence nie que ce soit
également une force irrésistible celle qui pousse le malheureux sur le point de mourir d'inanition à voler. Voyez quelle
anomalie barbare !

» Eh bien ! c'est pour détruire une pareille jurispru lence
qui toujours a fait loi parmi les juges, c'est pour briser
d'une façon définitive et complète une interprétation aussi
inhumaine, que j'ai tenu à préciser, à parler en des termes
susceptibles de donner davantage satisfaction à ce besoin
de vraie justice qui a fini par pénétrer dans tous les cœurs.

» Seulement, les éminents jurisconsultes de la Commission
de législation criminelle (je ne dis pas cela pour M. Périllier, qui est un excellent homme et qui en atténuant les expressions a pensé faire accepter le principe), les membres
de la Commission, dis-je, ne sont pas les auteurs de mon
texte et ils ne sont qu'à moitié satisfaits de voir un obscur
magistrat de province proposer en dehors d'eux, une modification très populaire en même temps que très équitable.
Et alors, c'est à qui changera mon texte pour faire disparaître ma paternité, y substituer la sienne. En outre, ces messieurs veulent essayer, dans leur rédaction, de prévoir tous
les cas. C'est absurde. Les espèces appartiennent au juge,
c'est lui qui doit les apprécier, s'entourer de tous les renseignements. Ce n'est pas au législateur à les prévoir. Sa
mission consiste seulement à inscrire le principe dans la
loi ; l'application de ce principe à des cas divers est du domaine du juge. M. Périllier veut trop préciser, embrasser
trop de cas, — les législations étrangères sont beaucoup
plus sobres, plus concises, et avec raison.

» Quant à M. Cruppi, il veut limiter aux aliments la réforme proposée. Cependant, dans des cas, beaucoup plus
rares il est vrai, un vêtement est d'une nécessité aussi absolue qu'un morceau de pain. Mais M. Cruppi ajoute, ce
que certainement je n'aurais pas fait, que la « filouterie
d'aliments » pourra être excusable. Eh bien ! moi, je ne vais
pas jusque-là. La « filouterie d'aliments » est exclusive de

la spontanéité. Comment ! voilà un individu qui entre dans
un restaurant, s'y installe, commande un repas, profite
souvent de l'occasion pour faire une petite « bombance »,
dans tous les cas réfléchit, se rend compte de ce qu'il fait,
ce qu'il risque... et cet homme-là ne serait coupable d'aucun
délit, n'encourrait aucune responsabilité ? Halte-là ! Quand
c'est l'instinct de la conservation qui vous pousse, ce n'est
pas ainsi qu'on agit : on entre brusquement dans une boutique, on s'empare vivement, violemment même, de quelque
chose susceptible d'apaiser la faim et on l'avale sur-le-
champ, à moins qu'on ne l'emporte pour son enfant ou pour
les siens. Et l'on ne s'assoit pas tranquillement pour com-
mander un repas, en s'efforçant de donner au traiteur l'illusion que, ce repas, on pourra le payer.

» J'entends dire parfois : Quel besoin avez-vous de modifier
la loi ? N'avez-vous pas la loi Bérenger ? — Mais pour être
appliquée, la loi de sursis suppose qu'une condamnation
vient d'être prononcée. Or nous prétendons que le délit
commis dans les conditions dont s'agit ne doit pas entraîner de condamnation.

» Le dernier argument qui nous est opposé consiste à
soutenir que l'homme qui a faim peut, au lieu de voler, recourir à l'assistance publique. Certes, je penserais ainsi si
l'assistance était en mesure de fournir du pain, des vêtements
à tous ceux qui en manquent... Je l'ai dit dans mon jugement
concernant Louise Ménard : « Attendu que dans une société
» bien organisée, nul ne devrait manquer de pain autrement
» que par sa faute, etc., etc. »

» Mais voilà ! la société n'est pas encore suffisamment
organisée. Et jusqu'à ce qu'elle le soit, je persisterai dans
cette idée qu'on n'a pas le droit de punir un homme dont le
seul crime est d'être malheureux. »

L'argumentation est vigoureuse. On n'ose espérer
qu'elle triomphera du parti-pris de la Commission
parlementaire. Les anciens magistrats, les légistes qui
la composent consentiront difficilement à abdiquer
leurs préjugés de caste, même sous la poussée de l'o-

pinion. Ils chercheront à tromper la Chambre et le
pays par de subtiles considérations sur la nécessité de
maintenir intacte la défense sociale. Et ce sera encore
au nom de l'égoïsme social que les législateurs repous-
seront les revendications de l'humanité. Tant pis pour
la Commission dont les Cruppi et les Meyer [1] sont les
oracles écoutés.

Mais, pour prévenir les mesures indécises, ou même
hypocrites, auxquelles elle pourrait s'arrêter, il convient de résumer en peu de mots ce qu'a voulu le président Magnaud en rédigeant sa pétition : il a eu pour
but de briser la jurisprudence admise jusque-là dans
l'interprétation de l'article 64 du Code pénal, jurisprudence absolument contraire à celle qu'il a inaugurée dans l'affaire Louise Ménard. Il s'est dit : Puisque
on ne veut pas voir dans cet article ce qu'il y a, je vais
tâcher par un texte rigoureusement précis de forcer
les juges à s'incliner devant mon interprétation équitable et humaine. Cette interprétation n'était qu'un
cas isolé que chacun était libre de ne pas admettre :
si la loi, comme je le demande, devient formelle, il faudra bien que tous les juges s'y conforment et se montrent humains *quand même!*

1. MM. Cruppi et Meyer, anciens magistrats, ont voté à
la Chambre la fameuse loi de dessaisissement. Il est difficile
de comprendre que ces deux jurisconsultes, après avoir affiché en cette circonstance, et dans un but de basse politique,
un pareil mépris des garanties de la justice, aient osé s'é-
lever contre l'humaine pétition de M. Magnaud au nom de
la tradition et du respect attaché à la loi écrite. Tout ac-
coutumé que l'on soit aux plus stupéfiantes contradictions
des politiciens, celle de MM. Cruppi et Meyer aurait de quoi
étonner, si l'on ne savait que ces messieurs font passer
avant les questions de justice et d'équité les intérêts plus
immédiats de leur classe et de leur ambition.

5.

La question est posée en termes catégoriques : aux représentants du pays de décider s'ils la doivent esquiver par des moyens dilatoires.

# IX

## Seconde pétition à la Chambre des Députés.

---

### Mai 1899.

*Modification de l'article 463 du Code pénal.*

Messieurs les députés,

Notre Loi pénale ne poursuit l'amendement du coupable que par le châtiment.

La rigueur, plus ou moins mitigée, est le seul moyen mis à la disposition du juge pour empêcher le renouvellement des infractions commises. — Elle ne paraît, jusqu'à présent, avoir produit sur la moralisation de celui qui en a été l'objet, que des effets très incertains, quelquefois même déplorables.

Si cette rigueur apparaît souvent comme nécessaire, s'il convient aussi de ne pas énerver la répression, il faut, d'autre part, savoir pardonner, en des circonstances que le juge, avec sa connaissance du cœur humain, saura sagement discerner.

Dans bien des cas, la clémence, cette haute vertu si douce à pratiquer, sera d'une efficacité autrement puissante que la sévérité même atténuée, pour faire pénétrer dans le cœur du coupable, de salutaires réflexions et le désir très ferme de rentrer dans le droit chemin.

Que de fois la comparution devant un Tribunal, les observations et réprimandes qui y sont adressées publiquement seraient, pour certains prévenus, suivant leur nature, leur éducation, leur délicatesse de sentiments, délicatesse qu'on retrouve dans toutes les classes sociales, la sincérité de leur repentir et les circonstances de la cause, une punition morale suffisamment grave pour réprimer l'infraction commise et en éviter à tout jamais le retour.

Dans ces conditions, il importe de donner au juge, qui sera souverain appréciateur de l'utilité de son application, le pouvoir d'absoudre purement et simplement le prévenu coupable. — On lui permettra ainsi, de faire légalement ce que le Jury criminel obtient par une voie indirecte.

Cette faculté serait une atténuation salutaire et bienfaisante aux rigueurs, parfois excessives, de notre droit écrit qui enserre le juge, au point de le contraindre à châtier, alors qu'il est convaincu que le châtiment amènera vraisemblablement l'irrémédiable chute de celui auquel il l'inflige.

J'ai en conséquence, l'honneur de vous proposer d'ajouter à l'article 463 du Code pénal le paragraphe suivant :

« En outre, même si le délit est établi, le juge aura toujours le pouvoir d'absoudre, par décision motivée, quand cet acte de clémence lui apparaîtra comme le plus efficace moyen d'arriver à la moralisation du coupable.

» Les frais de poursuite resteront à la charge du prévenu absous, pour le recouvrement desquels il pourra, s'il est indigent, être dispensé par la même décision, de la contrainte par corps. »

Veuillez agréer, messieurs les députés, l'expression de mon respect.

Paul MAGNAUD,
*Président du Tribunal civil de Château-Thierry.*

Inexorable est la loi française. La clémence ne lui semble possible que sous forme de circonstances atténuantes. Elle a pris le droit de punir, elle l'exerce avec rigueur : quant au devoir d'absoudre, il reste pour

elle lettre morte. Selon l'expression du président Magnaud, elle ne poursuit l'amendement du *coupable* que
par le châtiment. Tout acte qui semble sortir des règles fixées par le contrat social doit être puni, même
s'il est juste en soi, même s'il est en accord parfait avec
la morale humaine. La loi écrite, ayant été inventée
pour corriger et sophistiquer la loi naturelle, n'a cru
pouvoir s'imposer aux hommes que par l'implacabi-
lité. C'est pourquoi le Code ne confère pas au juge le
droit d'absoudre, d'acquitter. Seul, le jury exerce cette
faculté, encore est-ce d'une manière indirecte, grâce à
des subterfuges, par exemple, dans certains cas, en
niant volontairement l'évidence des faits reprochés à
l'inculpé et avoués par lui. Depuis quelques années,
les juges correctionnels disposent d'un texte de loi
qui leur permet de se montrer pitoyables. Mais la loi
Bérenger ne peut s'appliquer qu'aux prévenus reconnus coupables par un jugement. Son nom — loi de
*sursis* — indique qu'il ne peut être question pour l'individu qui en bénéficie que d'atténuation et de tempo-
risation. La cause entendue, il a été *condamné*, et c'est
alors seulement, quand la loi s'est appesantie sur lui,
que la pitié est intervenue en sa faveur : que si, avant
cinq ans, une seconde condamnation le venait frapper,
la *première peine*, se confondant avec la nouvelle, serait exécutoire. La loi Bérenger est une loi de pitié.

Ce que demande le président Magnaud dans sa seconde pétition à la Chambre des Députés, c'est d'aller
plus loin encore que la loi Bérenger, c'est de promul-
guer une loi de pardon : le droit d'absolution pure et
simple pour le juge de répression, le pouvoir de faire
acte de clémence. Dans le jugement le prévenu sera

déclaré coupable, s'il l'est matériellement, mais le juge
pourra lui pardonner, l'absoudre.

Le juge de Château-Thierry a exposé dans sa requête jles idées morales qui l'inspirent avec trop de
force et de générosité pour qu'il soit utile d'y ajouter.
On comprend que M. Morlot, député de l'Aisne, en
transformant la pétition en proposition de loi, se soit
contenté, selon l'exemple de M. Millerand, de la reproduire exactement dans l'exposé des motifs et dans le
texte présentés à la Chambre des Députés. La proposition fut renvoyée à la Commission de réforme judiciaire.

Par sa seconde pétition, le président Magnaud élargissait son action réformatrice. Il prenait l'initiative
d'une transformation complète des mœurs judiciaires.
Ce n'était plus l'obscur juge de province tourné en
raillerie par les princes de la magistrature parce
qu'il se montrait humain et libéral envers les quelques
malheureux que le hasard amenait devant son tribunal. Le citoyen surgissait, et, au nom de la Justice,
il attirait l'attention générale sur les défectuosités, sur
les lacunes de la loi. Aux législateurs de son pays, il
demandait d'introduire dans la loi pénale l'indulgence
entière, de donner au juge « le moyen légal et certain
de prodiguer l'esprit de discernement et d'humanité ».
Il ne s'agissait plus de tolérer l'exercice de la pitié
dans une interprétation juridique, quelquefois contes-
table et toujours susceptible d'un revirement, mais de
l'exercice d'un droit conféré explicitement par la loi
au magistrat chargé de la répression [1]. Une révolution

1. *Proposition Morlot*. Annexe au procès-verbal de la séance
du 19 mai 1899, Ch. des Députés.

allait bouleverser la justice française, l'élevant enfin à
la connaissance et à la pratique de l'esprit de clémence.

On se doute que la réforme proposée par le président Magnaud ne rencontra pas une approbation unanime. Les égoïstes et les privilégiés s'en montrèrent
effrayés. Ils se lamentèrent une fois de plus et s'é-
crièrent que l'adoption des idées du magistrat serait
la perte de la société. Et, cette fois encore, les critiques les plus malveillantes vinrent du journal dirigé
par le chef de la coalition réactionnaire, nous avons
nommé la *République française* et M. Méline [1]. Une
telle part de mauvaise foi entrait dans les propos dé-
sobligeants de cette feuille qu'elle en commit une énor-
mité juridique : affectant de confondre l'acquittement
et l'absolution, elle avançait que la proposition de
M. Magnaud était tout à fait inutile parce que, disait-

[1]. Le présent ouvrage, on a pu s'en apercevoir déjà, n'est
pas une œuvre de polémique politique. Il n'a pour but que
de dégager la philosophie humanitaire des jugements rendus
par le président Magnaud. Mais il est impossible au commentateur, lorsque les sentiments généreux et les idées
morales du juge de Château-Thierry sont combattus par
certains politiciens, de ne pas rappeler en passant, et d'un
mot précis, les opinions de ces adversaires. L'honorable
M. Méline a eu le droit de se convertir aux partis réactionnaires : nous, lorsque nous le voyons opposé aux réformes
qui établiraient un peu de justice en faveur des déshérités,
nous avons le droit d'établir une corrélation entre ses projets de réaction politique et son opposition irréductible à
toute justice sociale. Ce n'est pas de notre faute si l'un des
plus hauts esprits de la France actuelle, et l'un des obser-
vateurs les plus profonds, M. Anatole France, a pu écrire
de lui : « C'était un républicain, M. Méline. Mais c'était un
honnête homme : s'il était resté ministre, le Roi serait aujourd'hui en France... »

elle, les juges ont déjà le droit d'acquitter un prévenu intéressant. C'était une grave erreur de droit :
en effet, conformément au principe et au texte du
Code pénal, le juge ne peut acquitter que lorsque le
délit reproché *n'est pas suffisamment établi*, ou pas
établi du tout, ou encore lorsque le législateur a déclaré lui-même qu'en raison de certaines circonstances spéciales, notamment celles de l'article 64 et de
l'article 328 du Code pénal, le fait qui, *ordinairement*,
est un délit, n'en constitue pas un *par exception*. En
dehors de ces cas, le juge est tenu par la loi de condamner celui qu'il reconnaît coupable. Il y avait donc,
dans le journal de M. Méline, une intention manifeste
de travestir la pétition du président Magnaud et d'é-
garer l'opinion publique, fût-ce au prix de la mauvaise foi la plus insigne [1].

Or, tandis que la pétition traduite en proposition de
loi par M. Morlot subissait ainsi la défaveur de la
presse cléricale et réactionnaire, le Conseil Général du
département de la Seine, réuni en séance le 7 juin
1899, adoptait à mains levées les deux vœux suivants,
sur la proposition le premier de M. Faillet, le second
de M. Féron [2] :

[1]. Que l'on ne nous accuse pas d'exagérer : le président
Magnaud ayant envoyé une lettre rectificative à la *République française*, celle-ci, prise en flagrant délit de contre-vérité,
refusa de l'insérer. Il fallut un jugement la condamnant à
publier la réponse du magistrat pour qu'elle se décidât à
le faire... trois mois après sa polémique. — Voir à l'Appendice la lettre de M. Magnaud.

[2]. *Bulletin municipal officiel de la ville de Paris*, numéro du
8 juin 1899.

« Le Conseil général,

» Considérant que le président du tribunal de Château-Thierry, en acquittant Louise Ménard et le jeune Chiabrando, s'est inspiré des sentiments philosophiques de la Révolution française, n'admettant pas comme coupables les victimes des dures et inéluctables nécessités matérielles et économiques; désirant, en outre, que les juges interprètent la loi dans un esprit de protection et de clémence et non de répression et de châtiment alors qu'il s'agit de personnes par eux reconnues réellement amendables;

» Considérant que le tribunal de Château-Thierry, en prononçant ses jugements dans cet esprit largement humanitaire, mérite d'être hautement félicité par le Conseil général de la Seine, et de servir d'exemple aux magistrats de la République;

» Considérant que le groupe socialiste de la Chambre des députés et le citoyen Morlot, député de l'Aisne, dans leur empressement à être les porte-paroles du président du tribunal de Château-Thierry, ont droit à la reconnaissance des républicains socialistes,

» Émet le vœu :

» Que les propositions de loi amendant dans un sens humanitaire l'art. 64 et l'art. 463 du Code pénal soient, à bref délai, transformées en articles de loi, et il compte sur l'énergie républicaine des auteurs des dites propositions, pour les faire aboutir [1].

1. Ce vœu était signé par les conseillers suivants : Faillet, Chausse, Marsoulan, Blondeau, Barrier, Henri Rousselle, Berthaut, V. Gelez, Vorbe, Patenne, Paul Viguier, Navarre, John Labusquière, Landrin, Blachette, Laurent Cély, Thomas, Veber, Cólly, Piperaud, Lampué, Ernest Moreau, Alfred Moreau.

Il est intéressant de noter qu'au moment où le Conseil général de la Seine s'honorait par une telle délibération, une attitude tout à fait contraire était observée par le Conseil général du département où le président Magnaud rend ses sentences. En effet, l'assemblée départementale de l'Aisne émit un vœu sommant le Gouvernement de donner aux magistrats des instructions tendant à faire appliquer

« Le Conseil général,

» Vu l'exposé de la pétition de M. Magnaud, président du Tribunal civil de Château-Thierry, par laquelle il demande des pouvoirs publics la modification des art. 64 du Code pénal et 136 de la loi du 5 avril 1884,

» Émet le vœu :

» Que la Chambre et le Sénat votent le projet de loi portant modification des art. 64 du Code pénal et 136 de la loi du 5 avril 1884 déposé par M. Millerand et plusieurs de ses collègues dans la séance du 21 mars 1899.

» Signé : FÉRON. »

Des vœux favorables de conseils généraux, cela n'est pas à dédaigner, certes! Que les représentants directs d'une ville telle que Paris donnent leur adhésion collective et publique à une réforme fondamentale de la justice, cette démonstration établit et la nécessité de la réforme, et sa popularité. Encore faut-il que la Chambre se prononce et décide à son tour : elle ne l'a fait encore pour aucune des deux pétitions du président Magnaud.

Nous avons cependant l'opinion de la Commission chargée de les étudier. On a vu dans le chapitre précédent ce qu'elle a arrêté en ce qui concerne les modifications à apporter à l'article 64 : elle n'a pas osé répondre par un refus catégorique de peur de soulever contre elle l'opinion acquise à la réforme par les affaires Louise Ménard et Chiabrando. Mais, pour l'ar-

les articles 269, 270, 271, 274 et 275 du Code pénal dans toute leur rigueur. Mais le Conseil général de l'Aisne est surtout composé de grands propriétaires terriens et de gros sucriers : on comprend que ces messieurs aient réglé leur conduite sur celle de M. Méline, idole du protectionnisme et du grand capital.

ticle 463, profitant des fausses interprétations risquées
par une certaine presse, elle n'a pas éprouvé de bien
grands scrupules : résolument, elle a refusé de prendre en considération la proposition présentée par
M. Morlot sur l'initiative du président Magnaud [1].

On s'étonne peu de ce défaut de générosité. La plupart des membres de la Commission sont d'anciens
magistrats comme M. Cruppi, des gens faisant profession de cette justice d'école et de doctrine qui n'a rien
de commun avec la vraie justice, encore moins avec
l'équité et la clémence. Qu'espérer d'un pareil groupement d'individus, qui continuent de proclamer qu'on
ne moralise et n'amende le coupable que par le châtiment? En rejetant un projet destiné à atténuer les rigueurs de nos lois barbares, de lois plus dignes d'un
autre âge que d'un siècle d'extrême civilisation, en
fermant leur esprit à la conception d'une justice plus
humaine au moment où les cœurs du plus grand nombre s'ouvrent aux sentiments d'indulgence et de fraternité, ils se jugent eux-mêmes. Ils sont des hommes
du passé luttant contre l'humanité en marche. Cette
poignée de juristes arriérés, c'est trop peu de chose
pour tenir longtemps en échec une réforme à grands
cris réclamée. Ils ne seront plus que, depuis beau
temps déjà, les lois d'humanité préconisées par le président Magnaud auront conquis leur droit d'adoption.

1. Séance tenue par la Commission de réforme judiciaire
le 5 avril 1900.

# DEUXIÈME PARTIE

## LE DROIT DES FEMMES

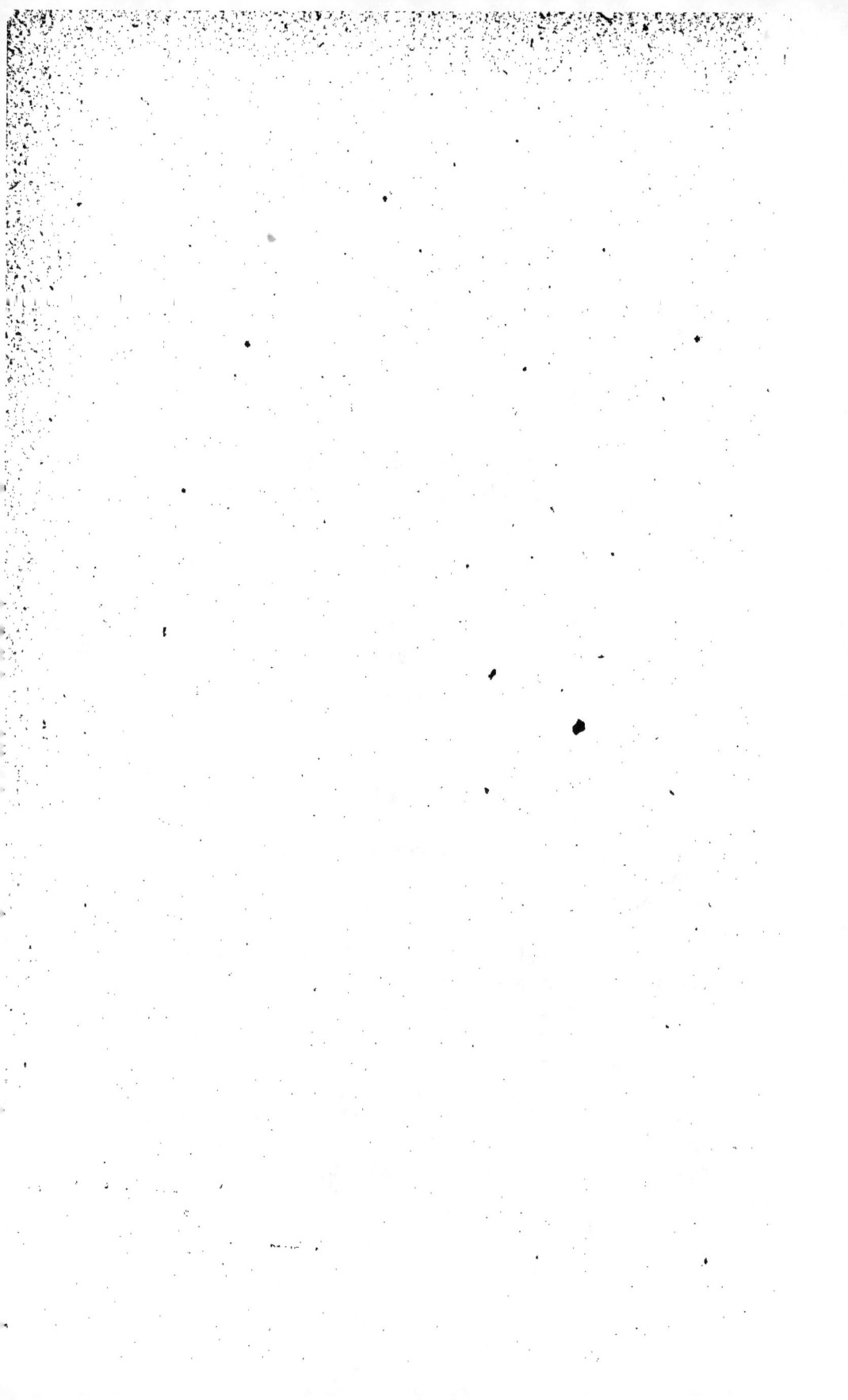

# I

## Violences exercées par une fille-mère contre son séducteur : condamnation au minimum avec suspension de la peine.

———

TRIBUNAL DE CHATEAU-THIERRY.

Audience du 27 mai 1898.

*Présidence de M. Magnaud, Président.*

Le Tribunal :

Attendu qu'il est établi par les débats qu'E... M... a, le 7 mai 1898, légèrement blessé à l'œil droit S... en lui lançant des pierres.

Attendu que la prévenue reconnaît d'ailleurs, sans aucune difficulté, les violences auxquelles elle s'est livrée, qui constituent le délit prévu et réprimé par l'article 311 du Code pénal.

Attendu qu'il est également établi que S... entretenait depuis plusieurs années des relations intimes très suivies avec M... dont la conduite antérieure n'avait donné lieu à aucune observation défavorable;

Que, dans les nombreuses lettres qu'il lui a écrites, non seulement au début de leur liaison, en 1893, mais jusqu'en octobre 1897, il lui déclarait très nettement qu'il l'épouserait et que le notaire de la localité avait même insisté auprès de sa mère pour que celle-ci, malgré la disproportion de leur fortune, ne refusât pas son consentement ;

Qu'il appelait M.., « Madame S... » et signait quelquefois : « S... M... »

Attendu que cette même correspondance démontre encore que S... se considérait comme le père de l'enfant qu'E... M... mit au monde en 1896 et qu'il s'inquiétait de lui d'une façon toute paternelle ;

Que c'est lui qui s'est préoccupé d'un médecin pour l'accouchement, qui a acheté la layette ainsi qu'une petite voiture ; qu'il a payé les réparations d'une chambre dans laquelle il logeait la prévenue et son enfant et fourni à peu près régulièrement à celle-ci des subsides, assez modestes, il est vrai, si on tient compte de sa situation de fortune ;

Que ces subsides d'ailleurs étaient de toute nécessité pour la prévenue qui, aussitôt la grossesse connue, s'était vu chasser de son atelier de passementerie dans lequel on consentit cependant à la reprendre quelques mois après son accouchement. mais pour y gagner seulement douze francs par mois, au lieu de cinquante qu'elle recevait antérieurement.

Attendu que, depuis le 26 février dernier, S... a supprimé tout secours en argent et en nature à E... M... opposant un refus formel aux demandes plus ou moins vives que celle-ci, réduite à peu près à la misère, lui adressait, soit chez lui, soit sur la voie publique ;

Qu'aigrie et surexcitée par la déplorable situation où elle était laissée, ainsi que son enfant, on s'explique, sans cependant pouvoir l'excuser légalement d'une façon complète, qu'elle se soit livrée sur le plaignant à des actes de violences, fort heureusement sans conséquences graves, au moment où elle le surprenait en conversation très équivoque avec une jeune fille que, par une correspondance tombée entre ses mains, elle savait être la cause de son abandon.

Attendu qu'à l'audience, l'attitude d'E... M... a été excellente et qu'elle a exprimé tous ses regrets de n'avoir pas su résister à un mouvement d'emportement déterminé par le spectacle, si pénible pour son cœur de femme et de mère, auquel elle venait d'assister ;

Qu'il n'en a pas été de même du plaignant « don Juan de village », qui, au lieu de racheter son odieuse conduite en se montrant très indulgent pour celle à qui il avait promis de donner son nom, a poussé l'infamie jusqu'à tenter de la faire passer pour une fille de mauvaises mœurs, alors que le maire de la commune atteste, au contraire, qu'elle mène une vie des plus régulières;

Qu'il existe, en conséquence, en faveur d'E... M... des circonstances particulièrement atténuantes tirées à la fois des bons renseignements recueillis sur elle et de l'abandon dans lequel elle a été laissée ainsi que son enfant, malgré tant de formelles promesses;

Qu'à tous ces éléments d'atténuation, il vient s'en joindre un autre et non des moindres, résultant de cette lacune de notre organisation sociale qui laisse à une fille-mère toute la charge de l'enfant qu'elle a conçu, alors que celui qui, sans aucun doute, le lui a fait concevoir peut se dégager allègrement de toute responsabilité matérielle;

Qu'un semblable état de choses qui met souvent la femme abandonnée dans la terrible alternative du crime ou du désespoir est bien fait pour excuser dans la plus large mesure les mouvements et les actes violents auxquels elle peut se laisser aller contre celui dont le cœur est assez sec et le niveau moral assez bas pour lui laisser supporter, malgré sa situation aisée, toutes les charges de la maternité;

Que c'est bien le cas, pour le Tribunal auquel le Ministère public s'associe, de pousser, en faveur de la prévenue, l'application de l'article 463 du Code pénal jusqu'à ses plus clémentes limites et de la faire, en outre, bénéficier des bienveillantes dispositions des articles 1 et 2 de la loi du 26 mars 1891, afin qu'il demeure bien compris que si E... M... est la condamnée légale, ce n'est pas elle qui est moralement atteinte.

Par ces motifs, le Tribunal condamne E... M... à un franc d'amende.

La condamne au remboursement des frais.

Suspend l'exécution de la peine.

Voici une histoire banale. Un jeune homme riche séduit une jeune fille pauvre sous promesse de mariage. De leur union naît un enfant. Le père, quelque temps, fait mine de vouloir tenir parole. Brusquement, soit caprice, soit égoïsme, il quitte maîtresse et progéniture pour voler à d'autres amours. De l'enfant qu'il a conçu, de la femme qu'il a subornée par des propos fallacieux, il n'a cure. L'enfant le gêne, la femme a cessé de lui plaire, il les abandonne, c'est son droit de par la loi : péché de jeunesse! dit la société, aussi tolérante envers ce genre de criminels qu'elle l'est à l'égard de tous les exploiteurs riches et puissants.

Ce pendant que le gaillard est félicité par sa famille de se tirer d'affaire aussi lestement (et s'il avait une sœur qui fût à son tour engrossée et « lâchée » par un drôle de son espèce?), sa victime est renvoyée brutalement de l'atelier où elle travaille. Une femme qui « fait la vie »! une fille perdue! une fille-mère, quoi !... Que deviendrait la société si les patrons ne veillaient au respect des mœurs? A la rue, chienne ! et crèves-y avec ton enfant !

La malheureuse tombe dans la misère. Tout de même ses patrons sont de braves gens: ils la reprennent, ses couches achevées, car elle est bonne ouvrière, seulement — au lieu de lui faire gagner comme auparavant cinquante francs par mois — ils ne lui donnent plus que douze francs. Eh! cela fait, pour l'entretien et la nourriture de la mère et l'enfant, huit sous par jour... Quels bons cœurs, ces patrons !

Et c'est encore la misère. Par bonheur, — par bonheur... qui sait ? — la délaissée n'a pas imité tant de

ses semblables : elle n'a pas songé à l'infanticide.
Tuer son enfant pour être allégée d'autant?... Et pourquoi pas? Est-ce que la loi n'en a pas donné le droit
au père? En l'abandonnant, il s'est conduit comme un
meurtrier : pourquoi le Code condamnerait-il la mère
amenée à cette suppression par la pauvreté alors qu'il
absout le père, riche, dont l'excuse n'est que de fantaisie, de plaisir?... Mais elle aime son enfant, elle
veut le garder, l'élever. C'est fort bien, et, sans doute,
les économistes la loueront de sauvegarder par son
dévouement les lois de la repopulation. Un coup de
chapeau, madame, et ces sages, heureux d'immatriculer
une unité de plus en vue des futures boucheries, passent... Le suicide? la prostitution? le vol? Maintenant
que l'économie politique est satisfaite, pas d'autre
solution pour la malheureuse au problème de la vie!

C'est alors qu'aigrie et surexcitée par la situation
épouvantable où la réduit la lâcheté sociale, elle rencontre l'homme qui abusa de sa confiance candide.
Elle le surprend coquetant et roucoulant avec une autre jeune fille, tout fier de ses œuvres, le bellâtre.
Quoi! tandis qu'elle se lamente et se désespère, cet
homme, unique cause de son malheur, ne pense qu'à
s'amuser? Par la faute de ce misérable elle se trouverait réduite aux pires extrémités morales et matérielles, et, lui, il recommencerait auprès d'autres naïves
ses jeux et ses discours trompeurs, impunément?...
La colère l'aveugle, elle saisit des pierres, les lui jette,
le blesse, oh! bien légèrement.

Juste vengeance, hélas! Si les filles séduites, puisqu'elles ont contre elles toutes les lâchetés humaines
coalisées, se faisaient plus souvent justice elles-mêmes,

et pas avec des pierres seules .. Mais, femmes, elles
sont faibles, et c'est parce qu'elles reculent que la loi —
faite par les hommes — reste, à leur endroit, si inique, si sauvage. Il le sait bien, le « don Juan de village, » que la loi est pour lui. Aussi s'empresse-t-il
de l'appeler à son secours. Il porte plainte, le pleutre,
contre la mère de son enfant ! Bien mieux, à l'audience,
au lieu de racheter son odieuse conduite en se montrant très indulgent pour celle à qui il avait promis
de donner son nom, il pousse l'infamie (car il comprend
sa propre faute et il veut l'atténuer, fût-ce au prix
d'une nouvelle bassesse) jusqu'à tenter de faire passer
sa victime pour une fille de mauvaises mœurs. Ses
devoirs de père ? Les reproches de sa conscience ? Les
exigences de la véritable justice ? Ah ! il s'en moque
bien. Il y a dans le Code une loi qui lui donne raison,
et, là, au tribunal, des juges sont réunis pour appliquer cette loi bienfaisante aux séducteurs.

À Amiens, plaidant devant la Cour d'Appel pour
Louise Ménard qui, elle aussi, avait été abandonnée
par son séducteur, M. Goblet, cédant à un bel accès
d'indignation, s'était écrié : « Le père, qui n'a rien
fait pour son petit, qui n'est jamais venu au secours
de la mère, n'a pas même encouru ici un reproche ! Il
n'en sera pas toujours ainsi, monsieur l'avocat général... » La menace n'est pas plutôt proférée que la
voici réalisée par le président Magnaud pour la grande
confusion du don Juan villageois : il en appelait à la
loi, il comptait sans le juge, qui est bien forcé de condamner la fille séduite, puisque en effet le Code l'y
oblige, mais qui le déclare seul coupable, lui, le séducteur.

Oui, la loi exigeait une condamnation, et le président Magnaud ne pouvait, ici, que se conformer à ses
prescriptions. Mais il a estimé qu'une femme abandonnée, se trouvant placée dans l'alternative du crime
ou du désespoir, est excusable de se laisser aller à
des actes de violences « contre celui dont le cœur est
assez sec et le niveau moral assez bas pour lui laisser
supporter, malgré sa situation aisée, toutes les charges de la maternité. » Envers elle, il est donc allé
jusqu'aux plus clémentes limites de la pénalité, ne la
condamnant qu'à un franc d'amende et aux frais *avec
application de la loi Bérenger*. Si bien que, des deux
individus en présence, le plaignant, la prévenue, celle-
ci est la condamnée légale, mais celui-là seul est moralement atteint.

On comprend l'importance sociale d'un pareil jugement. Il pose de nouveau le problème si longtemps
discuté de la recherche de la paternité. Ce n'est pas
le lieu de reproduire en ses détails les arguments pour
et contre. Qu'il suffise de rappeler que toutes les objections des adversaires de cette réforme, vainement
réclamée par tant de grands et de généreux esprits,
se réduisent à prétendre qu'une loi autorisant la recherche de la paternité serait une prime au chantage
et à l'immoralité : à une question de justice humaine
ils répondent par une question d'intérêt monétaire. Et,
le plus souvent, c'est déjà la cupidité qui empêche
tant de parents de consentir au mariage de leurs fils
avec les filles pauvres qu'ils ont séduites ! L'on oppose
la loi civile à la loi morale, la sauvegarde du capital à
la conservation de l'humanité. L'abandon des jeunes
filles séduites aboutit à la misère, à l'infanticide, à la

G.

prostitution, à la mendicité, au vol, au crime. Le séducteur n'encourt aucune responsabilité : sa victime
seule supporte toute « la faute » et ses conséquences.
Cela est tellement inouï que l'on ne sait de quoi il
faut le plus s'étonner, ou de la lâcheté des hommes,
ou de la longanimité des femmes.

Abordant carrément ce grave problème (auquel il
conviendrait que les sociologues à la recherche du
meilleur moyen de repeupler la France songeassent
davantage), le président Magnaud a mis en cause la
société tout net. Aux femmes de ne pas oublier le considérant signalant cette lacune de notre organisation
sociale *qui laisse à une fille-mère toute la charge de
l'enfant qu'elle a conçu, alors que celui qui, sans aucun
doute, le lui a fait concevoir, peut se dégager allègrement de toute responsabilité matérielle.*

Devant cet attendu, le *Journal des Débats,* gardien
immuable de toutes les vieilles iniquités et de toutes
les lois caduques, s'écriait avec effroi : « On se demande
jusqu'à quand la société sera en prévention devant le
tribunal de Château-Thierry pour être jugée correction-
nellement par M. le président Magnaud. » Sans doute,
jusqu'à ce que — répondrons-nous de notre propre
chef — la société française consente à se réformer, ou,
tout au moins, à élever sa législation au niveau des
législations étrangères. Car notre pays, qui prétend
être à la tête de la civilisation, est l'un des plus arriérés qui soient au point de vue de la justice...

# II

**Inexécution d'une promesse de mariage : condamnation du séducteur défaillant à des dommages-intérêts.**

---

Audience publique du mercredi 23 novembre 1898.

*Présidence de monsieur Magnaud, Président.*

Entre E... M... manouvrière, demeurant à M...

Demanderesse comparant par M° Chaloin, avoué, et plaidant par M° Maurice Chaloin, avocat stagiaire du barreau de Paris,

Et L... S... négociant, demeurant à M...

Défendeur comparant par M° Bove, avoué, et plaidant par M° Maurice Bernard, avocat au barreau de Paris.

Le tribunal, après avoir entendu les avocats des parties en leurs plaidoiries et conclusions, le ministère public aussi en ses conclusions, et après en avoir délibéré conformément à la loi, statuant en matière ordinaire et en premier ressort.

Attendu qu'E... M... est accouchée à M... le 7 novembre 1896 d'un enfant du sexe masculin dont elle attribue la paternité au défendeur ;

Qu'abandonnée par celui-ci environ deux ans après dans le dénûment le plus complet, et s'appuyant sur l'inexécution de promesses de mariage déterminantes de sa liaison intime, elle lui demande à titre de dommages-intérêts une somme de cinq mille francs, plus une rente de trois cent soixante-cinq francs par an pour subvenir aux besoins de son enfant et aux siens.

Attendu que de son côté L..., S..., tout en reconnaissant les promesses de mariage faites, repousse cette demande en se basant d'une part sur ce que ces promesses seraient postérieures aux relations intimes et n'auraient pas été, en conséquence, déterminantes de celles qui ont amené la naissance de l'enfant ;

Que, d'autre part, s'il a renoncé aux projets de mariage qu'il avait formés, c'est à cause de l'inconduite de E... M... et des rapports intimes qu'elle aurait eus avec d'autres hommes pendant leur liaison, rapports qui lui feraient actuellement douter de sa paternité.

Que sur ce dernier point, il articule et offre de prouver les faits suivants :

1° C'est E... M... qui a recherché les hommages de L...S..., elle l'a poursuivi d'assiduités incessantes ;

2° E... M... à la fin de l'année 1894 et au cours de l'année 1896, a eu une conduite irrégulière, elle fréquentait notamment un sieur C... avec lequel elle avait souvent des relations intimes, au cours de la période sus-énoncée.

3° En décembre 1892 à M..., E... M... attirait l'attention par son attitude, ses propos libres et les moyens qu'elle employait pour attirer L... S...

4° En août 1896, E .. M... faisait des commandes de fournitures diverses au nom de L... S..., sans l'agrément de celui-ci ;

5° E... M... passait pour avoir des mœurs légères.

Sur l'Enquête :

Attendu que l'enquête sollicitée ne saurait avoir aucun résultat appréciable dans la cause.

Qu'on ne pourrait produire que des témoins venant affirmer ou qu'ils ont eu des relations intimes avec la demanderesse au cours de sa liaison avec L...S... ou qui ont entendu parler de ces rapports.

Que le Tribunal ne saurait accorder aucune confiance aux premiers en raison de la lâcheté et de l'indignité de leur

déclaration, et aux seconds parce qu'ils ne seraient que l'é-
cho peu probant de la malignité publique.

Qu'il est bien difficile en effet à une jeune fille au physique agréable, de ne pas être courtisée et d'éviter que, même
des recherches auxquelles elle reste indifférente, ne soient
transformées par la malveillance usitée à l'égard des femmes
sans défense, en des relations beaucoup plus étroites.

Que si la conduite d'E... M... pendant sa liaison de cinq
ans avec le défendeur avait pu donner lieu à des critiques
tant soit peu sérieuses, les nombreuses et jalouses personnes
intéressées à la faire rompre n'auraient pas manqué de
mettre L... S... à même d'en constater le bien fondé.

Qu'il ne faut pas oublier que L... S... était un des jeunes
gens les plus en vue et les plus recherchés de M..., sinon
par son éducation et la distinction de ses manières, du moins
par sa situation de fortune actuelle et surtout future.

Que bien des mères de famille, et surtout bien d'autres
jeunes filles, auraient été bien aises d'enlever à E... M...,
même par la calomnie le cœur doré du défendeur.

Que cependant, malgré les tentatives anonymes ou autres qui ont dû certainement être faites, L... S... ne s'est
pas laissé ébranler, tant il a dû en reconnaître l'inanité.

Qu'aucun reproche de cette nature n'apparaît dans les
nombreuses lettres écrites par L... S... à E... M...; qu'au
contraire dans l'une de ces lettres il lui écrit qu'il se montrera « digne d'elle » et dans une autre il lui reproche en
riant son excessive pudeur.

Qu'on y découvre même que si la conduite de l'une des
deux parties laisse à désirer, c'est celle de L... S... qui essaie de se faire pardonner ses habitudes d'intempérance et
prie E... M... de ne pas lui refuser sa main à cause de ce
défaut qu'elle considère comme capital.

Que si, parfois, dans cette correspondance on sent percer
quelques pointes de jalousie, ce sentiment, si flatteur pour
une femme et inséparable compagnon de l'amour, ne fait
que confirmer l'affection de L... S... pour la demanderesse.

Que d'ailleurs si E... M... était en réalité la fille rouée que
l'on prétend, elle se serait bien gardée, pour une satisfac-

tion très passagère, de mettre en péril le projet antérieur et intéressé qu'on lui reproche d'avoir formé.

Qu'à tout cela il convient d'ajouter un certificat du Maire de M... reconnaissant la régularité de sa conduite depuis la naissance de l'enfant, régularité qu'il ne pouvait pas affirmer pour l'époque antérieure, puisque les relations irrégulières qu'elle entretenait avec L... S... étaient connues de toute la population.

Qu'en conséquence une enquête sur les faits, les uns trop précis et les autres trop vagues, qui sont articulés, doit être d'autant plus repoussée que le tribunal a, dans la correspondance émanée du défendeur, des éléments d'appréciation lui permettant de donner une solution immédiate à l'instance pendante devant lui.

**Sur le fond :**

Attendu que de la nombreuse correspondance produite par la demanderesse et antérieure à la naissance de son enfant, il ressort clairement que L... S... très épris des charmes de celle-ci, lui a fait des promesses formelles de mariage pour la déterminer à se donner à lui.

Que presque dans chaque lettre L... S... les renouvelle et appelle de tous ses vœux le jour où il pourra être uni à celle qu'il aime.

Qu'il en signe même quelques-unes : « S... M... »

Qu'il laisse entendre qu'il fera au besoin des sommations respectueuses à sa mère à laquelle le notaire du pays a donné le conseil d'accorder son consentement; qu'il supplie E... M... de lui promettre « d'accepter sa main », la prie « d'avoir du courage » et lui affirme « qu'elle sera sa femme ».

Que ces promesses si souvent et si longtemps renouvelées constituent déjà une bien grave présomption qu'au moment où elles ont été faites le défendeur n'était pas encore arrivé au but de ses désirs.

Attendu encore que dans aucune desdites lettres on ne trouve une allusion quelconque même discrète à de doux et complets abandons.

Que s'il appelle souvent E... M... « sa petite femme » c'est à raison des promesses faites, car ses mouvements d'expansion les plus hardis ne vont jamais au delà de « baisers de cœur ».

Qu'en juin 1893 il lui écrivait, faisant allusion à elle :
« Ce matin j'ai vu une jeune fille qui se cachait parce qu'elle
était en chemise à son lever — tu as donc bien peur que je
te mange que tu te caches comme ça — pourtant il faudra
bien que ta peur s'envole et que tu ne craignes plus rien. »

Que ce langage dans la bouche de L... S... indique bien
qu'il n'a pas encore possédé à cette date E... M... quoiqu'il
prétende avoir eu des relations intimes avec elle dès la fin
de 1892.

Qu'en outre la pudeur que celle-ci témoigne ne concorde
guère avec les allures provocantes et l'inconduite qu'il lui
reproche aujourd'hui.

Attendu que cette affirmation du défendeur relative à l'é-
poque des premières relations avec E... M... fût-elle exacte,
la cause déterminante serait à n'en pas douter une promesse
de mariage puisque dans la première lettre qu'il lui écrit
après ces prétendues relations il l'appelle : « Ma chère et
tendre madame S... » confirmant ainsi par écrit qu'il lui a
réellement promis son nom.

Qu'ainsi, à quelque époque que se placent les premières
relations, elles n'ont été nouées qu'à la suite de promesses
de mariage.

Attendu en outre que L... S... ne fait aucune difficulté de
reconnaître qu'à une époque correspondante à celle de la
conception de l'enfant il avait des relations intimes avec la
demanderesse.

Qu'il résulte, toujours des pièces produites, que pendant
la grossesse il a pourvu aux besoins de la vie d'E... M... et
s'est préoccupé d'un médecin pour l'accouchement.

Qu'après la naissance il a continué à venir en aide à sa
maîtresse et à donner à l'enfant qu'elle avait mis au monde
les caresses et les tendresses d'un père.

Que dans un grand nombre de lettres dont la dernière est
de 1897, c'est-à-dire bien postérieure à l'accouchement, il
s'enquiert de l'état de santé de l'enfant, des soins à lui donner et recommande à sa mère de le faire vite grandir.

Qu'il l'appelle même « Y... » surnom qui semble être un
diminutif de S...

Que cette attitude et ces documents établissent clairement

que le défendeur se considère et reconnaît être le père de cet enfant.

Attendu que depuis quelques mois L... S... a brusquement cessé toutes relations avec E... M... et de lui envoyer tout subside, l'abandonnant dans le dénûment le plus complet.

Attendu que c'est seulement par suite des promesses de mariage faites par L... S... qu'E... M... s'est déterminée à se donner à lui; qu'à ces promesses qui constituent des manœuvres dolosives il convient d'ajouter que L... S..., à raison sinon de son intelligence du moins de sa situation de fortune, a exercé un grand ascendant sur E... M... jeune fille pauvre; que celle-ci n'a pas conservé son entière liberté et a cédé à une sorte de contrainte morale.

Que s'il l'a abandonnée, c'est pour se soustraire aux charges qui lui incombaient et encore par lassitude et par caprice pour d'autres femmes ainsi qu'il résulte d'une procédure correctionnelle instruite contre la demanderesse en mai 1898.

Qu'à la vérité L... S... prétend que la demanderesse étant plus âgée que lui d'un an, il n'a pu résister à son influence, que cette prétention émise pour un homme qui, à ce moment-là, sortait de la caserne, où l'on ne prend pas précisément des leçons de naïveté, ne présente aucun caractère sérieux.

Que c'est donc par le fait de L... S.., à ne pas exécuter ses promesses qu'E... M... et son enfant se trouvent dans le plus complet abandon, et que le défendeur doit être tenu de réparer la faute résultant de son quasi-délit.

Attendu au surplus que l'homme qui noue des relations intimes suivies avec une femme est en faute, aussi bien et même plus que celle-ci, en raison de son ascendant moral, de n'en avoir pas prévu les conséquences possibles.

Que lorsqu'un enfant naît de ces relations et que l'homme s'en est, comme dans l'espèce, reconnu le père, il serait souverainement injuste de laisser supporter la charge entière à la femme seule qui a eu déjà toutes les douleurs et les risques de la maternité.

Que ce n'est pas seulement un enfant qui seul est né de leurs relations, mais une obligation naturelle de l'élever et de pourvoir à ses besoins et à son éducation, obligation qui doit trouver sa sanction dans la loi.

Que la part de faute de l'homme est au moins égale à celle de la femme dans l'entretien de leurs relations et que la naissance de l'enfant est tout autant le fait de l'un que de l'autre.

Qu'en faisant concevoir cet enfant à la femme, il lui a créé une charge, c'est-à-dire un préjudice; que ce préjudice est d'autant plus grave pour la femme qu'elle se trouve dans une situation particulièrement difficile pour s'établir ensuite par le mariage.

Que l'homme qui cause par sa faute à autrui un préjudice en doit la réparation dans la proportion de la part pour laquelle il y a contribué, et ce en vertu de l'article 1382 du Code civil.

Que déjà ce principe est consacré par la jurisprudence lorsqu'il y a eu de la part de l'homme des promesses faites ou contrainte morale exercée afin d'obtenir de la femme un abandon complet.

Qu'on doit l'admettre aussi bien dans le cas d'entraînement réciproque, en alliant jusqu'au bout le droit à l'équité dont les conflits trop fréquents étonnent et attristent la conscience.

Attendu enfin que cette protection de la loi accordée aux femmes abandonnées dans les circonstances si fréquentes où l'a été E... M... peut avoir pour encourageant résultat d'arrêter dans une certaine mesure le développement d'une des branches de la criminalité et, peut-être aussi, d'atténuer certaines causes de dépopulation.

Que le souci du juge dans son interprétation de la loi, ne doit pas être seulement limité au cas spécial qui lui est soumis, mais s'étendre encore aux conséquences bonnes ou mauvaises que peut produire sa sentence dans un intérêt plus général.

Que dans ces conditions, qu'il s'agisse de promesse de mariage, de contrainte morale ou d'entraînement réciproque, la demande d'E... M... doit être accueillie.

Sur le quantum de cette demande:

Attendu que le capital de cinq mille francs et la rente de

7

trois cent soixante-cinq francs par an réversible sur la tête de son enfant qu'elle sollicite du tribunal n'ont rien d'exagéré, surtout si l'on prend en considération la situation de fortune présente et future du défendeur.

Que la modicité des dommages-intérêts réclamés démontre amplement qu'E... M... ne poursuit aucun but de spéculation.

Sur l'exécution provisoire :

Attendu que le chef de la demande relatif à la rente présente un caractère alimentaire à raison duquel il y a lieu d'ordonner l'exécution provisoire.

Par ces motifs,

Rejette la demande d'enquête.

Condamne L... S... à servir à la demanderesse une rente annuelle et viagère de trois cent soixante-cinq francs par an, payable d'avance, laquelle rente sera réversible en cas de décès de la demanderesse sur la tête de l'enfant M... et sera payée à ce dernier jusqu'à sa majorité.

Condamne en outre L... S... à payer à la demanderesse une somme de cinq mille francs en principal avec intérêts de droit ;

Le condamne aussi aux dépens qui comprendront l'enregistrement de toutes pièces produites, et dont distraction est prononcée au profit de l'administration de l'enregistrement.

Ordonne l'exécution provisoire du présent jugement quant à la rente seulement, nonobstant appel et sans caution.

Ce jugement complète le précédent de façon merveilleuse: il achève la déroute du Don Juan de village qui n'avait pas craint de traîner devant les tribunaux sa propre victime, la mère de son enfant, après avoir abandonné l'une et l'autre. Et, cette fois, il ne s'agit plus d'un châtiment purement moral, c'est bel et bien d'une condamnation matérielle que le voilà frappé. Il avait abandonné la fille-mère surtout à cause de la disproportion de leurs fortunes, elle pauvre, lui riche : lorsqu'on est de famille « cossue », a-t-on la niaiserie d'épouser sans dot? L'argent, pour beaucoup, a dicté sa lâcheté : c'est par l'argent qu'il sera puni.

Ici, la loi, enfin! est contre lui! En vertu de l'article 1382 du Code civil tout homme qui cause par sa faute à autrui un préjudice en doit la réparation dans la mesure de ses torts. Quasi-délit très caractérisé chez l'homme qui abandonne une femme après avoir obtenu ses faveurs soit par la contrainte morale, soit par promesses. C'est le cas de notre séducteur. L'évidence de sa culpabilité, établie par sa correspondance, par sa conduite, par des faits publics, est si éclatante qu'il ne peut échapper à la responsabilité lui incombant d'après la jurisprudence même. Hier, c'était lui, cynique, par qui la loi était requise de le débarrasser définitivement de la femme coupable d'avoir procréé sous ses caresses : c'est maintenant au tour de la femme d'appeler la loi à son secours pour forcer ce père égoïste de remplir ses obligations. Juste retour...

Mais notre homme ne se rend pas. S'agissant de défendre sa caisse, quel moyen l'arrêterait? Il en appelle au mensonge et à la calomnie, armes usuelles de tous les séducteurs lassés de leurs conquêtes. Sans doute, il a promis le mariage à la jeune fille, mais c'était après leurs premières relations intimes... d'ailleurs, elle a eu d'autres amants... Il était de notoriété publique qu'elle avait des mœurs légères... Il se fait fort de prouver cette inconduite si le tribunal lui accorde une enquête... Ah! il sait bien pourquoi il adresse aux juges cette demande. Il est l'un des coqs de son village, il possède une situation en vue, il tient sous sa dépendance toutes sortes de gens, il est recherché par des mères de famille, par les jeunes filles qui convoitent son « cœur doré ». Comment n'obtiendrait-il pas, de l'humble complaisance des unes et des calculs intéressés des autres, toutes sortes de dépositions accablantes contre la galeuse d'où lui vient tant de mal? Des témoins, des amants, il les a sous la main tout prêts à venir attester sous serment l'inconduite de la malheureuse...

Le piège est trop grossier. Toutefois il arrive fréquemment à des juges d'y tomber, par simplicité sans doute... Le président Magnaud n'est pas du nombre. L'enquête? N'est-elle pas tout entière dans les éléments de la cause? Les faits sont patents. Qu'est-il besoin de leur opposer des commérages infâmes? Quelle garantie serait celle des témoins réclamés? Les uns viendraient affirmer qu'ils ont eu des rapports intimes avec la demanderesse, les autres qu'ils ont entendu parler de ces rapports: eh bien! non, le tribunal ne saurait accorder aucune confiance aux premiers *en raison de la lâcheté et de l'indignité de leur déclaration*, et aux seconds parce qu'ils ne seraient que *l'écho peu probant de la malignité publique*. Et l'enquête est repoussée.

Cet attendu est une dure critique, et trop justifiée, des mœurs de la campagne. (Oh! celles des villes ne valent pas mieux...) Le président Magnaud connaît la férocité dont les femmes sans défense sont les victimes, la jalousie qui les entoure, la malveillance qui les déchire. Contre elles se liguent toutes les hypocrisies, et, ô ironie, les femmes elles-mêmes sont les premières à faire le jeu abominable des lâches séducteurs. Par leur faute, la plupart des enquêtes judiciaires ordonnées sur demande de dommages-intérêts après inexécution d'une

promesse de mariage tournent contre les intéressées.
Il faudrait que l'enquête refusée par le président Magnaud ne soit jamais accordée chaque fois que les manœuvres dolosives du séducteur sont péremptoirement
établies au cours des débats.

Aussi bien, lorsqu'on va au fond des choses, l'homme
a-t-il bien le droit d'invoquer quelque excuse que ce
soit? Le jour où il séduit une jeune fille, il contracte
un devoir étroit. Ne cherchât-il que son plaisir immédiat, sans envisager les conséquences possibles de ses
actes, il reste responsable. L'enfant qui naît de ses relations intimes avec une femme est à lui autant qu'à
elle. Vainement alléguerait-il qu'il ne pouvait prévoir
cet « accident », qu'en aimant il n'a songé qu'à se satisfaire et non pas à perpétuer l'espèce, qu'une jouissance d'une seconde ne saurait engager son avenir,
qu'au reste la jeune fille était consentante, qu'ils ont
été tous deux pareillement entraînés par la passion à
s'unir sans qu'il y ait eu de sa part à lui promesse ni
idée de mariage, que c'était à elle, après tout, à se refuser, à se défendre, à se garder des entraînements de
la chair pour s'épargner les inconvénients de la maternité... Sophismes pitoyables! Ils ne prévalent point
contre cette vérité si bien définie par le président Magnaud que ce n'est pas seulement un enfant qui naît
des relations d'un homme et d'une femme, c'est une
obligation naturelle de l'élever et de pourvoir à ses besoins et à son éducation. Or, à moins que la femme ne
soit encore considérée comme une esclave tenue de
soumettre son corps aux caprices de l'homme sans que
celui-ci ait le devoir d'accepter les suites possibles de
sa lubricité, il y a chez tous deux responsabilité égale

dans la charge de l'enfant, comme il y a eu parité d'efforts vitaux dans sa procréation.

C'est pourquoi il faut louer le président Magnaud de donner à la jurisprudence admise en cette matière une extension plus large. La loi ne protège la femme abandonnée que si la séduction a été l'effet de promesses délibérées ou de la contrainte morale. Alliant jusqu'au bout le droit à l'équité, *dont les conflits trop fréquents étonnent et attristent la conscience,* il demande pareille protection pour la jeune fille qui a cédé à un entraînement réciproque. C'est reconnaître les droits incontestables de l'amour. Une paternité est établie du fait qu'un enfant vient au monde: l'homme sur qui elle pèse aura-t-il le droit de la rejeter, sous prétexte qu'elle ne compte pas parce qu'il n'a fait aucune promesse de mariage à la mère? La légalité l'y autorise, l'équité le lui interdit. C'est de la légalité qu'il se préoccupera jusqu'au jour où les magistrats auront souci de juger selon l'équité.

# III

## Un mari ne peut bénéficier de la communauté s'il n'en a supporté la charge.

---

TRIBUNAL CIVIL DE CHATEAU-THIERRY.

Audience du 21 juin 1899.

*Présidence de M. Magnaud, Président.*

Le Tribunal,

*Sur le caractère de la rente.*

Attendu que F... prétend avoir droit à toucher les arrérages de la rente viagère de quatorze cents francs léguée par C... à la dame F... et à en conserver une partie en invoquant ses droits d'administrateur légal et chef de la communauté.

Attendu que la lecture du testament de C... ne laisse aucun doute sur le caractère alimentaire de cette rente.

Qu'en effet C... a légué les biens dépendant de sa succession aux deux enfants F...; qu'à la mère, entrée chez lui dépourvue de tout, il a laissé seulement cette rente de quatorze cents francs; que la dame F..., n'ayant aucune autre ressource, la rente léguée a donc un caractère bien alimentaire; que l'intention pour le testateur de ne faire aucune libéralité au mari découle de ce que F... ne s'est jamais préoccupé du sort de sa femme pendant les vingt années qu'elle est restée au service de C...; qu'aucune parcelle de cette rente ne doit en conséquence tomber aux mains du mari.

*Sur les revenus.*

Attendu que F... n'a jamais à aucun moment pris part à l'administration de la communauté ; que le mari ne saurait avoir un droit quelconque dans la communauté s'il n'en a pas réellement supporté la charge, c'est-à-dire opéré la gestion ; que dans l'espèce il n'est apparu qu'au moment où il a cru pouvoir mettre la main sur quelque somme d'argent et où il a vu un bénéfice à retirer de l'amélioration de la situation de sa femme.

Attendu que lui reconnaître des droits à une partie de la rente constituée au profit de sa femme et à l'administration des revenus de ses enfants, comme il le demande, serait accorder une sanction légale au rôle interlope qu'il joue depuis quelque temps et qu'il entend continuer à jouer.

Attendu d'ailleurs en ce qui concerne la mineure F... qu'elle est émancipée par son mariage avec D... qui a qualité pour toucher ses revenus.

Attendu que l'autre enfant F... est âgé de dix-huit ans ; qu'à partir de cet âge le père doit compte à ses enfants des revenus, qu'il touche pour eux.

Que F... ne présentant aucune surface, aucune garantie de la conservation ou de l'emploi au profit de son fils mineur des deniers de celui-ci, et qu'en de pareilles mains les intérêts du mineur F... courraient le plus grand risque, il échet de donner à un séquestre pouvoir de toucher dès à présent les revenus de la succession sauf audit séquestre à verser à D... la part revenant à Delphine F...

Que d'ailleurs toutes les parties sont d'accord pour reconnaître la nécessité et l'urgence de recourir à la nomination d'un séquestre au moins jusqu'à l'issue des opérations de liquidation et partage actuellement pendantes.

Attendu enfin que cette nomination s'impose d'autant plus qu'il est grand temps de soustraire la succession C... à toutes les déprédations dont elle paraît avoir été l'objet.

Par ces motifs :

Déclare F... mal fondé en ses conclusions tendant à faire décider qu'il lui serait versé cinquante francs par mois sur la rente viagère léguée.

Dit qu'il ne saurait prétendre à aucun droit à cette

rente ni aux revenus provonant à ses enfants de la succession C...

Célibataire ou marié, l'homme exerce sur la femme
un droit léonin. On voit quo, seul, il institua les lois,
car il a pris pour lui la part du plus fort. Célibataire,
il séduit les jeunes filles, il les rend mères, et, ayant
ainsi besogné, il s'éloigne sans qu'il lui en puisse rien
coûter, s'il a eu l'habileté de masquer ses manœuvres
dolosives au point que les victimes n'aient point le
moyen d'en faire la preuve. Marié, il est le maître de
sa femme légitime, il exerce sur elle un pouvoir tyrannique : par exemple, marié sous le régime de la communauté, il administre les biens de cette communauté,
il en dispose à sa guise, même si les ressources ne
viennent pas de son apport, même s'il s'agit du produit du travail personnel de sa femme. Ici encore, la
loi est formelle, toute au détriment des femmes, toute
à l'avantage des hommes.

Il n'est donc pas surprenant qu'ayant à se prononcer sur un litige touchant une question de cette nature, le président Magnaud, considérant les faits avec
sa raison et son bon sens, ait rendu un jugement absolument contraire à la lettre de la loi, mais tout à fait
conforme à l'équité.

En se prononçant contre le mari pour la femme, il a
indiqué dans quel sens les droits d'administrateur légal et de chef de la communauté du mari, devraient
être au moins modifiés : quand celui-ci s'est, notamment, toujours dérobé aux charges qui lui sont imposées par la loi, et ne réapparaît comme administrateur
de la communauté, que lorsqu'il peut y avoir bénéfice

7.

pour lui à s'en préoccuper. Ce qui veut dire que, pour
prétendre aux bénéfices de la communauté, il faut en
avoir supporté la charge.

Il n'est pas besoin d'être « féministe » pour approuver une telle sentence et réclamer la réforme qu'elle
comporte. Il suffit d'être juste. Que le mariage soit pour
beaucoup d'hommes (et aussi pour un grand nombre
de femmes) une spéculation, cela est dans les mœurs.
Ce n'en est, il est vrai, ni plus propre, ni plus excusable... Mais que la spéculation, se cachant d'abord sous
des raisons de convenance, prenne ensuite la forme
d'une exploitation éhontée, et ce avec le concours de
la loi (toujours empressée au secours du plus fort), que
les hommes aient le droit de s'adresser aux tribunaux
pour exiger de leurs femmes les revenus de leur travail ou même le fruit du concubinage ou de la prostitution à quoi eux-mêmes, peut-être, les ont poussées,
voilà qui n'est pas de nature à relever le prestige de
la jurisprudence établie par « les mâles ».

Si les femmes ne s'entendent pas de manière à assurer le plus tôt possible force de loi au jugement du
président Magnaud, qui met en échec la tyrannie légale de leurs maîtres, on se demandera à quoi elles
emploient leur subtilité naturelle. A se jalouser, sans
doute, et c'est quelque chose. Mais il serait temps
qu'elles missent leurs soins à d'autres intérêts. A moins
qu'elles ne préfèrent laisser aux hommes l'honneur de
faire en leur lieu et place acte de féminisme vraiment
sérieux : dans ce cas, elles doivent reconnaître que le
président Magnaud les sert mieux que quiconque, ne
négligeant aucune occasion d'opposer à la jurisprudence masculine le droit des femmes.

# TROISIÈME PARTIE

## LE DROIT DES ENFANTS

# I

## Vol commis par un enfant : acquittement et envoi dans une maison d'assistance, condamnation de son complice majeur.

——

TRIBUNAL DE CHATEAU-THIERRY.

Audience du 10 juin 1898.

*Présidence de M. Magnaud, Président.*

Le Tribunal :

Attendu qu'il résulte de l'instruction et des débats, la preuve que P. Ed. a, en mai 1898, soit depuis moins de trois ans, à La Ferté-Milon, frauduleusement soustrait une montre en argent avec sa chaîne en nickel au préjudice de T...

Qu'à la même époque et au même lieu, P. A. a recélé sciemment les objets volés par P. Ed., et s'est ainsi rendu complice du délit ci-dessus.

Attendu que ces faits constituent les délits prévus et réprimés par les articles 401 et 62 du Code pénal.

Sur l'application de la peine :

Attendu que P. Ed., est âgé de moins de seize ans, qu'il paraît avoir agi sans discernement et qu'il y a lieu, en conséquence, de l'acquitter.

Mais attendu que des renseignements recueillis, il résulterait que la mère de ce prévenu n'aurait pas toute l'énergie nécessaire et les moyens suffisants pour le surveiller et le maintenir dans la bonne voie.

Attendu, d'autre part, que malgré tous les soins et la surveillance apportés par l'administration pénitentiaire, les maisons de correction, en raison du contact des enfants vicieux qui y sont placés, ne sont presque toujours que des écoles de démoralisation et de préparation tout à la fois à des crimes et délits ultérieurs ;

Qu'il y a donc lieu de s'abstenir de remettre le jeune P. Ed., à sa mère, ainsi que de l'envoyer dans une maison de correction ;

Que c'est, au contraire, le cas de confier sa garde à une personne ou à une institution charitable jusqu'à l'accomplissement de sa dix-huitième année, conformément à l'article 5 de la loi du 19 avril 1898.

En ce qui concerne P. A.

Attendu que P. A., a, le 10 février 1898, été condamné par la Cour d'appel d'Amiens à six mois d'emprisonnement avec sursis à l'exécution, pour vol ;

Qu'il a ainsi, depuis moins de cinq ans, commis de nouveau le même délit et se trouve en état de récidive légale par application de l'article 58 du Code pénal.

Attendu toutefois qu'il existe en faveur de ce prévenu des circonstances atténuantes et qu'il y a lieu de lui faire application des dispositions de l'article 463 dudit Code.

Et attendu qu'il convient de lui faire une application relativement sévère des dispositions de la loi, surtout si l'on tient compte que l'indulgence dont a fait preuve envers lui dans une précédente circonstance, une autre juridiction, en le faisant bénéficier de la loi de sursis, ne paraît pas avoir porté les fruits qu'elle était en droit d'en attendre.

Par ces motifs, dit que l'enfant P. Ed., sera remis à une personne ou à l'œuvre des adolescents dirigée par M. Rollet, rue Herschell, n° 6, à Paris [1], ou, à son défaut à l'assistance publique pour y être gardé jusqu'à l'accomplissement de sa dix-huitième année.

Condamne P. A., à quatre mois d'emprisonnement.

1. M. Rollet, fondateur de la Société de *Sauvetage de l'Enfance*, a rendu les plus grands services à l'enfance abandonnée.

# II

## Violences exercées sur un enfant : condamnation des parents.

----

TRIBUNAL CORRECTIONNEL DE CHATEAU-THIERRY.

Audience publique du 17 juin 1898.

*Présidence de M. Magnaud, Président.*

Le Tribunal :

Attendu qu'il est établi par les débats qu'à plusieurs reprises, en 1898, B... a violemment frappé l'enfant L... D... âgée de deux ans, sur laquelle il avait autorité par suite de son mariage avec sa mère qui l'avait eue avant cette union ;

Que notamment, le 13 mai 1898, il a porté plusieurs coups de sabot à la tête de cette enfant et sur différentes parties de son corps, malgré l'intervention de sa femme, victime fort souvent, elle aussi, de ses brutalités.

Attendu que B..., tout en reconnaissant qu'il était quelquefois « un peu vif » prétend qu'il n'a jamais infligé que de très légères corrections à cette enfant.

Mais attendu qu'à l'époque indiquée, certains voisins des époux B... ont entendu non seulement le bruit des coups que recevait l'enfant, mais encore la femme B... s'écrier en s'adressant à son mari : « Je te défends de frapper ainsi ma fille à coups de sabot. »

Attendu que ces mêmes témoins ont, en outre, constaté

sur tout le corps de l'enfant de nombreuses ecchymoses et des plaies à la tête qui, le surlendemain, étaient encore saignantes et affirment qu'elle était continuellement l'objet de mauvais traitements du prévenu.

Attendu que les brutalités répétées de B..., ont justement soulevé l'indignation de la population de P... déjà très irritée contre lui en raison du dénûment complet dans lequel, par suite de sa paresse invétérée, il laissait sa femme et son enfant ;

Qu'il leur est même arrivé, parfois, de manquer des aliments de première nécessité, malgré l'intervention charitable assez fréquente de quelques personnes qui attestent le caractère à la fois doux et très craintif de la petite O... et l'attachement que sa mère avait pour elle.

Attendu, d'ailleurs que, dès l'arrivée de l'enfant au domicile conjugal, B... manifesta sa haine pour elle en disant à sa femme : « Tu as amené cette petite-là, mais je ne veux pas la nourrir, il m'est impossible de la voir ni de la sentir, tu travailleras pour elle si tu veux. »

Attendu que dans une autre circonstance, il s'est exprimé ainsi : « Cette sale gosse a vu deux ans, mais elle n'en verra pas trois. »

Qu'à la vérité, B... prétend qu'en tenant ce dernier propos, il entendait dire que : « la petite fille n'habiterait pas avec lui pendant sa troisième année ; » mais que cette explication, du reste tout à fait incompréhensible, ne saurait laisser de doute sur la funèbre pensée qui le hantait ;

Qu'un pareil langage établit nettement quel était le secret espoir nourri par B... et le but révoltant qu'il comptait bien atteindre.

Attendu que les faits relevés à la charge de B.. constituent, non pas le délit de l'article 311 du Code pénal visé dans la citation, mais celui qui est prévu et réprimé par l'article 312, modifié par l'article 1er, paragraphe 3, de la loi du 19 avril 1898.

Sur l'application de la peine.

Attendu que si, dans bien des circonstances, le juge peut apprécier avec indulgence les manquements à certaines lois pénales, conséquence d'une misère parfois imméritée, il doit, au contraire, se montrer d'une rigueur extrême pour toutes infractions à celles qui protègent l'enfance et qui méritent l'approbation et le respect de tous.

Attendu que les brutalités commises sur des enfants, outre qu'elles sont une entrave à leur développement physique, dénotent chez celui qui les commet, une nature méchante sur laquelle la bienfaisante clémence serait sans effet et que la crainte d'un châtiment rigoureux est seule capable de maîtriser.

Qu'il y a donc lieu de faire à B... une application rigoureuse de la loi.

Attendu cependant qu'il convient de le faire bénéficier des dispositions de l'article 463 du Code pénal, non pas que le Tribunal reconnaisse une atténuation quelconque à sa conduite, mais parce qu'il n'a pas subi à ce jour de condamnation, et aussi, en raison de ce qu'il a pu ne pas connaître par suite de sa récente promulgation, toutes les justes sévérités de la loi du 19 avril 1898.

En ce qui concerne l'enfant L... O...

Attendu que malgré l'affection qu'elle témoigne à son enfant, la mère est hors d'état de la protéger contre de nouvelles brutalités possibles de son mari, qui pourraient prendre un caractère encore beaucoup plus grave ;

Que, tant qu'elle sera tenue dans les liens du mariage, il échet, conformément à l'article 5 de la loi sus-visée et, à défaut d'un parent capable de s'en charger, de confier cette enfant jusqu'à l'âge de seize ans à l'assistance publique chargée de l'élever et de l'instruire.

Par ces motifs,

Le tribunal condamne B... à un an d'emprisonnement.

Le déclare privé des droits mentionnés en l'article 42 du Code pénal, pendant cinq ans à partir du jour où il aura subi sa peine.

Confie l'enfant L... O..., en raison de son tout jeune âge, à l'assistance publique.

Dit que, si avant cet âge, les liens du mariage qui unissent les époux B... étaient dissous, la femme B... pourrait reprendre son enfant, sous la condition de justifier qu'elle est en état de subvenir à ses besoins.

# III

## Un enfant incendiaire : acquittement et envoi dans une maison d'assistance.

————

TRIBUNAL DE CHATEAU-THIERRY.

Audience publique du vendredi 3 mars 1899.

*Présidence de M. Magnaud, Président.*

Le Tribunal :

Vu l'article 68 du Code pénal,

Attendu qu'il résulte de l'instruction et des débats, la preuve que R... a volontairement, ainsi qu'il le reconnaît, mis le feu, le 19 février 1899, à une meule d'avoine, non battue, appartenant à M..., ladite meule située aux Fras-lins, commune de Chézy-sur-Marne;

Que ce fait constitue à sa charge le crime prévu et réprimé par l'article 434, paragraphe 8 du Code pénal.

Attendu que R... est âgé de moins de seize ans et paraît avoir agi sans discernement;

Qu'il échet de l'acquitter, conformément à l'article 66 du dit code.

Mais attendu que des renseignements recueillis, il résulte que les parents de ce prévenu n'ont pas les moyens suffisants de le surveiller, ni l'énergie nécessaire pour le maintenir dans la bonne voie;

Que, d'autre part, malgré tous les soins et la surveillance

apportés par l'administration pénitentiaire, les maisons de correction, en raison du contact des enfants vicieux qui y sont placés, ne sont presque toujours que des écoles de démoralisation et de préparation à des crimes ou délits ultérieurs ;

Qu'il y a donc lieu de s'abstenir tout à la fois, de remettre le jeune R... à ses parents, ainsi que de l'envoyer dans une maison de correction ; que c'est, au contraire, le cas de confier sa garde à une institution charitable jusqu'à l'accomplissement de sa dix-huitième année, conformément à l'article 5 de la loi du 19 avril 1898.

Par ces motifs :

Décide que R... a agi sans discernement.

En conséquence, l'acquitte.

Dit qu'il sera remis à l'œuvre des adolescents dirigée par M. Rollet, 6, rue Herschell, à Paris, ou à son défaut à l'Assistance publique, pour y être gardé et instruit jusqu'à l'accomplissement de sa dix-huitième année.

Le condamne au remboursement des frais.

Les trois jugements que l'on vient de lire appellent les mêmes commentaires. Ils seront brefs, la question jugée étant de celles qui ont la rare fortune de provoquer l'unanimité dans l'opinion, sinon dans les tribunaux.

On l'a dit avec raison : entre l'enfance maltraitée et l'enfance criminelle ou délictueuse, il y a une corrélation très étroite. Soit que les violences, les sévices exercés sur des enfants par leurs parents prédisposent à une cruauté, quelquefois criminelle, ceux qui en sont les victimes longtemps et forcément passives, soit qu'un défaut de surveillance chez les parents, leur indifférence, leur faiblesse, jette les enfants aux promiscuités dangereuses de la rue et les entraîne à des actes réprimés par la loi, il y a toujours au départ une absence d'affection tendre ou avertie. Les *mauvais su-*

*jets*, comme les appelle la société, sont à plaindre autant que les *petits martyrs* : les parents des uns et des autres sont mêmement coupables. Et c'est ce qui explique la similitude des mesures prises par le juge de Château-Thierry en deux espèces différentes d'apparence.

D'une part, un garçon vole une montre, un autre volontairement met le feu à une meule, deux actes qualifiés délits par la loi, punissables comme tels. D'autre part, une fillette est martyrisée par le second mari de sa mère sans que celle-ci ait la force de la protéger autrement que par ses larmes. Ici, le juge condamne rigoureusement l'auteur responsable des violences, là il acquitte les auteurs des délits comme ayant agi sans discernement. Mais, dans les trois cas, il enlève les enfants à leurs parents, aussi bien la fillette qui est victime que les garçons qui ont commis un délit, et ce pour des raisons à peu près identiques : les parents des deux petits prévenus n'ont pas les moyens suffisants de les surveiller, ni l'énergie nécessaire pour les maintenir dans la bonne voie, — la mère de la petite martyre, malgré l'affection qu'elle porte à son enfant, n'est pas en état de la protéger contre de nouvelles brutalités possibles de son mari qui pourraient prendre un caractère encore beaucoup plus grave. Et le juge requiert la société de substituer sa protection à celle des parents incapables.

On sait de quelle manière la société comprend ses devoirs de tutelle ; elle s'en décharge sur l'administration *pénitentiaire*, elle envoie les petits êtres qu'elle prétend sauver dans d'infâmes établissements où leur perdition devient certaine, définitive : les maisons de correction, si bien définies par un écrivain très connu

« les écoles normales du crime et de la prostitution [1], »
et dont le président Magnaud écrit à son tour dans un
de ses attendus qu'en raison des enfants vicieux qui y
sont placés, ce sont presque toujours des écoles de démoralisation et de préparation tout à la fois à des crimes et délits ultérieurs. Toute chance de salut est
donc perdue : s'il en pouvait rester une quelconque,
et si minime qu'elle fût, chez les parents déclarés indignes, elle s'évanouit du moment que l'Etat intervient.
Car il semble que l'Etat corrompe tout ce qu'il touche.

Or, une réflexion des plus sérieuses s'impose, qui
devrait, ce semble, préoccuper enfin les législateurs :
un tribunal, jugeant un enfant âgé de moins de seize
ans, *l'acquitte*, et, sitôt cette sentence de délivrance
rendue, on enlève le gamin à ses parents, on l'enferme,
lui acquitté, dans une prison où il restera pendant des
années. (Prison ou maison de correction, entre les
deux il n'est de différence que la dénomination, cela est
connu de tous ceux qui ont un peu étudié le régime
pénitentiaire.) C'est-à-dire que si le prévenu eût été
majeur, il aurait peut-être encouru une peine de deux
ou trois mois de prison : mineur, on l'acquitte comme
ayant agi sans discernement, et, sur cette belle mani-
festation d'indulgence, on le condamne en réalité à quatre, cinq, six ou sept ans d'emprisonnement. La justice
a de ces hypocrisies et de ces mystifications révoltantes.

Le dilemme étant ainsi posé : ou bien rendre les
enfants au martyre et aux mauvais exemples de la

1. M. Henry Fouquier, qui ne s'est jamais lassé d'appeler
l'attention du public et du Parlement sur le danger de confier l'enfance malheureuse à des établissements aussi im-
mondes.

rue, ou bien achever de les corrompre en les enfermant dans les maisons de correction, à quel parti s'arrêter? Ni à l'un ni à l'autre, répond tranquillement le président Magnaud, et, en effet, utilisant un article d'une loi récente, article dont il semble que son importance ait échappé à la presse, car elle ne le signala même pas au public, il confie les enfants à des maisons de patronages privés ou à l'assistance publique.

On sait qu'à la suite d'affaires retentissantes les Chambres décidèrent d'élever les pénalités prononcées contre toute personne coupable de violences envers les enfants de moins de quinze ans. Il en résulta la loi promulguée le 19 avril 1898. Cette loi considère, comme une circonstance aggravante de la violence, le fait d'être exercée par des parents ou ascendants sur leurs enfants. Les parents sont passibles de la peine de réclusion ou même des travaux forcés à temps ou à perpétuité. La rigueur des nouvelles mesures de répression, voilà ce qui intéressa l'opinion publique et ses organes. On alla même jusqu'à prétendre que la loi avait perdu tout véritable caractère de bienfaisance et de protection, à cause du rejet par le Sénat d'un article du projet : par cette disposition, les sociétés protectrices de l'enfance, reconnues d'utilité publique, auraient eu le droit de se porter parties civiles aux procès intentés aux auteurs de violences contre les enfants et de poursuivre ces auteurs par voie de citation directe, en cas de refus du parquet. L'innovation parut dangereuse quant aux abus de dénonciations qui en seraient résultés [1].

1. Malgré les discours de M. Bérenger, l'auteur de la loi de sursis, et de M. Paul Strauss, dont on connaît le dévoue-

Néanmoins, malgré ses lacunes, la loi du 19 avril 1898 est l'une des meilleures (autant qu'une loi peut l'être !) qui aient été faites sous la troisième République. Elle complète la loi, instituée dix ans plus tôt, sur la déchéance des parents indignes. Mais ce n'est pas par son caractère répressif qu'elle nous paraît louable, c'est surtout à cause de certaine disposition tutélaire qui porte un premier coup aux maisons de correction. En effet, elle contient un article 5 qui autorise les magistrats à confier la garde de l'enfant à une personne ou à une institution charitable jusqu'à l'accomplissement de sa dix-huitième année : c'est là, dans cet article, que gît le grand intérêt de la loi. Il fait entrer dans le Code le principe d'une réforme qui aboutirait à la suppression des maisons de correction [1]. M. le président Magnaud, reconnaissant les bienfaisants effets de l'article précité, se hâta d'en assurer les avantages aux enfants traduits devant son tribunal, et c'est lui qui eut l'honneur d'en faire la première application.

Mais, en cette matière même, son exemple est peu suivi. Soit par habitude, soit par haine de toute inno-

ment à l'enfance malheureuse, le Sénat repoussa l'article par 226 voix contre 25. Cependant le principe qu'ils proposaient d'introduire dans la loi a été adopté depuis longtemps en Angleterre et en Amérique, où l'on se félicite des résultats obtenus grâce à l'action préventive des associations protectrices.

1. La Commission de législature criminelle de la Chambre étudie en ce moment un projet de loi ayant pour objet d'enlever à l'administration pénitentiaire les maisons de correction et de les rattacher à l'assistance publique. S'il ne s'agit que d'une question de « rattachement », la réforme serait mince. Peu importe la direction, si l'on ne change pas complètement le système en cours.

vation, la plupart des magistrats usent très peu de cette disposition généreuse. Ils continuent d'acquitter les enfants, et ils continuent de les envoyer dans les maisons de correction. Pour eux, l'article 5 de la loi du 19 avril 1898 n'existe pas. Il semble qu'ils prennent à tâche d'assurer le recrutement des « écoles du crime et de la prostitution ».

# QUATRIÈME PARTIE

---

# LE DROIT DES TRAVAILLEURS

8

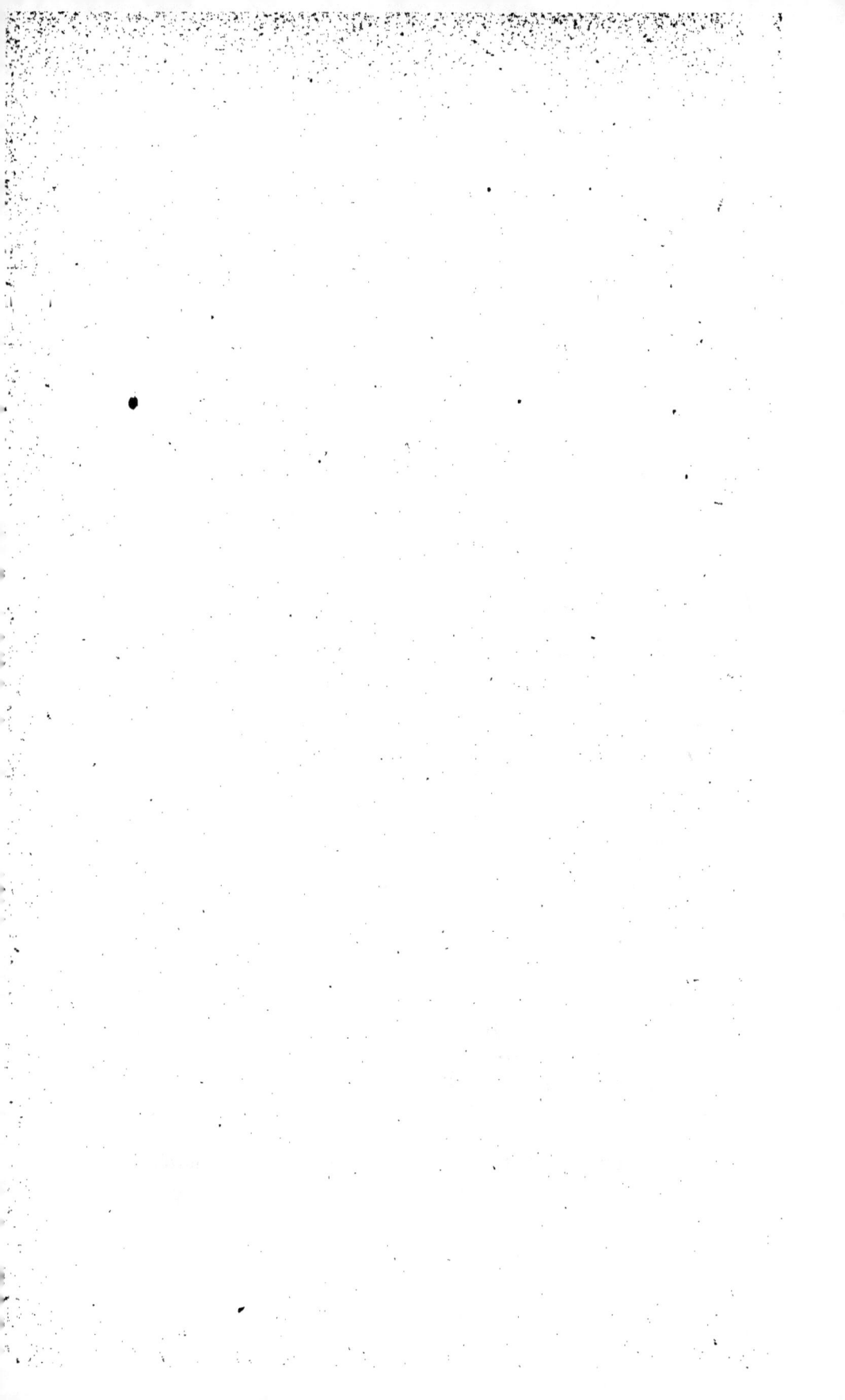

# I

## Congédiement brusque d'un journaliste : condamnation des propriétaires du journal.

———

TRIBUNAL DE CHATEAU-THIERRY.

Audience publique du jeudi 18 novembre 1897.

*Présidence de M. Magnaud, Président.*

Entre A. J. publiciste, ancien directeur politique et rédacteur en chef du *Journal de Château-Thierry*, demeurant à Paris.

Demandeur comparant par M⁰ Bataille, avocat à la cour d'appel de Paris.

D'une part.

Et premièrement.. E... L... imprimeur propriétaire du *Journal de Château-Thierry*, demeurant à Château-Thierry.

Défendeur comparant et plaidant par M⁰ Duprat, avoué.

D'autre part.

Deuxièmement :

1⁰ Général de X...., propriétaire, demeurant au château de X..., commune de A....

2⁰ Comte de Z...., propriétaire, demeurant au même lieu,

3⁰ Y... ancien chef d'institution, demeurant à Château-Thierry.

4⁰ Comte de W...., propriétaire, demeurant au château de W...

5° Comte de V..., propriétaire, demeurant au château de A...

Défendeurs comparant par Mᵉ Bove, avoué, et plaidant par Mᵉ Louchet, avocat à la cour d'appel de Paris.

Encore d'autre part.

Le tribunal, après avoir entendu les avocats et avoués des parties en leurs conclusions et plaidoiries respectives, Monsieur le Procureur de la République aussi en ses conclusions, et après en avoir délibéré conformément à la loi, statuant en matière ordinaire et en premier ressort.

Attendu que A... J... a formé devant ce tribunal contre Z, Y, W, V et A, conjointement et solidairement une demande en paiement :

1° De ses appointements de rédacteur du *Journal de Château-Thierry* calculés à raison de cent cinquante francs par mois pendant treize mois antérieurs au traité dont il sera ci-après parlé.

2° De trois mille six cents francs pour une année d'appointements en vertu de l'article xi du même traité aux offres d'en déduire quatre cent cinquante francs par lui touchés.

3° Trois mille six cents francs pour préjudice matériel causé par son renvoi.

4° Et dix mille francs pour réparation du préjudice moral que lui aurait causé ce renvoi.

Attendu que X... et consorts prétendent qu'aucun lien de droit n'existe entre A... J... et eux et demandent leur mise hors de cause.

Attendu que L... contestant la demande de J... a prétendu que ce dernier était débiteur envers lui d'une certaine somme pour frais d'impression.

Attendu que par jugement avant faire droit du 24 février dernier, le tribunal en réservant expressément à statuer sur la mise hors de cause de R..., et consorts, a commis Bergès expert à l'effet de rechercher quelle a été la situation du *Journal de Château-Thierry* jusqu'au 29 novembre 1895.

Dire si le nombre des abonnements et la vente au numéro ont augmenté ou diminué depuis l'entrée en fonctions de J... et établir le compte des appointements et allocations pou-

vant être dus à ce dernier par l'application du traité sus-
visé.

Rechercher aussi quelle somme peut être due à L... par
J... pour travaux d'imprimerie.

Attendu que l'expert Bergès a déposé son rapport le 12
août dernier.

Sur la mise hors de cause.

Attendu que non seulement depuis le traité intervenu le
29 novembre 1895 entre J... et X... et consorts, mais même
depuis la cession faite par C... à L... les consorts de X...
n'ont jamais cessé d'être les véritables propriétaires et administrateurs du *Journal de Château-Thierry*.

Que L..., chef d'atelier d'abord, et qualifié plus tard le propriétaire de cette imprimerie et du journal, n'a jamais été
dans la réalité que leur prête-nom et leur gérant.

Qu'il serait souverainement inique de faire peser sur cet
ancien ouvrier, honorablement parvenu par son travail et
particulièrement intéressant dans l'espèce, tout le poids des
responsabilités qui peuvent découler des réclamations for-
mulées par J... en vertu du traité en date du 29 novembre 1895, responsabilités qu'il eût peut-être pu éluder, si des
conditions d'intérêt personnel spéciales ne le retenaient, en
demandant lui-même avec plus de raison sa mise hors de
cause.

Que ce traité en son article VII où il est dit : « Dans le
» cas où il y aurait lieu de pourvoir au remplacement de
» Monsieur J... Messieurs les soussignés devraient être ap-
» pelés par Monsieur L... à délibérer avec lui sur le choix
» de son successeur, et ce choix serait déterminé par le
» vote de la majorité des membres qui prendront part à
» cette délibération, » démontre clairement que les consorts
de X... ne sauraient être considérés comme des commandi-
taires simples bailleurs de fonds ou comme des cautions
tenus seulement jusqu'à concurrence de leur commandite
ou de leur cautionnement, mais plutôt comme des associés
en nom collectif tenus solidairement entre eux des obligations de la société.

Que le commanditaire ou la caution n'ont en aucune façon le droit de s'immiscer dans la gestion de l'affaire pour

8.

laquelle ils se sont engagés ; qu'il était impossible de prendre une part plus active à cette gestion qu'en se réservant, comme l'ont fait les consorts de X... le droit de révoquer le Directeur politique et rédacteur en chef du journal qu'ils exploitaient et en usant de cette prérogative.

Qu'ils ont d'ailleurs eux-mêmes tranché nettement la question et établi péremptoirement leur véritable situation vis-à-vis de J... en signant à l'exclusion de L..., la lettre de révocation qui lui a été adressée.

Que cette lettre, ainsi que le traité tout entier du 29 novembre 1895, les lie intimement aux conséquences de l'exploitation du *Journal de Château-Thierry*, non seulement à partir du dit traité, mais encore depuis la cession faite par C... à L... puisqu'un engagement formel y est pris pour cette période dans l'article XII.

Que c'est donc à bon droit que J... a mis en cause les consorts de X... et qu'il y a lieu de les y maintenir.

Sur les appointements pour la période antérieure au traité.

Attendu qu'aux termes de l'article XII sus-visé J... devait, jusqu'à la réalisation de l'équilibre des recettes et des dépenses, toucher une rétribution mensuelle de cent cinquante francs et qu'il a été stipulé que pour le passé il recevrait une indemnité à fixer d'un commun accord ultérieurement.

Que pour la période antérieure au traité, J... réclame une rétribution mensuelle de cent cinquante francs.

Attendu que cette réclamation est extrêmement modérée ; qu'évidemment J... a droit à la rémunération de son travail depuis le 11 novembre 1894 jusqu'au 29 novembre 1895, et que la somme de cent cinquante francs par mois pendant ce ce laps de temps qu'il réclame ne peut être sérieusement contestée.

Qu'il lui est dû de ce chef pour un an et dix-huit jours dix-huit cent quatre-vingt-dix francs.

Sur les appointements postérieurs au traité.

Attendu que d'après l'article XI, à partir du jour où les travaux de l'imprimerie et l'exploitation du journal assureraient l'équilibre des recettes et des dépenses, J... devait recevoir trois cents francs par mois.

Attendu que, quelque incomplète et irrégulière qu'ait été la comptabilité de J... relative à l'exploitation de son imprimerie et du *Journal de Château-Thierry*, il ressort du rapport de l'expert que la situation commerciale était mauvaise et a toujours été en déficit pendant la période qui s'est écoulée du 29 novembre 1895 au 28 octobre 1896 :

Que si quelques-unes des observations présentées par J... pour la représenter comme bien meilleure, méritaient d'être accueillies, il est certain que néanmoins elle n'aurait pu se balancer par des bénéfices.

Qu'en conséquence J... ne saurait prétendre qu'à des appointements de 150 francs par mois depuis le 29 novembre 1894, conformément à l'article XII du traité.

Soit pour une année, 1800 francs.

Sur la réparation du préjudice à la fois matériel et moral.

Attendu qu'usant de la faculté résultant de l'article VII du traité, X... et consorts ont renvoyé brusquement J... sans même que rien ait pu lui faire pressentir à l'avance cette décision.

Qu'après beaucoup d'hésitations on lui offre pour toute indemnité une somme de quatre cen.. cinquante francs représentant trois mois d'appointements.

Attendu qu'un publiciste ne saurait être congédié comme un vulgaire domestique ou comme un simple employé, surtout lorsqu'il occupe, même dans une modeste feuille publique de province, la situation non seulement de rédacteur en chef mais aussi de Directeur politique.

Qu'une indemnité proportionnée à son talent, à son intelligence, à la correction de son attitude ainsi qu'au temps qui lui est nécessaire pour retrouver une autre situation, doit lui être allouée.

Qu'il est incontestable que J... dont le nom n'est pas inconnu même dans la presse parisienne a occupé avec distinction la situation qui lui avait été offerte au *Journal de Château-Thierry*.

Que la forme littéraire de ses articles a toujours été faite pour intéresser sinon pour convaincre ses lecteurs.

Que, si ses efforts n'ont pas été couronnés de succès, on ne saurait en faire grief à son talent, mais aux idées et aux opinions, fort respectables d'ailleurs, mais en quelque sorte préhistoriques, que le *Journal de Château-Thierry* a toujours défendues.

Qu'il convient encore d'ajouter que, pendant que J... dirigeait la feuille dont s'agit, il est parvenu sinon à augmenter, du moins à enrayer la décroissance annuelle de la vente et des abonnements.

Attendu en outre que J... a toujours suivi dans le *Journal de Château-Thierry* la même ligne politique ainsi qu'il s'y était engagé et qu'il n'entrait aucunement dans son rôle de s'occuper des questions locales.

Qu'il avait toute la confiance des consorts de X... et notamment de X... personnellement, l'âme de cette association de fait morale qui s'est traduite par le traité du 29 novembre 1895, à tel point que celui-ci lui adressait les lettres les plus confidentielles sur les personnalités plus ou moins compromettantes de leur parti.

Qu'il suffît pour établir cette entière confiance qu'on avait en lui de lire une seule de ces lettres, laquelle sera enregistrée en même temps que le présent jugement, où de X... lui confie qu'il faut taire le projet de résurrection du journal à l'archiprêtre de Château-Thierry et s'exprime ainsi : « Quant
» à l'archiprêtre, il m'est fort difficile de juger de sa situa-
» tion vis-à-vis de nous, je vous en laisse juge ainsi que
» Monsieur L... Mais c'est introduire parmi nous la trom-
» pette du jugement dernier et un élément autoritaire et
» dissolvant. Mon avis bien net est le suivant : Ne pas lui
» parler de l'affaire avant qu'elle ne soit réglée, lui faire
» ensuite une visite pour lui expliquer que nous n'avons
» pas voulu le mêler à une affaire qui le rendrait militant
» et entraînerait pour lui vis-à-vis de la Municipalité et de
» ses paroissiens des complications gênantes (etc)... Quant
» à la duchesse d'Uzès vous pouvez frapper à sa porte, mais
» ce sera vraisemblablement sans succès... on peut tout de
» même essayer. »

Que celui auquel on fait de semblables confidences, pour lequel on déchire tous les voiles, auquel on ne craint pas d'écrire que la duchesse d'Uzès se montrera probablement sourde à son appel de fonds dans l'intérêt du journal, ne peut être considéré comme un simple comparse que l'on congédie sans phrases et surtout sans une indemnité proportionnelle à la situation toute de confiance qu'il occupait, surtout lorsque, comme dans l'espèce, ce renvoi est absolument injustifié et peut même être défavorablement interprété pour celui qui en est la victime.

Attendu que le Tribunal a les éléments nécessaires en tenant compte de toutes les conditions ci-dessus exposées pour fixer l'indemnité due à J... par les consorts de R... et L... pour réparation de préjudice moral et matériel que son brusque renvoi lui a causé.

Que cette indemnité doit être fixée à la somme de trois mille francs à laquelle il y a lieu d'ajouter l'insertion du présent jugement dans les trois journaux paraissant à Château-Thierry.

Sur la demande en paiement d'une somme de 1241 francs 72 formée par L... contre J...

Attendu que L... réduit sa demande de 1241 francs à 286 francs 89 centimes que J... a dès le début reconnu devoir cette somme ;

Qu'il reconnaît aussi avoir touché sur ses appointements une autre somme de 450 francs ; qu'il y a lieu d'en donner acte à L... et de déduire lesdites sommes de celles que les consorts de X... et L... devront payer à J...

Par ces motifs.

Maintient en cause les consorts de X...

Condamne de X, de Z, Y, de W, de V, de A, et L. conjointement et solidairement à payer à J...

1° la somme de 1890 francs pour appointements antérieurs au traité ;

2° Celle de 1800 francs pour appointements postérieurs au traité ;

3° Celle de 3000 francs à titre de dommages-intérêts.

Dit que de ces sommes seront déduites, celle de 450 francs que J... reconnaît avoir reçue sur appointements et celle de 286 francs 89 centimes que J... reconnaît devoir à L...

Ordonne l'insertion du présent jugement dans les trois journaux paraissant à Château-Thierry.

Condamne tous les défendeurs sous la même solidarité en

tous les dépens dont distraction est prononcée au profit de
M⁰ Méténier avoué, qui l'a requise sous l'affirmation de
droit.

Ce qui sera exécuté suivant la loi. Ainsi jugé publiquement.

Les propriétaires de journaux contestent généralement les droits commerciaux des journalistes qu'ils
emploient. Ils prétendent avoir la faculté de les renvoyer du jour au lendemain selon leur bon plaisir.
Quelquefois ils daignent leur offrir une indemnité dérisoire. Ce sans-gêne éhonté est pratiqué par de riches politiciens, par des brasseurs d'affaires, toutes
gens qui ont l'habitude de spéculer sur la naïveté ou
la misère d'autrui, au détriment de travailleurs à qui
une situation peu fortunée, alliée à la nécessité de
trouver sans retard un poste nouveau, ne permet pas
les longues et coûteuses revendications judiciaires.
Tant de considérations d'ordre privé incitent le journaliste injustement congédié à courber la tête : s'il
engage un procès contre le journal d'où il sort, ne
nuira-t-il pas à son parti? N'y gagnera-t-il pas pour
lui-même une réputation de « mauvais coucheur » dont
le premier effet sera de lui fermer les portes des autres journaux? Cette quasi-impuissance est escomptée
largement par les propriétaires : ils en profitent avec
cynisme.

(Ce sont là surtout mœurs de province. Dans la
presse départementale, le besoin vital réduit un grand
nombre de journalistes à se laisser exploiter ou flouer
par les propriétaires des feuilles pour lesquelles ils ne
ménagent cependant ni leur dévouement, ni leur talent, ni leur existence. Comme toujours, quelques pa-

trons font exception à la règle, mais ils sont si rares
que leur honnêteté souligne plus fortement les pratiques
condamnables des ambitieux qui s'exercent à *rouler*
d'abord « leurs » journalistes, avant que de tromper
« leurs » électeurs.)

Lorsqu'il arrive qu'un journaliste confie ses intérêts
aux tribunaux, ceux-ci se montrent envers lui plutôt
défavorables. Derrière le juge chargé d'apprécier le
dommage causé, l'homme subsiste qui se souvient des
attaques de la presse contre la magistrature [1]... Il en
résulte, ou que le journaliste est débouté de sa de-

1. En son livre intitulé *le Tribunal de Vuillermoz*, l'ancien
magistrat A. Baumann cite un exemple admirable de ces
basses vengeances. Il s'agit d'un président du ressort de
Nancy, qui profite d'un procès de presse pour essayer de
« flétrir », en ses considérants emphatiques, un journaliste
dont il avait été d'ailleurs le très plat et très vil courtisan
avant que de prendre parti contre lui par calcul politique.
On rapporte que ce même magistrat (car le personnage
existe en chair et en os, et il *rend la justice!...*) voulut se
rendre agréable au député de son arrondissement par le
moyen suivant : une légère effervescence populaire s'étant
produite, il fit arrêter, sous le prétexte le plus futile, le
chef du parti socialiste, et, en requérant une condamnation
à DEUX ANS DE PRISON, il se flatta de supprimer ainsi le
seul concurrent redoutable du député en fonctions. Mais
cet acte monstrueux parut tellement infâme que le jugement fut cassé en appel, et lorsque le procureur (ce ne fut
que plus tard qu'il parvint à la présidence par son esprit
d'intrigue et de servilité) lorsqu'il se présenta, tout fier de
son œuvre, devant le député, celui-ci, qui était un honnête
homme, lui dit avec mépris : « Monsieur le procureur, vous
venez de commettre une belle canaillerie!... » — Des traits
de cette nature démontrent que si la magistrature peut
s'honorer de compter dans ses rangs de braves et honnêtes
gens, tels le président Magnaud et certains autres, elle re-
cèle aussi d'assez beaux types de forbans... Et comment
veut-on que le peuple ait de l'estime pour ces espèces!

mande, ou qu'il n'obtient satisfaction que dans des proportions ridicules.

Les journalistes doivent donc une véritable reconnaissance au président Magnaud pour avoir proclamé leurs droits en un jugement dont ils devraient souhaiter qu'il établisse la jurisprudence définitive à leur égard [1].

Il est incontestable que le président Magnaud a raison d'écrire « qu'un journaliste ne saurait être congédié comme un vulgaire domestique ou comme un simple employé », qu'il lui est dû « une indemnité proportionnée à son talent, à son intelligence, à la correction de son attitude, ainsi qu'au temps qui lui est nécessaire pour retrouver une autre situation. » Pas n'est besoin de développer ces deux vérités. Il est compréhensible qu'un homme qui occupe dans un journal une situation toute d'initiative et de confiance a droit à des égards, moralement et pécuniairement. On n'a pas le droit de le jeter à la rue, du jour au lendemain, après des années de services ardus, souvent périlleux, sans lui devoir des dommages-intérêts sérieux. Cela s'entend proportionnellement de tous les journalistes, les grands et les humbles. En accordant au rédacteur du *Journal de Château-Thierry* une indemnité de 3,000 francs au lieu de celle de 450 francs qui lui était offerte, le président Magnaud a établi les

---

1. Il y a tant de gens mal intentionnés qu'il est utile de rappeler la date de ce jugement : il est du 18 novembre 1897, c'est-à-dire d'une époque où la presse ne s'occupait pas encore du tribunal de Château-Thierry. Les adversaires du président Magnaud ne pourront donc pas rééditer à ce sujet le reproche ridicule et immérité de « penser à la réclame. »

droits des écrivains de la presse : à ceux-ci de les faire valoir avec fermeté dans l'avenir.

(Il est remarquable que les ouvriers de la plume soient moins courageux que les ouvriers de l'outil dans la revendication de leurs droits. Les premiers ont enseigné aux seconds les avantages de la solidarité, des grèves, des syndicats professionnels. Or, tandis que les ouvriers de l'outil mettaient à profit ces leçons, les ouvriers de la plume étaient les seuls à ne pas pratiquer leurs propres conseils. Ils ont bien créé des syndicats et des associations professionnelles, mais ils se sont empressés d'y placer, et dans les postes de direction, les *patrons*. Il est naturel que ceux-ci aient profité de cette maladresse inouïe pour annihiler les *travailleurs*. Les journalistes ne sont pas près d'exercer, par exemple, le droit de grève...)

———

Ouvrier victime d'un accident dans son travail :
condamnation des patrons à des dommages-intérêts provisoires [1].

———

TRIBUNAL DE CHATEAU-THIERRY.

*Audience des référés tenue le 12 juillet 1899, par M. Magnaud,
Président.*

Entre. . . . . . . . . . . . . . . . . . . . . . .
. . . . . . . . . . . . . . . . . . . . . . . . . . .

Nous, Président,

Attendu qu'il n'est pas méconnu que le 12 décembre 1898,
S... employé au service de N... ait été victime d'un accident
qui, lui occasionnant la perte à peu près complète de la
vue, le mit dans un état d'infirmité permanente ; qu'il lui
est maintenant impossible de pourvoir à sa subsistance, à
celle de sa femme et de ses six enfants, dont cinq à sa
charge.

Attendu qu'en raison de cet accident, il a formé devant le
Tribunal de Château-Thierry, avec le bénéfice de l'assis-
tance judiciaire, une demande en dommages-intérêts contre
G... représentant de N... et contre N... lui-même ;

Que, sans attendre la solution de cette instance qui ne

[1]. Il s'agit ici d'un accident survenu avant la promulgation de la nouvelle loi sur les accidents professionnels.

peut intervenir immédiatement à cause des délais de procédure, S... se trouvant dans le dénûment le plus complet, demande en référé, à titre de provision, une somme de 750 francs, montant des dépenses occasionnées par l'accident et, en outre, le bénéfice de l'assurance contractée en son nom par X...

Attendu qu'il est conclu à la mise hors de cause de G...; qu'au nom de N... il est opposé; que le bénéfice de l'assistance judiciaire accordé à S... pour l'instance en dommages-intérêts ne s'étend pas à une procédure de référé; qu'il n'y a pas urgence et, qu'enfin, la demande en paiement faisant l'objet de l'instance au fond, il n'y a lieu d'allouer aucune somme à titre de provision, avec exécution provisoire de l'ordonnance.

Sur le bénéfice de l'assistance judiciaire :

Attendu que le bénéfice de l'assistance judiciaire accordé à l'effet de former une demande en dommages-intérêts s'étend à toutes les procédures que peut nécessiter l'instance devant la juridiction pour laquelle il a été obtenu; que la demande en référé n'est qu'un incident de la demande principale.

Sur la mise hors de cause de G... :

Attendu que G..., contre-maître, est resté étranger à l'obligation des patrons, relative à l'assurance dont il sera ci-après parlé;

Qu'il n'y a donc lieu de le retenir en référé.

Sur la compétence :

Attendu que tous les cas urgents sont de la compétence du juge des référés;

Que, s'il en est un qui présente au suprême degré ce caractère, c'est celui où une mesure est sollicitée pour atténuer l'extrême misère dans laquelle toute une famille se débat par suite d'un terrible accident de travail survenu à son chef, auquel personne n'est venu en aide depuis sept mois et à qui les fournisseurs, las d'attendre une indemnité qui ne vient jamais, refusent maintenant tout crédit;

Qu'aucune argutie juridique ne saurait prévaloir contre l'urgence de remédier à une pareille situation;

Qu'en conséquence, le juge des référés est compétent.

Sur la provision alimentaire demandée :

Attendu que S... a perdu la vue dans une explosion de mine et qu'il est dans l'impossibilité de se livrer à aucun travail ; qu'il n'a reçu pendant la durée de son traitement à l'hôpital que les deux francs cinquante centimes par jour lui appartenant en propre en vertu d'une assurance collective contractée par ses patrons à son profit et représentant la moitié de son salaire journalier ; que, depuis la cessation des soins médicaux, c'est-à-dire depuis le 11 mars 1899, il n'a plus rien touché, quoiqu'il eût à sa charge sa femme et cinq enfants dont le plus jeune est âgé seulement de dix-huit mois ; qu'il est étranger et que la commune de Blesmes dans laquelle il réside n'a pu lui venir en aide, en raison de cette qualité ;

Attendu que, sur son salaire, son patron a toujours retenu 1 franc 80 pour cent pour sa part dans l'assurance collective, en cas d'accident dont il vient d'être parlé ;

Que, sans qu'il y ait aujourd'hui à discuter la question de responsabilité d'accident et de dommages-intérêts, c'est-à-dire le fond, il est certain que, par suite de la retenue opérée sur le salaire pour l'assurance, les patrons se trouvent débiteurs d'une somme absolument liquide envers l'ouvrier par le seul fait de l'accident et de ses conséquences, somme fixée et prévue d'avance sur le contrat d'assurances que le patron et la compagnie connaissent seuls et dont ils ne donnent pas même connaissance aujourd'hui au demandeur ;

Que cette somme est la propriété de l'ouvrier blessé, sans contestation possible ;

Qu'il n'est pas admissible qu'un patron puisse se retrancher, pour ne pas en verser immédiatement à l'intéressé au moins une partie, sauf son recours, sur ce que la question n'est pas jugée au fond, puisque cette indemnité est absolument étrangère au débat qui va s'engager devant le Tribunal sur la responsabilité de l'accident ;

Que, pour parer aux besoins urgents du demandeur, il y a lieu d'ordonner qu'une somme de cinq cents francs, d'ailleurs bien inférieure à celle qui est due par le seul fait de l'accident, sera prélevée sur l'indemnité appartenant, dès à présent, de ce chef à S... et lui sera immédiatement versée par N... ses patrons, sauf leur recours contre l'assureur;

Qu'il y a d'autant plus lieu d'exiger ce versement immédiat, qu'il n'apparaît pas que les consorts N... se soient conformés à la loi du 29 juin 1894, concernant les ouvriers employés dans les mines et carrières, en opérant un prélèvement sur le salaire de leur ouvrier et en versant eux-mêmes leur part contributive à la caisse des secours, créée par la dite loi, caisse à laquelle S... eût pu s'adresser en attendant la solution du litige pendant entre lui et ses patrons;

Que la mesure sollicitée s'impose d'autant plus qu'une loi nouvelle et bienfaisante, dont ne peut malheureusement se prévaloir le demandeur, prescrit les formes les plus expéditives pour arriver au règlement immédiat des indemnités dues aux victimes des accidents du travail 1;

Que toutes les subtilités juridiques, derrière lesquelles se retranchent les défendeurs, ne sauraient avoir d'autre conséquence, si elles étaient accueillies, que de laisser juridiquement mourir de faim une famille dont le chef est, dès à présent, créancier incontestable d'une somme importante, eu égard à sa situation précaire.

Sur l'exécution provisoire :

Attendu que les défendeurs ont constamment retenu 1 franc 80 pour cent de son salaire à S..., s'engageant de la sorte envers lui, sauf leur recours contre l'assureur, au paiement d'une certaine somme, suivant la nature de l'accident;

Qu'il y a ainsi promesse reconnue, dont l'accident survenu permet d'ordonner l'exécution provisoire et immédiate.

Par ces motifs :

Au principal, renvoyons les parties à se pourvoir ;

Et cependant, dès à présent et par provision, vu l'urgence,

1. Loi du 9 avril 1898, appliquée dans le jugement suivant.

Disons que les sieurs N... seront tenus de verser immédiatement à titre de provision à S... la somme de cinq cents francs à valoir sur le bénéfice de l'assurance qui a dû être contractée à son profit.

Ordonnons l'exécution provisoire de la présente ordonnance, nonobstant opposition ou appel sur minute, sans caution et même avant enregistrement.

Disons n'y avoir lieu de retenir G... en cause au présent référé.

Commettons P... huissier à Château-Thierry, pour le rétablissement de la minute au greffe.

Un ouvrier est victime d'un accident au cours de son travail. Il forme devant les tribunaux, avec le bénéfice de l'assistance judiciaire, une demande en dommages-intérêts contre ses patrons. Des mois s'écouleront avant qu'intervienne une solution, à cause des délais de procédure. L'ouvrier est marié, père de six enfants, et, maintenant, du fait de son accident, réduit à un état d'infirmité permanente. Naturellement, puisqu'il ne travaille pas et qu'il n'a pas de rentes, le voilà sans ressources. Pendant quelques semaines, pendant des mois même, ses fournisseurs lui font crédit : ne savent-ils pas qu'ils seront payés lorsque leur client malheureux aura obtenu les dommages-intérêts auxquels il a droit? Mais le temps passe, la cause n'est pas appelée, le procès, pour des raisons diverses, est remis de mois en mois. Les fournisseurs commencent à perdre patience et à s'inquiéter. L'ouvrier blessé a certainement droit à une indemnité élevée, cela est incontestable, ils n'en doutent pas. Seulement, ils ont entendu parler des subtilités juridiques auxquelles recourent les patrons dont la responsabilité financière est en jeu. Ils redoutent que

l'ouvrier ne puisse attendre, qu'il ne soit obligé de
transiger pour une somme de beaucoup inférieure à
la somme espérée, et qu'alors ils ne soient les premières
victimes de l'égoïsme patronal. Dès lors, méfiants, ils
coupent tout crédit.

L'ouvrier se trouve réduit à la famine. Il est dans
le dénûment le plus complet. Avec cela désarmé. Les
tribunaux étant saisis, il doit attendre. Cependant,
durant qu'il travaillait, une retenue était régulièrement opérée sur son salaire à l'effet de participer à la
prime d'assurance collective contractée par son patron. Cet argent, prélevé sur le fruit de son travail,
est bien à lui : pourquoi son patron, qui est par suite
son débiteur, ne lui restituerait-il pas tout de suite
une partie de cet argent en attendant la solution du
litige pendant entre eux ? Ce ne serait que justice, puisque les sommes versées par lui avaient précisément
pour but de l'assurer contre les accidents. Mais le patron ne l'entend pas de cette manière. Que l'ouvrier,
blessé à son service, meure de faim avec les siens, ce
n'est pas son affaire : c'est celle des tribunaux, et il
espère bien en être quitte à bon compte — le plus
tard possible — grâce à toutes les arguties de la jurisprudence. Il refuse donc le versement immédiat de
la somme liquide dont il est bel et bien le débiteur.

L'ouvrier a obtenu l'assistance judiciaire. Il en bénéficie pour aller en référé. Il prend le président du
tribunal à témoin de sa misère et de son impuissance.
Heureusement pour lui, le juge auquel il s'adresse est
le président Magnaud. Celui-ci s'empresse de déclarer
que tous les cas urgents sont de la compétence des référés, que, s'il en est un qui présente au suprême de-

gré ce caractère, « c'est celui où une mesure est sollicitée pour atténuer l'extrême misère dans laquelle
toute une famille se débat par suite d'un terrible accident de travail survenu à son chef, *auquel personne
n'est venu en aide depuis sept mois* », pas même le patron... En vain, la partie adverse invoque-t-elle le procès engagé, la jurisprudence établie : le président Magnaud n'admet point qu'aucune argutie juridique
puisse prévaloir contre l'urgence de remédier à une
pareille situation. Et, écartant la question de responsabilité de l'accident et des dommages-intérêts, n'en-
visageant que la question d'indemnité provenant des
retenues de salaire pour l'assurance collective, il condamne le patron à verser immédiatement à son ouvrier, et à titre de provision, une somme de cinq cents
francs à valoir sur le bénéfice de l'assurance contractée à son profit.

Il n'y a pas de motifs d'ordre juridique qui puissent
être opposés à cette sentence : elle tire toute sa force
de cette vérité qu'il n'est pas possible de laisser juridiquement mourir de faim, selon les propres expressions du président Magnaud, une famille dont le chef
est à l'égard de son patron créancier incontestable
d'une somme importante eu égard à sa situation précaire.

# III

## Un ouvrier victime de son travail : condamnation sévère du patron.

---

Tribunal de Château-Thierry.

Audience du 17 janvier 1900.

*Présidence de M. Magnaud, Président.*

Le Tribunal...

Attendu que par jugement rendu par défaut faute de conclure le 8 septembre dernier, le Tribunal a condamné X... frères conjointement et solidairement à payer à la femme D... et à son fils mineur, âgé de moins de 16 ans, une rente annuelle et viagère de 1160 francs qui serait réduite à 1000 francs à compter du jour où le mineur aura atteint l'âge de 16 ans, et cent francs pour frais funéraires, le tout en conformité de la loi du 9 avril 1898.

Attendu que X... frères sont opposants à l'exécution de ce jugement.

Que leur opposition est régulière en la forme.

*Au fond.* — Attendu que X... frères acceptent la fixation du salaire à 1600 francs par an, et se déclarent prêts à exécuter le jugement en payant à la dame D... tous les termes échus de la pension de 320 francs qui lui est due, et de celle de 240 francs due au mineur, ensemble celle de 100 francs pour frais funéraires.

9.

Que leur opposition ne porte donc que sur le supplément de pension alimentaire basé sur la faute inexcusable du patron.

### Sur la faute inexcusable des frères X...

**En droit.** — Attendu que la loi du 9 avril 1898 a entendu couper court aux habituelles fluctuations de la jurisprudence, à ses interprétations byzantines et toujours rigoureuses pour les ouvriers victimes d'accidents de travail, et enfin aux lenteurs de la justice dont la célérité, en d'aussi douloureuses et urgentes circonstances, devrait être la première des qualités.

Attendu que dans ce but, supprimant toutes les distinctions enchevêtrées précédemment établies sur les preuves longues, coûteuses et difficiles sinon impossibles, imposées à la malheureuse victime de l'accident qui n'arrivait bien souvent qu'à se voir refuser toute indemnité, la loi nouvelle a englobé dans une sorte de forfait tous les cas fortuits aussi bien que les fautes légères ou même lourdes tant de l'ouvrier que du patron, pour créer, exclusivement à la charge de ce dernier, un risque professionnel.

Que la charge de ce risque pour le patron, est d'autant plus rationnelle et équitable que celui-ci a le droit, le devoir et le pouvoir de surveiller son ouvrier ainsi que de s'opposer à ses imprudences, tandis que l'ouvrier ne peut, en raison de sa situation instable et dépendante, que s'opposer timidement et dans la crainte d'être expulsé, aux procédés expéditifs du patron destinés le plus souvent à lui faire réaliser un plus fort bénéfice.

Qu'enfin c'est l'ouvrier seul qui produit et qui expose sa santé ou sa vie au profit exclusif du patron, lequel ne peut compromettre que son capital.

Attendu que le principe du risque professionnel ainsi bien exposé, la loi a ensuite fixé les indemnités forfaitaires qui devront être payées à l'ouvrier ou ses ayants-droit pour les incapacités temporaires ou permanentes résultant d'un accident, ou lorsque cet accident aura été suivi de mort.

Que toutefois, aux règles édictées pour cette fixation, deux exceptions ont été apportées, la première quand la faute qui a amené l'accident a été intentionnelle de la part de la victime, la deuxième lorsque soit le patron, soit la victime ont commis une faute inexcusable ; dans le premier cas pas d'indemnité, dans le second augmentation ou diminution de l'indemnité.

Attendu que la faute intentionnelle est celle qui a été volontairement commise pour produire un accident et se créer ainsi des droits à une indemnité, ou encore, cas infiniment plus rare, celle qui, commise dans un but criminel, a déterminé un accident dont l'auteur par suite de circonstances imprévues, s'est trouvé lui-même victime.

Qu'on comprend fort bien qu'en pareil cas le législateur ait supprimé toute indemnité puisqu'il ne s'agit plus d'un accident causé par le travail, mais bien par une machination frauduleuse ou criminelle.

Attendu que la faute inexcusable est celle que le patron ou l'ouvrier devait éviter s'il n'avait pas fait preuve d'une négligence ou d'une incurie en quelque sorte coupables et que tout homme soucieux de la vie de ses semblables ou de la sienne, sinon de ses propres intérêts, ne doit pas commettre.

Que telle est par exemple celle qui résulte de la persistance dans l'emploi de certains procédés ou modes de travail que la plus élémentaire prudence commandait d'urgence d'abandonner ou de faire abandonner en raison d'accidents antérieurement survenus, ou encore l'infraction continuelle et délictueuse aux prescriptions tutélaires édictées par des lois et réglements qu'un ouvrier peut ne connaître que très imparfaitement, mais qu'un chef d'entreprise ou d'industrie ne peut ignorer ni laisser enfreindre.

Qu'entre la faute intentionnelle et les fautes ordinaires, la faute inexcusable devait avoir sa place dans la loi pour en aggraver ou atténuer les effets ; que c'est du reste avec raison, puisque lorsqu'elle existe, le travail n'a été que la cause indirecte de l'accident, tandis que la faute inexcusable en a été la cause principale et déterminante.

Attendu que, dans de pareilles conditions de légèreté coupable et d'imprévoyance les dangers d'accidents pour l'ouvrier et le risque professionnel du patron se trouvant considérablement augmentés, il est équitable d'augmenter ou de restreindre suivant les cas, les droits des victimes de pareilles fautes, dans la limite tracée par la loi en ces circonstances.

Qu'évidemment, l'ouvrier ou ses ayants-droit, dont la situation est particulièrement intéressante, pourra dans certains cas, pâtir de sa faute inexcusable par suite de la réduction de son indemnité, mais que ce cas sera infiniment plus rare pour lui que pour le patron.

Qu'en effet la faute de l'ouvrier sera toujours plus excusable que celle du patron, car le premier en la commettant n'aura été exagérément imprudent que poussé par le désir particulièrement excusable d'augmenter sa situation si souvent précaire, tandis que le second, qui n'expose que ses capitaux, n'aura agi que pour accroître ses bénéfices sans risquer sa vie.

Attendu enfin qu'il ne faut pas perdre de vue que la loi du 9 avril 1898, sur les accidents du travail, a été faite surtout pour améliorer le sort des travailleurs et de leur famille privée temporairement ou définitivement de son chef, et qu'en conséquence pour répondre au vœu du législateur elle doit être interprétée dans le sens le plus favorable aux ouvriers.

*En fait.* Attendu que s'appuyant sur ces principes il convient d'examiner au point de vue de la faute inexcusable reprochée aux entrepreneurs, dans quelles conditions est survenu l'accident qui a amené la mort de D...

Attendu que D... était depuis plusieurs années ouvrier terrassier au service de X... frères, chargé de déblayer dans les carrières des grès exploités par ses patrons, la couche de terre recouvrant la masse exploitable : qu'à cet effet il était payé à raison de tant par mètre cube de terre enlevée avec faculté pour lui de se faire aider, si bon lui semblait, par d'autres ouvriers de son choix; qu'en outre la plus grande partie du matériel nécessaire à l'enlèvement des terres lui était fournie par son patron.

Qu'il recevait des ordres pour se transporter d'une carrière à une autre, effectuait son travail sous la surveilla-

et suivant les instructions de G... représentant de X... frères depuis plusieurs années dans la région et chargé, ainsi qu'il l'a déclaré dans l'enquête, de lui payer son salaire.

Qu'il ressort bien de cette situation que D... n'était ni un entrepreneur ni même un tâcheron, mais un ouvrier, tout au plus contre-maître au regard d'autres ouvriers étrangers à X... frères, parce qu'on lui avait laissé la faculté de se faire aider.

Que d'ailleurs en acceptant de payer aux ayants-droit de D... l'indemnité prévue par la loi en cas de mort de l'ouvrier, les opposants ont nettement reconnu à D... la qualité d'ouvrier, et qu'on ne s'explique pas très bien qu'au sujet du supplément d'indemnité réclamé par sa famille pour faute inexcusable, cette qualité d'ouvrier lui soit en quelque sorte contestée.

Attendu que le 15 juillet 1899 D... qui travaillait dans la carrière du T... à E... a été tué par la chute d'une galette de terre d'un mètre cube environ, tombant d'une hauteur de 7 mètres 50.

Attendu que de l'enquête à laquelle il a été procédé par M. le juge de paix il résulte que la tranchée de la carrière était perpendiculaire après l'accident et que dès lors la masse de terre qui s'en est détachée était en surplomb contrairement aux lois, décret et règlements en vigueur qui obligent les exploitants de carrière à arrêter l'exploitation de la masse à compter des bords de la fouille à une distance horizontale réglée à un mètre par chaque mètre d'épaisseur des terres de recouvrement.

Qu'il ressort aussi de la même enquête que la carrière du T... a toujours été exploitée de la même façon irrégulière et dangereuse sans que jamais X... frères ou leur représentant s'y soient opposés ou aient même fait la moindre objection à cet égard ; que cependant deux accidents causés par des éboulements et qui auraient dû leur servir d'avertissement, s'étaient antérieurement produits.

Qu'en outre, circonstance fort grave encore, des coups de mine pour faire sauter la masse exploitable, étaient très fréquemment tirés dans la carrière; que la dernière explosion remontait à peu de jours et s'était produite à quelques mètres seulement de la galette de terre cause de l'accident, augmentant ainsi ses chances de chute brusque déjà si nombreuses par suite de sa position en surplomb.

Attendu qu'en permettant à D... de procéder depuis longtemps d'une façon aussi périlleuse, X... frères facilitaient la tâche de cet ouvrier, ce qui leur permettait d'augmenter leurs bénéfices en ne lui payant qu'un moindre salaire et en réalisant plus rapidement la masse exploitable.

Que vainement X... frères pour établir qu'il n'y a pas faute inexcusable de leur part, se retranchent derrière ce fait qu'ils n'ont été l'objet d'aucune poursuite correctionnelle.

Mais attendu que l'inaction du Parquet en cette circonstance importe peu au Tribunal, qui n'a pas à s'en préoccuper ni à en rechercher les causes.

Que ce qui est indiscutable, c'est qu'une infraction très grave et délictueuse aux règlements sur l'exploitation des carrières a été commise par X... frères.

Qu'en outre la conséquence de cette inobservation des règlements a été la mort d'un homme, fait qui constitue le délit prévu et réprimé par l'article 319 du Code pénal.

Qu'il en résulte que la mort de l'ouvrier D... est due à une faute inexcusable de la part de ses patrons.

Qu'il convient toutefois de rendre à leur humanité cette justice, que, dès le prononcé du jugement par défaut auquel aujourd'hui ils ne font opposition que sur un point, ils ont versé aux ayants-droit de D... afin de leur venir immédiatement en aide, les indemnités ordinaires fixées par le Tribunal.

Attendu d'autre part que D... a été quelque peu téméraire en consentant à travailler dans des conditions aussi dangereuses.

Qu'il y a lieu de tenir compte de cette imprudence relative que sa situation de dépendance d'un ouvrier rend cependant très excusable pour n'accorder à ses ayants-droit qu'une partie de la majoration permise par la loi en cas de faute inexcusable du patron.

Par ces motifs et adoptant en outre tous ceux du premier jugement.

En la forme : Reçoit X... frères opposants au jugement

par défaut faute de conclure rendu contre eux le huit septembre dernier.

Au fond : Donne acte aux ayants-droit de D... de ce que X... frères se déclarent prêts à lui payer à titre de rente viagère annuelle pour la veuve la somme de 320 francs, et pour le mineur jusqu'à ce qu'il ait atteint l'âge de 16 ans, la somme annuelle de 240 francs déjà arbitrées par le Tribunal.

Maintient en raison de leur faute inexcusable les dispositions du jugement frappé d'opposition, en conséquence les condamne en outre conjointement et solidairement à payer aux dits ayants-droit un supplément de 440 francs par an pour la veuve, et de 160 francs par an pour le mineur, jusqu'au jour où cesseront les droits du mineur.

Dit qu'à compter de ce jour le supplément à payer à la veuve sera porté à 680 francs de façon à lui constituer avec les 320 francs d'indemnité forfaitaire une rente annuelle et viagère de 1000 francs.

Condamne les opposants sous la même solidarité aux dépens.

Plaidants : Me Thevenet, du barreau de Paris.

Me Raison, de Château-Thierry.

Les remarquables attendus de ce jugement sont un commentaire éloquent et humain de la loi du 9 avril 1898.

Après des péripéties parlementaires qui ne durèrent pas moins de dix-sept ans, le principe du risque professionnel des patrons envers les ouvriers fut enfin consacré par cette nouvelle loi. Elle établissait la responsabilité des accidents dont les ouvriers sont victimes dans leur travail. Tout ouvrier ou employé victime d'un accident survenu par le fait du travail ou à l'occasion du travail, dans toute industrie où il est fait usage d'une machine mue par une force autre que celle de l'homme ou des animaux, a droit à son profit, ou au profit de ses ayants-droits, à une indemnité à la charge

de son patron. Ce principe est d'une telle justice qu'il
serait permis de s'étonner qu'il ait fallu tant d'années
pour le faire entrer dans la loi, si l'on n'avait déjà
constaté qu'en France les réformes ne sont réalisées
qu'après une résistance acharnée des privilégiés.

La loi du 9 avril 1898 constitue une importante amélioration du sort des ouvriers. Le président Magnaud
dit excellemment qu'elle a entendu couper court aux
habituelles fluctuations de la jurisprudence, à ses interprétations byzantines et toujours rigoureuses pour
les ouvriers victimes d'accidents du travail, et enfin
« aux lenteurs de la justice dont la célérité, en d'aussi
douloureuses et urgentes circonstances, devrait être la
première des qualités ». C'est une arme de défense aux
mains du salariat contre les abus excessifs du patronat.

Il est certain que les industriels chercheront à tourner cette loi comme les puissants font de tant d'autres.
Sans doute mettront-ils de leur côté les défenseurs les
plus immédiats de la société, c'est-à-dire les magistrats de parquet. Ceux-ci se garderont bien de les poursuivre lorsque le cas écherra, et alors, quand la victime et ses héritiers dénonceront au tribunal la faute
du patron, le chef d'industrie se retranchera derrière
ce fait qu'il n'a été l'objet d'aucune poursuite correctionnelle. On a vu par quelle vigoureuse fin de non-
recevoir le président Magnaud a repoussé une prétention de cette nature : « Attendu que l'inaction du
Parquet en cette circonstance importe peu au tribunal
qui n'a pas à s'en préoccuper ni à en rechercher les
causes. » L'attendu ne vise pas le seul chef d'industrie : il frappe directement le Parquet qui, ayant connaissance d'un accident produit par un éboulement

dans une carrière, accident ayant amené mort d'homme,
n'a pas exercé les poursuites de droit quoique l'inobservation des règlements par le patron fût flagrante.
Oui, les industriels rencontreront des complices zélés
dans certains magistrats doux aux puissants autant
qu'ils sont durs aux faibles. Mais, les ouvriers avertis,
il leur appartient d'exercer une surveillance étroite
sur les hommes chargés par la société d'appliquer les
lois de protection du salariat.

Un autre considérant est à relever dans ce jugement. Avec cette belle crânerie qui lui défend de
passer à côté des vérités quand elles s'offrent à lui, le
président Magnaud, jugeant les responsabilités du travail et du capital, écrit : « C'est l'ouvrier seul qui produit et qui expose sa santé ou sa vie au profit exclusif du patron, lequel ne peut compromettre que son
capital. » On ne saurait plus catégoriquement délimi-
ter la part de l'un et de l'autre, ni plus justement.
Que le capital coure des risques nombreux, on ne le
nie pas, mais, si grands soient ces risques, ils ne seront jamais à la hauteur du péril personnel de l'ouvrier. Celui-ci, à travailler au profit d'un patron, joue
sa vie, pas moins : lorsqu'il la compromet ou qu'il la
perd en cours de travail, n'est-il pas naturel que le
bénéficiaire de sa peine, cause de ses accidents ou de
sa mort, soit tenu dé les réparer dans les mesures
les plus larges[1] ?

1. Bien entendu, la Cour d'Amiens s'est empressée d'infir-
mer ce jugement. Dans sa précipitation, elle a même étayé
un de ses principaux motifs sur un décret abrogé par le
décret même sur lequel le tribunal de Château-Thierry
s'appuie pour démontrer la *faute inexcusable* du patron.

# IV

## Ouvrier congédié pour faits de grève : condamnation du patron en dommages-intérêts.

TRIBUNAL CIVIL DE CHATEAU-THIERRY.

Audience du jeudi 7 décembre 1899.

*Présidence de M. Magnaud, Président.*

Le Tribunal :

Attendu que G... réclame à B... la somme de 350 francs pour travaux de moisson effectués et dommages-intérêts résultant de la rupture des conventions entre lui et B...

En la forme :

Attendu que B... conclut à l'incompétence du tribunal en prétendant que cette demande rentre dans la catégorie des actions déférées par la loi du 25 mai 1838 à la juridiction du juge de paix.

Attendu que les conventions intervenues entre G... et B... constituent un marché à forfait pour effectuer la moisson, à raison d'un prix convenu par hectare ;

Qu'il ne s'agit donc pas de contestations relatives aux engagements de gens de travail au jour, au mois ou à l'année, mais d'une entreprise dont le Tribunal est seul compétent pour connaître.

Au fond :

Sur le prix des travaux exécutés et la validité des offres.

Attendu que G... a traité avec B... au prix de 40 francs l'hectare pour moissonner le seigle et le blé.

Attendu que B... ayant proposé à G... et aux autres mois-sonneurs qui travaillaient avec lui d'élever ce prix à 42 francs l'hectare, sous la condition qu'ils couperaient immédiatement les avoines au prix de 20 francs l'hectare, tous, après hésitation, ont accepté, sauf G... ;

Que c'est à tort que G... prétend que, lui aussi, a accepté ce nouveau prix ;

Que son refus d'acceptation découle, non pas seulement de ce qu'il a insisté beaucoup auprès de ses camarades pour leur faire repousser les nouvelles conditions de B..., mais aussi et surtout de ce qu'il n'a pas rempli la première de toutes qui était d'abandonner momentanément la coupe du blé, comme l'ont fait les autres moissonneurs, pour se met-tre à faucher les avoines ;

Que, d'ailleurs, et à aucun moment, il n'a fauché d'a-voine ;

Qu'il en résulte que la moisson de seigle et blé qu'il a effectuée ne doit lui être payée par B... qu'à raison de 40 francs l'hectare et non pas 42, soit pour la quantité moissonnée 93 francs au lieu de 97 francs 65 qu'il réclame.

Attendu que B... ayant fait des offres régulières de cette somme, il y a lieu de les valider.

Sur les dommages-intérêts pour privation de gain :

Attendu que B... déclare que le seul grief qui l'a déter-miné à expulser de ses terres le moissonneur G..., c'est que celui-ci engageait ses compagnons à abandonner la ferme plutôt que d'exécuter, aux conditions offertes, le nouveau travail de moisson d'avoine qu'il leur proposait.

Attendu que G... ne fait aucune difficulté de reconnaître qu'il a, en effet, donné ce conseil aux autres moissonneurs au sujet des nouvelles propositions dont s'agit et ce, dans le but d'obtenir une rémunération plus avantageuse.

Attendu qu'en agissant de la sorte, le moissonneur G... n'a fait qu'user de l'incontestable droit qu'ont tous les tra-vailleurs, auxquels la rétribution de leur travail paraît, à tort ou à raison, insuffisante, d'arriver, par des moyens licites, à obtenir une rémunération plus élevée ;

Que ce droit, non seulement appartient à l'ouvrier lui-même, mais à tous ceux qui, même sans faire partie du prolétariat, prennent sa défense et cherchent par leurs conseils éclairés et désintéressés à améliorer son sort.

Attendu qu'en donnant à ses compagnons de moisson le conseil de cesser leur travail, plutôt que d'accepter les offres faites qu'il jugeait insuffisantes, G... n'a usé ni de violences, voies de fait, menaces ou manœuvres frauduleuses que prohibe et réprime l'article 414 du Code pénal;

Qu'il est resté, en conséquence, dans les limites du droit de coalition reconnu par la loi et que l'exercice de ce droit ne peut être considéré, ainsi que le prétend le patron B..., comme un délit ou un quasi-délit pouvant autoriser de sa part la rupture d'un contrat de louage d'ouvrage et l'expulsion de G... des travaux de moisson qu'il avait entrepris.

Que B... était d'autant moins fondé à expulser G... que celui-ci n'était pas, au surplus, un ouvrier à la tâche, mais exécutait un travail à forfait.

Attendu que la conséquence de l'acte de B... a été de priver G... du bénéfice résultant du travail qu'il avait entrepris de faire, aidé de sa famille.

Attendu que des explications fournies aux débats, il résulte que la quantité de récoltes en blé et seigle que G.. aurait encore eu à faire au moment où il a été congédié, était d'environ un hectare et demi et qu'il y a lieu de fixer à 65 francs l'indemnité à lui due pour privation du gain qu'il aurait tiré de ce travail.

Par ces motifs,

Se déclare compétent.

Donne acte à G... de l'offre faite par B... de lui payer 93 francs pour les travaux de fauchage de seigle et blé par lui exécutés.

Déclare cette offre suffisante, la valide.

Condamne B... à payer à G... la somme de soixante-cinq francs à titre d'indemnité pour les causes sus-énoncées, ensemble les intérêts de la dite somme tels que de droit.

Et attendu que les parties succombent respectivement, fait masse des dépens liquidés à 67 francs 60, lesquels seront

supportés : trois quarts par B... et un quart par G... et en prononce distraction dans ces proportions au profit des avoués
de la cause qui l'ont requise sous l'affirmation de droit.

Le droit de coalition ou droit de grève est aujour-
d'hui un droit reconnu. Il n'en a pas toujours été ainsi.
Même après son introduction officielle dans le Code,
il fut annihilé dans la pratique par les autorités gou-
vernementales. La première circulaire ministérielle qui
le reconnaisse expressément, qui en affirme en termes
précis le principe jusque-là encore tourné ou contesté,
ne date que du 27 février 1884. Elle avait pour auteur
M. Waldeck-Rousseau, ministre de l'Intérieur [1]. Et
c'est aussi à l'initiative du père de la loi sur les syndicats professionnels que l'on doit « le traité pratique
des devoirs du gouvernement en matière de grèves [2] ». Néanmoins, devant les tribunaux, grâce à ces
subtilités et à ces arguties juridiques dont le président Magnaud s'est déclaré l'ennemi en maints attendus, il est arrivé, il arrive encore au principe du droit
de grève de succomber.

On ne peut être surpris, connaissant l'équité du président Magnaud, qu'ayant à juger une affaire où ce
principe était en jeu, il se soit loyalement incliné devant le droit des travailleurs. Si ceux-ci n'avaient plus
la faculté de se concerter en vue de la défense de leurs
intérêts, si un patron avait le droit de renvoyer un ouvrier coupable d'engager ses camarades à revendiquer

1. Voir les *Questions Sociales*, par M. Waldeck-Rousseau,
1 vol. in-18, chez Fasquelle, 1900.
2. Discours prononcé à la Chambre des Députés par
M. Waldeck-Rousseau, président du Conseil, le 18 janvier 1900.

le juste salaire qui leur est dû, le salariat retomberait
aux conditions de l'esclavage. Le président Magnaud
a pour lui la loi, la raison, la justice, quand il affirme
à son tour que les travailleurs, auxquels la rétribution
de leur travail paraît à tort ou à raison insuffisante,
ont « l'incontestable droit d'arriver par des moyens
licites à obtenir une rémunération plus élevée ». Il a
encore pour lui l'équité, la solidarité, la fraternité,
quand il ajoute, et ceci est tout à fait remarquable,
« que ce droit non seulement appartient à l'ouvrier
lui-même, mais à tous ceux qui, même sans faire partie du prolétariat, prennent sa défense et cherchent,
par leurs conseils éclairés et désintéressés, à améliorer
son sort ». [1] Car, après avoir été obligé par la loi de

1. Est-il besoin de dire que ces deux attendus furent
vivement relevés par la presse patronale? Le *Journal des
Débats*, naturellement, qualifiait le jugement d'*injustifiable
et absurde*... Par contre, le président Magnaud, entre autres
approbations, reçut la lettre suivante (*Petite République* du
20 mars 1900) :

UNION DES SYNDICATS DU DÉPARTEMENT DE LA SEINE.

*A Monsieur le Président du Tribunal de Château-Thierry.*

Monsieur le Président,

Les délégués des syndicats ouvriers fédérés à l'Union des
Syndicats du département de la Seine, après avoir pris
connaissance du jugement rendu par le tribunal dont vous
êtes l'impartial président, dans l'affaire B..., patron, contre
G..., ouvrier moissonneur, et relativement à la demande
d'indemnité de ce dernier pour brusque renvoi à la suite
d'une grève ;

Approuvent entièrement les considérants de ce jugement,
lequel consacre d'une façon indéniable le droit qu'ont les
travailleurs de cesser le travail alors qu'ils s'aperçoivent
qu'ils sont frustrés par leurs employeurs.

Vous démontrez par ce fait qu'il est matériellement impossible, alors que la loi du 21 mars 1884 abrogeait l'article
416 du Code pénal, aussi bien pour les syndiqués que les non

reconnaître le droit de grève, le capital a cru possible de le limiter aux seuls ouvriers *directement* intéressés : isoler les travailleurs, dresser entre eux et leurs défenseurs une ligne de séparation infranchissable, n'était-ce pas les tenir toujours dans l'ignorance continue de leurs droits, pour les mieux garder sous la tutelle patronale?

Le lieu commun n'est pas tombé en désuétude, qui qualifie les conseillers de la classe ouvrière de « commis-voyageurs en grèves ». Et, certainement, il a pu se produire, il se produira des abus. Oui, il y aura des hommes qui exploiteront la misère des travailleurs dans un but d'ambition personnelle. Pourquoi exigerait-on *d'en bas* une humanité plus parfaite que celle *d'en haut*? Les patrons seraient mal venus, en vérité,

syndiqués, il n'y avait plus délit pour les ouvriers de se concerter en vue de préparer une grève, et que l'interdiction par suite d'un plan concerté cesse d'être considérée comme atteinte au libre exercice de l'industrie et du travail, et vous ajoutez avec raison (contrairement aux assertions des partisans du droit du plus fort, qui nous traitent de provocateurs, meneurs, commis-voyageurs en grève, etc., etc.), que ce droit non seulement appartient à l'ouvrier lui-même, mais à tous ceux qui même sans faire partie du prolétariat prennent sa défense et cherchent par leurs conseils éclairés et désintéressés à améliorer leur sort, et reconnaissant que l'ouvrier G... avait raison, vous condamniez le patron B... à lui payer l'indemnité réclamée.

C'est pourquoi, Monsieur le président, les travailleurs étant habitués depuis si longtemps à voir rendre des jugements iniques par la magistrature à la dévotion de la classe bourgeoise et capitaliste, vous félicitent une fois de plus pour vos si justes jugements.

Et vous prient Monsieur le président, d'agréer l'expression de leur plus sincère considération.

Pour et par ordre :

Le secrétaire, BAUMÉ.

à reprocher aux conférenciers populaires d'abuser de
la crédulité des masses pour élever sur elle leur fortune
politique, eux qui ne craignent pas de fonder leur fortune privée sur l'exploitation du travail. Mais, lors
même que quelques uns des orateurs écoutés du peuple ne rechercheraient dans une grève que l'occasion
d'enlever un mandat électoral, ces fâcheuses exceptions
(qui se produisent sous une autre forme en tous les
partis) ne sauraient nuire à un droit intangible, le droit
inné, qui appartient à tout individu, d'éclairer ses semblables sur leur propre situation, sur la légitimité de
leurs revendications.

Est-ce que ce droit n'a pas été exercé au cours du
siècle par tous les partis politiques? Est-ce que dans le
but d'amener à soi la majorité du pays, tous les réformateurs n'ont pas recouru à la propagande écrite ou
parlée? N'est-ce point par ce moyen qu'ont triomphé
peu à peu les idées de progrès? La liberté de la presse,
le suffrage universel, le service obligatoire, la laïcité
des écoles, le divorce, toutes ces grandes réformes,
pour ne citer que celles-là, n'ont-elles pas été conqui-
ses sous l'influence de l'opinion publique endoctrinée
et mise en mouvement par les « commis-voyageurs de
la politique »? Pourquoi les efforts de propagande admis dans le domaine politique seraient-ils interdits
dans le domaine économique? Pourquoi la bourgeoi-
sie, après avoir acclamé et glorifié tout un siècle les
individualités qui l'ont instruite et armée de ses
pouvoirs, refuserait-elle la même liberté aux individualités qui ont résolu de renseigner les ouvriers sur
les améliorations possibles de leur sort, sur les droits
du salariat, sur les devoirs du patronat?

# CINQUIÈME PARTIE

---

# LE DROIT DU PUBLIC
## CONTRE LES GRANDES COMPAGNIES

10

# I

## Marchandises avariées en cours de transports : condamnation de la C$^{ie}$ de l'Est.

———

TRIBUNAL DE CHATEAU-THIERRY.

Audience du jeudi, 1$^{er}$ décembre 1887.

*Présidence de M. Magnaud, Président.*

Le Tribunal,

Attendu que D... était destinaire de douze pièces de cidre dites demi-muids à lui expédiées par Moulin de Gournay en Bray le sept octobre dernier, contenant ensemble soixante-huit hectolitres trente litres.

Attendu qu'à leur arrivée à Neuilly-Saint-Front des manquants et des avaries ont été constatés par procès-verbal de P... huissier à Neuilly-Saint-Front, du quatorze octobre dernier.

Attendu que les parties sont d'accord sur l'importance des manquants constatés dans les fûts expédiés à D... par M... et sur la gravité des avaries survenues à deux d'entre eux, mais que la Compagnie des Chemins de fer de l'Est, se borne à dire que, suivant une jurisprudence admise, c'est à D... pour lequel l'expéditeur a demandé le transport au prix du tarif le plus réduit et par la voie la plus courte, à prouver qu'une faute lui est imputable.

Attendu qu'aucune jurisprudence ne saurait faire échec

à la loi lorsqu'elle est aussi claire et aussi précise que dans l'article 103 du Code de commerce aux termes duquel le voiturier demeure garant de la perte et des avaries des objets à lui confiés sauf le cas de force majeure ; que si tout ou partie des objets acceptés par lui sans réserve sont perdus ou avariés, la présomption est qu'il est en faute, que c'est donc à lui qu'il appartient de démontrer le contraire, sans qu'il y ait à se préoccuper si la chose transportée l'a été par tarif général ou par tarif spécial.

Attendu qu'on objecte que les tarifs spéciaux étant plus avantageux pour le destinataire que les tarifs généraux, il est juste de renverser en faveur du transporteur l'ordre de choses établi et d'obliger le premier à faire la preuve de la faute du second ; que, du reste, l'expéditeur doit bien savoir à quoi il s'expose puisque dans les conditions générales homologuées des tarifs spéciaux se trouve insérée la clause suivante : « *La Compagnie ne répond des déchets et avaries de route* ».

Mais attendu que si les tarifs spéciaux sont avantageux pour le destinataire ou l'expéditeur, ils ne le sont pas moins pour les Compagnies de chemin fer qui, par suite de ces tarifs réduits, transportent une quantité bien plus considérable de marchandises.

Qu'au surplus la clause précitée, repoussant toute responsabilité, surtout conçue en termes aussi absolus, est illicite, nul ne pouvant stipuler qu'il ne répondra pas de sa faute personnelle, et n'a été insérée par les Compagnies de chemin de fer que pour en imposer aux ignorants de leurs droits, et éviter ainsi un certain nombre de réclamations.

Que de semblables stipulations, si elles étaient admises, seraient particulièrement dangereuses de la part des dites Compagnies à raison de leur monopole.

Attendu en fait que la Compagnie de l'Est a reçu sans aucune réserve de la Compagnie du Nord qui, elle-même, les avait acceptés dans les mêmes conditions, de M... expéditeur pour être remis à D..., les fûts de cidre avariés et incomplets dont s'agit dans le litige actuel.

Qu'elle est donc présumée les avoir reçus en bon état, sauf la preuve contraire qui lui incombe.

Attendu qu'elle ne fait pas cette preuve et qu'il résulte du procès verbal de constat sus-énoncé qu'un déficit de cinq cent soixante-dix-sept litres existe dans cinq des fûts expédiés, ce qui à raison de seize francs l'hectolitre représente une valeur de quatre-vingt-douze francs trente-deux centimes et que deux d'entre eux sont fortement endommagés et nécessitent de sérieuses réparations.

Attendu enfin que l'ensemble desdits faits a causé au demandeur un préjudice dont réparation lui est due et que le Tribunal a les éléments nécessaires pour évaluer l'importance des dommages-intérêts à lui accorder.

Par ces motifs :

Condamne la Compagnie des Chemins de fer de l'Est à payer à D...

1° La somme de quatre-vingt-douze francs trente-deux centimes représentant la valeur du cidre en déficit.

2° La somme de dix francs pour réparation des fûts endommagés ; la condamne en outre en vingt-cinq francs de dommages-intérêts envers D... aux intérêts des dites sommes tels que de droit et en tous les dépens. ,

# II

## Perte de marchandises : condamnation de la C<sup>ie</sup> de l'Est.

---

TRIBUNAL DE CHATEAU-THIERRY, jugeant commercialement.

*Présidence de M. Magnaud, Président.*

Audience publique du jeudi 9 mars 1893.

Entre C... D... négociant, demeurant à Château-Thierry, Demandeur.

Comparant par M<sup>e</sup> Cholain avoué son mandataire.
    D'une part.

Et la Compagnie de l'Est dont le siège est à Paris.
    Défendeur.

Comparant par M<sup>e</sup> Dupont, avoué, son mandataire.
    D'autre part.

Le Tribunal après avoir entendu les mandataires des parties en leurs conclusions et après en avoir délibéré conformément à la loi, statuant en matière de commerce et en dernier ressort.

Attendu que C. D... réclame à la Compagnie de l'Est 1° 99 francs 45 c. pour valeur d'une balle à lui expédiée le 11 décembre dernier par W... frères de Lille et non parvenue, et cent vingt francs pour préjudice résultant tant de la non livraison de cette balle que pour retard dans la livraison d'une autre balle de toile de ménage expédiée par les mêmes le même jour.

Attendu qu'il n'est pas méconnu par la Compagnie que la balle de toile de ménage marquée DD 4847 a été livrée à C... D... avec un retard de trois jours.

Que le seul fait de retard est préjudiciable à un commerçant.

Attendu que l'autre balle marquée DD 4848 composée de services damassés de table, et facturée au prix de 99 fr. 45 ainsi qu'il en est justifié n'est jamais parvenue à C. D...

Que le caractère pressé de cette commande est établi par une lettre confirmant un télégramme expédié par C. D..., que le préjudice évalué par ce dernier à trente pour cent n'est pas exagéré.

Qu'il y a même lieu de s'étonner qu'une demande aussi légitime ait été qualifiée à l'audience par la Compagnie de « véritable exploitation. »

Que la Compagnie sait bien que ces expressions pourraient s'appliquer bien mieux à certaines sociétés anonymes, puissantes par l'argent de leurs actionnaires, qui, dans bien des cas où leurs torts sont évidents, menacent néanmoins d'un recours en cassation leurs adversaires moins fortunés et presque dans l'impossibilité de les suivre sur un terrain aussi coûteux, uniquement pour les amener à composition et les faire ainsi renoncer à tout ou partie des réparations équitables qui leur ont été déjà accordées devant d'autres juridictions.

Que ces procédés odieux qu'on ne saurait trop flétrir ne tendent à rien moins qu'à faire fléchir le bon droit devant la puissance de l'argent.

Attendu qu'il convient dans ces conditions de faire droit à la demande de C... D... et de lui allouer : 1° 99 francs 45 centimes pour valeur de la balle non parvenue ; 2° 30 francs pour le préjudice résultant de cette non livraison, et 3° 10 francs pour le préjudice résultant du retard dans la livraison de l'autre balle.

Par ces motifs,

Condamne la Compagnie de l'E... à payer à C... D...

1° La somme de 19 fr. 45 centimes pour valeur de la balle non parvenue.

2° Celle de 30 francs pour le préjudice résultant de cette non livraison.

3° Et celle de 10 francs pour préjudice causé par le retard dans la livraison de l'autre balle; ensemble les intérêts des dites sommes tels que de droit et les dépens que le tribunal taxe et liquide à la somme de 8 francs 95 centimes, y compris le coût de la demande mise au rôle et appel de cause, mais hors et non compris 11 francs 25 centimes à titre de dommages-intérêts judiciaires, et le coût, enregistrement, expédition et signification de ce jugement.

Ce qui sera exécuté suivant la loi. Ainsi jugé publiquement.

# III

## Accident de Chemin de fer : faute de la C<sup>ie</sup> de l'Est.

TRIBUNAL DE CHATEAU-THIERRY,

Audience du 24 mars 1899.

*Présidence de M. Magnaud, Président.*

Le Tribunal,

Attendu que E..., garde-frein à la Compagnie des chemins de fer de l'Est, desservait le train 38/20 parti de Château-Thierry sur la Ferté-Milon le 4 mars 1899, à 2 heures du soir.

Attendu qu'au passage à niveau de Nanteuil-Notre-Dame, la dame S..., en descendait avec ses trois enfants, lorsque, par suite de la remise en marche du train sur le signal donné par le garde-frein E... qui n'avait pas quitté son fourgon et ne s'était pas assuré que le service était terminé elle a été renversée sur la voie et blessée légèrement au côté droit et à la tête.

Attendu que c'est par son imprudence et par suite d'une inobservation des règlements, que E... a involontairement été la cause de cet accident.

Qu'en effet, l'article 26 de l'ordonnance du 15 novembre 1846 porte que le signal du départ ne doit être donné qu'après que les portières sont fermées. Qu'alors même, comme c'est le cas pour le train dont s'agit, que les voitures en service sont dépourvues de portières, cet article 26 doit s'interpréter en ce sens que le chef de train doit descendre de son fourgon et s'assurer le long du train que les voyageurs ont achevé de descendre ou monter, avant de donner le signal du départ.

Attendu qu'il est établi, au contraire, que E..., n'est pas descendu. Qu'il a ainsi contrevenu audit article et commis le délit prévu et réprimé par l'article 19 de la loi du 15 juillet 1845.

Mais attendu que, pendant longtemps, la Compagnie de l'Est avait eu la singulière prétention d'astreindre les voyageurs à prévenir lorsqu'ils avaient à monter ou descendre aux passages à niveau-haltes, alors cependant que les arrêts sont prévus et figurent aux horaires ; qu'il en est résulté que les chefs de train avaient pris l'habitude de ne pas descendre, à moins d'être au préalable avertis et qu'encore bien que, depuis quelque temps, l'arrêt soit devenu obligatoire, sans que les voyageurs aient à prévenir, l'habitude prise par les chefs de train de ne pas descendre, si ce n'est lorsqu'ils étaient prévenus, subsiste encore du fait de la Compagnie et doit être considérée comme une circonstance très atténuante du délit commis par E...

Qu'en raison aussi des longs et loyaux services que cet agent a rendus à la Compagnie, il échet de lui faire une très large application des dispositions de l'article 463 du Code pénal.

Par ces motifs, le Tribunal condamne E... à un franc d'amende.

Suspend l'exécution de cette peine.

# IV

**Poursuites contre un voyageur pour contravention : acquittement du voyageur et condamnation de la C$^{ie}$ aux dépens.**

———

TRIBUNAL CORRECTIONNEL DE CHATEAU-THIERRY.

Audience du 22 décembre 1899.

*Présidence de M. Magnaud, président,*

*Ministère public contre D... C$^{ie}$ de l'Est partie civile.*

Attendu que D... est poursuivi pour avoir, les 9 et 10 septembre 1899, à Château-Thierry, contrevenu à l'article 6 du paragraphe 2 du Tarif spécial homologué G. V. n° 3, en se servant de sa carte d'abonnement pour faire le trafic de la messagerie entre Paris et Château-Thierry.

Attendu que le ministère public requiert que, conformément à l'article 79 de l'Ordonnance du 15 novembre 1846, application soit faite à D..., de l'article 21 de la loi du 15 juillet 1845.

Attendu que la Compagnie de l'Est, estimant que le trafic auquel s'est livré D... lui a causé un préjudice, déclare se porter partie civile ;

Qu'en raison de l'intérêt matériel qu'elle peut avoir dans la poursuite, il y a lieu de l'admettre aux débats en cette qualité.

Attendu qu'aux conditions particulières du Tarif précité

Il est dit : 1°... 2° *L'abonné prend l'engagement de ne point faire au détriment de la Compagnie le trafic de la messagerie, en présentant comme lui appartenant des colis groupés, ne faisant point partie de son bagage personnel.*

Attendu que D... déclare qu'il n'ignorait pas cette clause;

Qu'il est établi par les débats qu'il y a contrevenu à la date des 9 et 10 novembre 1899, en faisant enregistrer comme bagage personnel deux colis groupés destinés à d'autres personnes, et qu'en outre, il transportait dans un panier en osier, conservé auprès de lui dans son compartiment, un certain nombre d'autres petits paquets destinés à divers habitants de Château-Thierry.

*En ce qui concerne les colis non enregistrés transportés auprès de lui par D... :*

Attendu qu'en prenant l'engagement de ne pas faire le trafic de la messagerie, D... ne s'est obligé qu'à ne pas user du droit de franchise de 30 kilos accordé à tout voyageur, pour faire enregistrer gratuitement, à concurrence de ce poids, et en payant, pour l'excédent, un supplément inférieur au tarif de grande vitesse, des colis ne lui appartenant pas;

Que d'ailleurs sur ce point, cette prohibition paraît exister pour tout voyageur, à moins qu'il ne s'agisse de bagages appartenant à des personnes de sa famille ou avec lesquelles il est lié d'amitié et voyageant avec lui;

Qu'on ne saurait avoir la prétention d'empêcher un voyageur, abonné ou non, de transporter auprès de lui comme bagages à la main et dans la limite de ce qui peut être toléré sans gêner les autres voyageurs, des paquets que des amis, connaissances, ou même d'autres personnes ont pu le charger de rapporter pour leur compte;

Que contester ce droit au voyageur, serait admettre que les agents des Compagnies pourraient se livrer à une véritable inquisition et à des demandes et recherches parfaitement indiscrètes au sujet des colis qu'on transporte avec soi;

Qu'une pareille prétention ne saurait, à aucun point de vue, être acceptée et qu'il en résulte que le fait reproché de ce chef à D... ne constitue même pas un manquement aux conditions du Tarif G. V. n° 3.

*Sur les colis enregistrés par D..., à l'aide de sa carte d'abonnement :*

Attendu qu'il est bien évident que l'acceptation par un voyageur ou expéditeur d'un Tarif de chemin de fer, est loin d'être absolument libre, puisqu'en raison du monopole des Compagnies, il est bien obligé d'admettre sans discussion et sans pouvoir s'adresser à une Compagnie concurrente, le Tarif qui lui est proposé, ou plutôt imposé.

Attendu toutefois que D..., quoique dans ces conditions de liberté limitée, a accepté le Tarif G. V. n° 3 avec les obligations qui en découlent, et qu'en groupant des colis appartenant à diverses personnes et les faisant enregistrer à l'aide de sa carte d'abonnement, il a enfreint l'une des clauses de ce Tarif spécial homologué auquel il s'était soumis.

Mais attendu que toute infraction aux Règlements et Tarifs homologués ne saurait emporter avec elle une sanction pénale ;

Qu'il importe de distinguer entre les Règlements ayant trait à l'exploitation technique, c'est-à-dire à la police, à la sûreté, à la conservation et à la circulation des chemins de fer et les Tarifs se référant à l'exploitation commerciale ;

Que les premiers sont les seuls susceptibles d'une sanction pénale, parce qu'ils sont pris dans un but d'intérêt général et de sécurité publique et prescrivent des mesures relatives à la sûreté et à la commodité des personnes, au bon ordre et à l'exactitude de la circulation sur les voies ferrées, tel par exemple le Règlement qui fixe, conformément à l'article 13 de l'Ordonnance du 15 novembre 1849, les heures de départ et d'arrivée des trains ;

Qu'il suffit de lire le titre et le texte de la loi du 15 juillet 1845 et de l'Ordonnance du 15 novembre 1846, pour se convaincre qu'en dehors des faits contraventionnels qui y sont spécialement énumérés, il n'a été établi de pénalité que pour l'inobservation des Règlements homologués se rapportant à l'exploitation technique, et que ne tombent sous la sanction de l'article 21 de la loi du 15 juillet 1845, que les infractions aux mesures relatives à la circulation des chemins de fer et à la protection des personnes ;

11

Qu'il ne saurait en être de même des Tarifs concernant purement et simplement le trafic commercial ;

Que si ces Tarifs sont, eux aussi, homologués par le Ministre des Travaux publics, c'est uniquement pour satisfaire au vœu de la loi qui exige que les conditions *quasiléonines* proposées par les Compagnies, soient l'objet d'un certain contrôle dans l'intérêt du public qui n'est pas appelé à les discuter ;

Que le manquement aux clauses d'un de ces Tarifs commerciaux ne peut avoir d'autre conséquence pour celui qui l'a commis, qu'une demande en dommages-intérêts, mais qu'aucune pénalité ne saurait être appliquée en vertu des articles 79 de l'Ordonnance du 15 novembre 1846 et 21 de la loi du 15 juillet 1845 pour contravention à des arrêtés du Ministre des Travaux publics rendus sur des matières qui rentrent dans l'exploitation commerciale ;

Qu'à la vérité, toute la jurisprudence s'est rangée naturellement et comme d'instinct, du côté de la répression la plus étendue et prétend que l'infraction à tout Tarif homologué quel qu'il soit, entraîne une pénalité ;

Qu'une aussi rigoureuse doctrine devrait au moins aller jusqu'à ses extrêmes conséquences et conclure à des poursuites correctionnelles, même en matière commerciale, aussi bien contre les Compagnies que contre les particuliers ;

Qu'il est à remarquer, cependant, que cette interprétation si draconienne pour le public n'est jamais poussée jusqu'au bout en ce qui concerne les Compagnies et que, notamment, on ne les voit jamais poursuivies en la personne de leurs représentants responsables, soit pour perception indue, soit pour retard dans la livraison des marchandises ;

Que cependant, dans ces deux cas, comme dans une foule d'autres, il y a de leur part une infraction très nette à des Tarifs homologués ;

Que la mansuétude de l'action publique paraît même s'étendre à leur égard jusqu'aux plus graves manquements à des règlements homologués, édictés dans l'intérêt de la sûreté des voyageurs, règlements qui eux, à n'en pas douter, sont pris en conformité de la loi de 1845 et de l'Ordon-

nance de 1846 et comportent une sanction pénale pour ceux
qui les enfreignent ;

Que s'il est, en effet, un Règlement homologué qui exige
la plus scrupuleuse observation, à peine de sanction pénale, c'est bien celui qui, se référant à la circulation des
convois, fixe l'heure de leur départ et de leur arrivée ;

Que de sa stricte application dépend la sécurité des voyageurs qui devrait être considérée comme autrement intéressante que le trafic des marchandises ;

Que c'est même dans le but d'atteindre pénalement toutes
les infractions commises audit Règlement que le législateur, comprenant sa suprême importance, a prescrit dans
l'article 42 de l'Ordonnance de 1846, la tenue d'un registre
spécial destiné à signaler les retards des trains ;

Que néanmoins on ne constate jamais aucune poursuite
correctionnelle exercée pour infraction à cet horaire, non
pas contre de simples agents ou employés dont l'excuse résiderait soit dans le surmenage, soit dans le matériel trop
souvent insuffisant et défectueux qu'on leur confie pour assurer leur tâche, mais contre ceux qui ont la haute responsabilité de ce matériel ainsi que de la traction et de la circulation des trains ;

Que s'il convient de rendre à la Compagnie de l'Est, partie
civile, cette justice que de pareilles contraventions seraient
rarement relevées à sa charge, tout au moins dans notre
région, il n'en saurait être de même sur d'autres réseaux
où la vie des voyageurs est sans cesse à la merci de la négligence et de l'inexactitude de l'exploitation technique.

Attendu que le Tarif G. V. n° 3 relatif aux cartes d'abonnement, que D... aurait enfreint, ne rentre pas dans la catégorie des Tarifs homologués relatifs à l'exploitation
technique, et ne se réfère en conséquence qu'à l'exploitation
commerciale de la Compagnie de l'Est ;

Que l'inobservation d'une des clauses d'un Tarif de cette
nature ne saurait entraîner de poursuites correctionnelles
et ne peut que servir de base à une demande en dommages-intérêts devant la juridiction compétente ;

Qu'il serait vraiment singulier qu'aux avantages considérables que tirent les Compagnies de chemins de fer de leur

monopole et de la bourse des contribuables sous la forme
de garantie d'intérêt, on vint en outre ajouter une sanction
pénale pour toutes les infractions que le public pourrait
commettre à leurs Tarifs commerciaux ;

Qu'un aussi exorbitant privilège aurait pour résultat de
les rendre encore plus puissantes vis-à-vis de l'État, dont
elles ne doivent être, au contraire, dans l'intérêt de la sécurité publique et nationale, que les utiles et obéissantes
vassales.

Par ces motifs,

En la forme, reçoit la Compagnie de l'Est partie civile
intervenante dans la poursuite exercée par le Ministère public contre D...

Au fond,

Renvoie D... des fins de la poursuite ;

Et condamne la Compagnie de l'Est, partie civile, aux
dépens.

Les Français se moquent agréablement du « caporo-
lisme » prussien. Ils raillent l'obéissance passive de
leurs voisins, se croyant eux-mêmes très libres, très
frondeurs, très jaloux de leurs droits. Douce illusion
nationale ! En réalité, nous sommes, au pays de
France, les êtres les plus domestiquables et les plus
domestiqués. Soumis à l'égal de la gent moutonnière,
nous nous laissons aveuglément diriger, réglementer,
exploiter. Il suffit d'un quelconque individu portant
casquette ou galons lui donnant une apparence d'autorité pour nous mener par le bout du nez. Ainsi s'explique le sans-gêne inouï avec lequel les grandes administrations publiques privées traitent les citoyens
français.

Les plus cyniques de ces administrations sont les
Compagnies de chemins de fer. Elles ne vivent que
par le public. L'argent des voyageurs fait seul leur

fortune. Il semblerait donc qu'elles tinssent à cœur de ménager cette immense clientèle d'où vient leur puissance financière, d'autant plus que les contribuables ont eu la bonhomie de leur accorder un monopole. Eh bien ! pas du tout. Elles profitent de leur monopole même pour pressurer le public et méconnaître outrageusement ses droits : le matériel de transports laisse presque toujours à désirer, les horaires fixés sont rarement respectés, les mesures de précaution sont prises si légèrement, soit indifférence, soit rapacité, qu'à chaque instant l'existence des voyageurs est en danger. Mille tracasseries, mille abus attestent leur arrogant mépris du public. Celui-ci, bonne bête, laisse faire et ne dit mot. Il ferait beau voir qu'il osât se plaindre ! Ne doit-il pas s'estimer très heureux que les Compagnies daignent transporter biens et personnes pour de l'argent ? Encore y mettent-elles quelques conditions (conditions tout entières à leur avantage, cela va de soi), et qui doivent être remplies par le public scrupuleusement sous peine de poursuites judiciaires. Car les Compagnies, par un abus de pouvoir inouï, sont allées jusqu'à confondre leurs intérêts personnels avec les intérêts publics, à assimiler leurs règlements d'exploitation commerciale aux règlements de sûreté générale, et, se substituant aux législateurs, créant à leur profit, de leur propre chef, une jurisprudence rigoureuse, elles ont établi une sanction pénale pour toute infraction aux tarifs concernant purement et simplement leur trafic commercial. Vainement le voyageur objecterait-il que les conditions requises des Compagnies sont léonines, qu'en raison du monopole des Chemins de fer il est bien obligé de les admettre sans discussion, sans pouvoir s'adresser à une compagnie concurrente, que sa liberté se trouve ainsi enchaînée alors qu'au contraire celle des Compagnies s'étend jusqu'à la licence la plus impudente puisque, en bien des cas, elles ont le cynisme de stipuler dans leurs règlements qu'elles ne répondent pas « de leur faute personnelle ». Les Compagnies repoussent toutes ces explications de complicité avec les tribunaux qui sont unanimes à leur donner raison contre le public[1].

Que si, nonobstant la scandaleuse partialité dont les grandes Compagnies bénéficient auprès de la magistrature française, un citoyen regimbe, si, ayant à se plaindre, par exemple, d'un préjudice à lui porté dans le transport de marchandises, il réclame les dommages-intérêts qui lui sont dus, la Compagnie mise en cause essaie d'abord d'intimidations. Souvent le citoyen lésé n'est ni riche ni indépendant : la Compagnie, avec ce cynisme qui est la caractéristique de l'impunité certaine, le menace de recourir à une procédure longue et coûteuse par quoi elle est sûre de reculer la solution du litige à une date indéterminée. Ou elle obtient un désistement au moyen d'une indemnité de beaucoup inférieure au dommage causé par sa faute, ou elle lasse son adversaire, elle le réduit à l'impossibilité matérielle de faire valoir ses droits. S'il s'entête et qu'il exige justice, elle dénonce aux tribunaux sa demande si légitime comme une véritable exploitation, elle l'ac-

1. « Notre magistrature n'est pas vénale », dit M. Brieux dans sa remarquable pièce intitulée *La Robe rouge*. D'accord ! Mais, lorsqu'on rappelle que les tribunaux sont unanimes à sanctionner les abus commis par les grandes Compagnies au détriment du public, on a le droit d'ajouter que la plupart des magistrats sont actionnaires des dites Compagnies.

cuse de mauvaise foi, de chantage presque, et, par cet
ingénieux système, de volé l'autre devient voleur :
c'est miracle s'il s'en tire sans être, de la part de la
Compagnie, l'objet d'une demande reconventionnelle
en dommages-intérêts. Ainsi s'affirme l'égalité de tous
les citoyens devant la loi...

Il appartenait au président Magnaud de réagir contre
des pratiques aussi abusives. Il s'y est efforcé avec
sa fermeté coutumière. Se trouvant en présence d'actes
illégaux, chaque jour commis par les Compagnies, sachant très bien qu'elles ne tirent leur audace que de
la tolérance des pouvoirs publics et de la complaisance
des juges, il s'est dressé contre elles en vengeur du
public. Toute la jurisprudence est opposée au sentiment
d'équité qui anime les sentences rendues par le président Magnaud dans les différends pendants entre
Compagnies et particuliers. Loin de s'en défendre, il
en convient lui-même avec une franchise qui est la
condamnation flétrissante des tribunaux habitués à
sacrifier le public à toutes les puissances sociales :
« attendu... qu'à la vérité toute la jurisprudence s'est
rangée NATURELLEMENT ET COMME D'INSTINCT du côté
de la répression la plus étendue (*au bénéfice des Compagnies*)...; qu'une aussi rigoureuse doctrine devrait
au moins aller jusqu'à ses extrêmes conséquences...
aussi bien contre les Compagnies que contre les particuliers; attendu qu'il est à remarquer, cependant, que
cette interprétation si draconienne pour le public,
n'est jamais poussée à bout en ce qui concerne les
compagnies...; que la mansuétude de l'action publique
(*c'est-à-dire des parquets*) paraît même s'étendre à leur
égard jusqu'aux plus graves manquements à des rè-

glements homologués édictés dans l'intérêt de la sûreté des voyageurs;... que la sécurité des voyageurs
devrait être considérée comme autrement intéressante
que le trafic des marchandises;... que, néanmoins, on
ne constate jamais aucune poursuite correctionnelle
exercée pour infraction à cet horaire (*des trains*), non
pas contre de simples agents ou employés dont l'excuse
résiderait soit dans le surmenage, soit dans le matériel
trop souvent insuffisant et défectueux qu'on leur confie pour assurer leur tâche, mais contre ceux qui ont
la haute responsabilité de ce matériel ainsi que de.
la traction et de la circulation des trains... » Il serait
difficile de dénoncer plus clairement l'impunité judiciaire des Compagnies de chemins de fer, et de la
qualifier plus durement. Mais il importe de retenir
autre chose dans les décisions du tribunal de Château-
Thierry, touchant deux questions importantes auxquelles nous avons fait allusion.

Lorsqu'un particulier cite en justice une Compagnie,
celle-ci use de moyens dilatoires et intimidants, et,
passant de la défensive à l'offensive, elle ne craint pas,
avons-nous dit, de taxer la réclamation la plus justifiée de *véritable exploitation*. Relevant ces moyens,
ces termes inqualifiables, le président Magnaud, indigné de tant d'audace, réplique du tac au tac : « Attendu
que ces expressions pourraient s'appliquer bien mieux
à certaines sociétés anonymes, qui, dans bien des cas
où leurs torts sont évidents, menacent néanmoins d'un
recours en cassation leurs adversaires moins fortunés
et presque dans l'impossibilité de les suivre sur un
terrain aussi coûteux, uniquement pour les amener à
composition et les faire ainsi renoncer à tout ou partie

des réparations équitables qui leur ont été déjà accordées devant d'autres juridictions, QUE CES PROCÉDÉS ODIEUX QU'ON NE SAURAIT TROP FLÉTRIR NE TENDENT A RIEN MOINS QU'A FAIRE FLÉCHIR LE BON DROIT DEVANT LA PUISSANCE DE L'ARGENT... » La « puissance de l'argent » stigmatisée par un président de tribunal, et dans un jugement, l'innovation est trop considérable dans les mœurs judiciaires pour ne pas louer le président Magnaud de l'avoir réalisée, et cela, dès 1893.

Malgré l'unanimité de la jurisprudence constante, il n'a pas hésité à décider que toute infraction aux règlements et tarifs homologués ne saurait emporter avec elle une sanction pénale « attendu... qu'il serait vraiment singulier qu'aux avantages considérables que tirent les compagnies de chemins de fer de leur monopole et de la bourse des contribuables sous forme de garantie d'intérêts, on vînt en outre ajouter une sanction pénale pour toutes les infractions que le public pourrait commettre à leurs tarifs commerciaux ; *qu'un aussi exorbitant privilège aurait pour résultat de les rendre encore plus puissantes vis-à-vis de l'État dont elles ne doivent être au contraire, dans l'intérêt de la sécurité publique et nationale,* QUE LES UTILES ET OBÉISSANTES VASSALES. »

Ces divers « attendus » s'appuient sur une si équitable interprétation de la justice que l'on devrait les accepter comme on ferait de la vérité dans un pays de droiture et de loyauté. Doit-on penser que ce n'est point là le cas de la France? Le jugement du 22 décembre 1890 y provoqua des discussions contradictoires. Et, peu de jours après, le tribunal correctionnel de Reims ayant à juger un cas analogue (celui de

11.

savoir si les tribunaux doivent être au service des Compagnies dans leurs litiges commerciaux), prononçait une condamnation au bénéfice des Compagnies : *naturellement et comme d'instinct*, pour employer les expressions du président Magnaud, ce tribunal s'empressait de renouer la tradition judiciaire au nom de laquelle la puissance d'argent fait fléchir le bon droit.

Cependant, à la même époque (janvier 1900), la Cour Suprême intervenait à son tour dans le débat. La Compagnie d'Orléans, *et le parquet de la Cour de Paris*, s'étaient pourvus en cassation contre un jugement d'acquittement rendu au profit d'un voyageur qui n'avait pu présenter son billet à la descente du train, pour l'excellente raison qu'on le lui avait volé (avec son porte-monnaie) durant le voyage. La Cour Suprême rejeta le pourvoi de la Compagnie, et, au cours de ses conclusions, l'avocat-général fit entendre ces paroles : « *Il ne faudrait pourtant pas que les Compagnies de Chemins de fer se montrassent si rigoureuses dans l'application des décrets, règlements ou ordonnances ;* CAR SI LES VOYAGEURS MONTRAIENT MOINS D'APATHIE, *ils seraient à même à chaque instant de prendre les Compagnies en flagrant délit de contravention à ces décrets, règlements et ordonnances, et de faire dresser à l'encontre de celles-ci des procès-verbaux...* »

Ce discours, venant après le jugement retentissant du président Magnaud, devrait stimuler les voyageurs : mais, si ceux-ci montraient moins d'apathie, seraient-ils nombreux les juges qui montreraient moins de servilisme ? [1]

1. Pour contraindre la magistrature à s'incliner devant l'équitable distinction établie par le tribunal de Château-

Thierry entre l'exploitation *technique* et l'exploitation *commerciale*, M. Morlot, député de l'Aisne, reproduisant les arguments du jugement précité, a déposé, le 10 avril dernier, une proposition de loi tendant à supprimer toute répression pénale en matière d'infraction aux tarifs et décisions homologués concernant l'exploitation commerciale des chemins de fer.

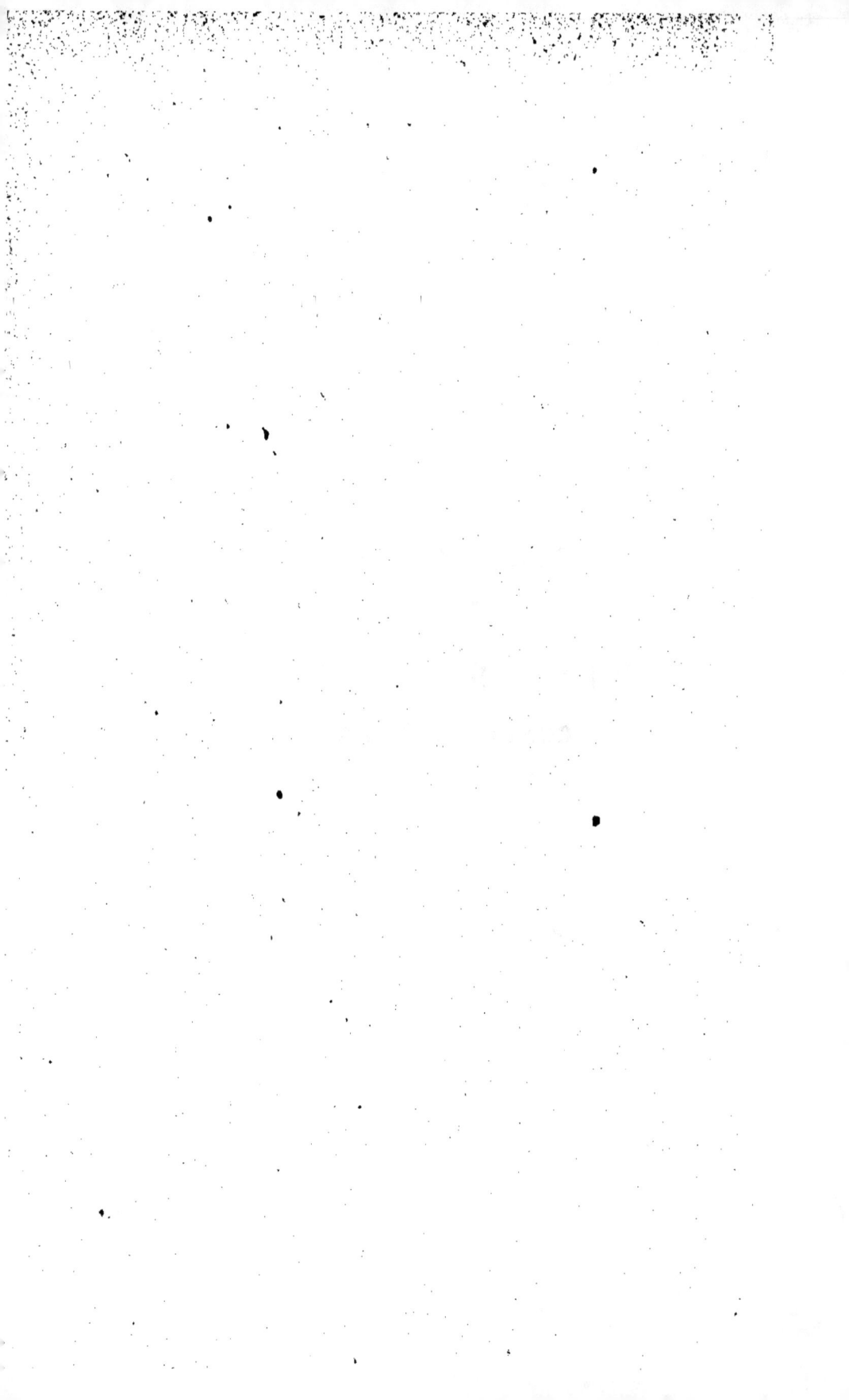

# SIXIÈME PARTIE

## LE DROIT DE LA SOCIÉTÉ

### CONTRE L'ÉGLISE

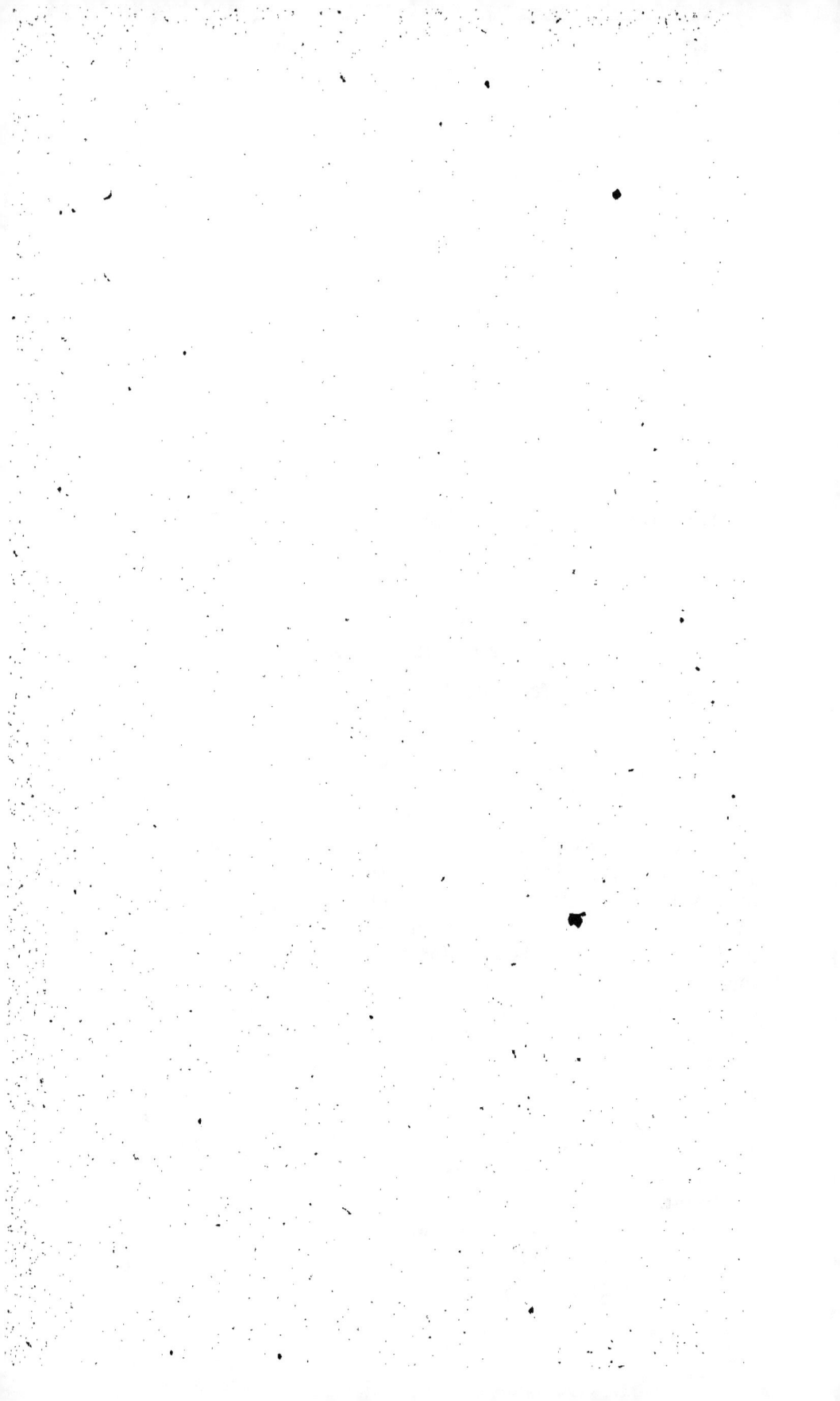

# I

## Outrage d'un curé à la République : condamnation à quinze jours de prison.

---

TRIBUNAL DE CHATEAU-THIERRY.

*Présidence de M. Paul Magnaud, Président.*

Le Tribunal :

Attendu que si des édifices nationaux ou communaux ont été mis à la disposition du clergé catholique, et s'il a pu, ainsi que dans ceux qu'il a fait lui-même construire, exercer en tout temps et en toute sécurité le droit de réunion publique, même alors que cette liberté était refusée aux autres citoyens, c'est à la condition qu'il n'y procéderait qu'à des cérémonies ou prédications religieuses, et que la chaire ne serait jamais transformée en une tribune politique.

Que c'est donc avec raison que le législateur a édicté des peines relativement sévères contre les ministres d'un culte reconnu, qui se permettraient, dans l'exercice de leur ministère et en assemblée publique, de critiquer ou censurer le Gouvernement et ses actes, étant donné surtout que cette critique est d'autant plus aisée pour celui qui la fait dans de semblables conditions, qu'il se sait hors de danger d'être contredit.

Attendu qu'il résulte des débats, la preuve que X..., des-

servant de la paroisse de S..., a prononcé dans l'église de
cette localité, en présence des nombreux citoyens qui s'y
trouvaient réunis pour rendre un dernier hommage à C...,
maire de la Commune, Président du Conseil d'arrondissement, dont il célébrait les obsèques, un discours contenant
le passage suivant . « C... s'est fait l'agent d'un Gouverne-
» ment détestable qui a fait enlever le Christ de l'école. »

Attendu que le faisceau, quasi-unanime, des témoignages
recueillis à cette audience, ne peut laisser, malgré les dénégations, de plus en plus faibles il est vrai, du prévenu,
aucun doute sur l'authenticité de ces paroles ;

Qu'en outre, la déposition du témoin G... fait suffisamment
connaître l'esprit qui les a dictées ;

Attendu que la phrase incriminée contient non seulement
la critique générale du Gouvernement de la République, qui
a tenu à honneur de neutraliser l'école en supprimant les
emblèmes religieux qui se trouvaient apposés sur ses murs,
mais en même temps celle d'une circulaire ministérielle
du 2 novembre 1882, prescrivant, conformément à la volonté
des représentants de la nation, clairement exprimée dans
une loi antérieure, l'enlèvement de ces emblèmes ;

Attendu que l'ensemble de ces faits constitue le délit
prévu et puni par l'article 201 du Code pénal.

Attendu que l'attitude regrettable du prévenu, dans les
circonstances particulièrement douloureuses où se trouvaient la famille et les amis de C..., jointe au délit réfléchi
dont il s'est rendu coupable, serait exclusive de circonstances atténuantes, si son âge avancé n'imposait en quelque
sorte au Tribunal l'obligation morale d'en admettre en sa
faveur et de le faire bénéficier des dispositions de l'article
463 du Code pénal ;

Attendu toutefois que l'amende de seize francs, seule
peine pécuniaire que, dans ces conditions, le Tribunal
pourrait prononcer, serait non seulement insuffisante, mais
dérisoire, et ne servirait que d'encouragement à ceux qui
seraient tentés d'imiter le prévenu ;

Par ces motifs :

Le Tribunal condamne X... en quinze jours d'emprisonnement.

Indépendant vis-à-vis de la société, de l'État, du patronat, des grandes Compagnies, le président Magnaud exercerait-il son droit de critique et de répression dans la même plénitude et la même sérénité le jour où comparaîtrait à sa barre cette puissance redoutable qui s'appelle l'Église catholique? Tant d'hommes d'une intraitable probité intellectuelle envers la société laïque s'humilient devant la religion! Sous l'effort des traditions, des préjugés, des relations, leur esprit volontairement abdique, et ce n'est pas sans étonnement que l'on a noté ces défaillances de la raison surtout dans la magistrature : elle s'est faite trop souvent la servante de l'Église. Avec éclat, en ce siècle même, à une époque très rapprochée de ces temps, elle prit parti pour elle contre les gouvernements. Encore maintenant, un grand nombre de magistrats affectent d'être fidèles à ses dogmes et à son culte. Cette attitude de fils soumis de l'Église leur est inspirée, à défaut de convictions solides, par toutes sortes de considérations mesquines. Les petites villes de province ont gardé cette sotte croyance que le fait d'aller à la messe est la caractéristique du bon ton, le propre de l'aristocratie, la pierre de touche des gens du bel air. Les magistrats n'ont pas eu grand'peine à se plier à « des convenances » qui marquaient leur attachement au passé. Un lien public se trouvait par là établi entre leur compagnie et le clergé, preuve ostensible, non pas de leur foi; mais d'une piété d'apparat et de protestation pratiquée en haine des idées nouvelles. Le juge devenu Tartufe par esprit réactionnaire et clérical...

Le président Magnaud n'était pas homme à subir,

comme la plupart de ses collègues, la domination de l'Eglise. La Révolution a proclamé la liberté des cultes, la France ne reconnaît plus un culte d'Etat : toutes les consciences sont libres, toutes les religions sont égales devant la loi. En vertu de ce principe, le président Magnaud commença par supprimer dans la salle d'audience du tribunal de Château-Thierry les emblèmes religieux : pourquoi imposer le spectacle de la croix aux protestants, aux juifs, aux libres-penseurs? Et le jour où un prêtre fut amené devant lui sous l'inculpation d'outrages envers le gouvernement de la République, il ne vit en lui qu'un citoyen comme un autre, plus coupable qu'un autre peut-être parce que, l'Eglise ne commandant plus, un prêtre qui transforme la chaire en une tribune politique, du haut de laquelle il critique et censure le gouvernement, fait acte de rébellion contre la suprématie du pouvoir civil laïcisé. Il le punit donc avec une rigueur à peine atténuée par l'âge avancé du délinquant. Par cette sentence, il démontra que, si les faibles et les malheureux étaient en droit de compter sur son indulgence la plus large, par contre il ne désarmerait devant personne autre, ardent à combattre la puissance de l'argent autant qu'à rabaisser les prétentions de l'Eglise. Et, comme les injustices sociales n'ont pas de défenseurs plus tenaces et plus intéressés que les membres du clergé, qui sont les alliés naturels de tous les privilégiés, il fit triompher ce jour-là, avec les droits de la société laïque, l'esprit d'égalité et de progrès.

# II

## Droit d'accroissement : condamnation d'une congrégation.

———

Audience publique du vendredi 11 septembre 1891.

*Présidence de M. Magnaud, Président.*

Le Tribunal,

Après avoir entendu à une précédente audience M. Ulry, juge commissaire, en son rapport, M. le Procureur de la République en ses conclusions orales, et après en avoir délibéré conformément à la loi, statuant en dernier ressort.

Vu le mémoire de l'administration de l'Enregistrement, des Domaines et du Timbre en date à Laon du 27 septembre dernier, signifié par exploit de Errard, huissier à Château-Thierry, du premier juin dernier.

Attendu que suivant un bail sous seing-privé du 16 juillet 1885 enregistré le 18, la Congrégation des Filles de la Compassion est locataire, moyennant un loyer annuel de mille francs, d'une maison sise à Château-Thierry et qu'elle est propriétaire des objets mobiliers qui garnissent cette maison, et qu'elle a évalués elle-même pour la perception de l'impôt sur le revenu.

à 960 fr. 25     en     1886
» 956 fr. 25     «     1887

» 989 fr. 25    »    1888
et » 991 fr. 50    »    1889

Attendu qu'à la suite des décès survenus depuis le premier janvier 1885 de dix membres de la Congrégation,
l'administration de l'Enregistrement pense que la Communauté aurait dû acquitter au bureau des actes civils de
Château-Thierry, dans le délai de six mois à partir de chaque décès, le droit de mutation à neuf pour cent sur la part
de chacun des membres décédés dans les biens meubles appartenant à l'association et garnissant de la maison ;

Attendu que le receveur au bureau des actes civils de
Château-Thierry a décerné le 23 janvier 1891, contre la
Congrégation des Filles de la Compassion, locataire d'une
maison à Château-Thierry une contrainte en paiement de
la somme de 33 fr. 80 c. à laquelle ont été provisoirement
évalués les droits simples et demi-droits en sus exigibles à
la suite des décès survenus depuis le premier janvier 1885,
de dix des membres de cette congrégation ; sous réserve
des déclarations à fournir par les parties ;

Attendu que par un exploit du 31 janvier 1891, la supérieure générale de la Congrégation des Filles de la Compassion a formé opposition à la continuation des poursuites ;

Attendu qu'elle base son opposition sur ce que : — La
Congrégation des Filles de la Compassion est une association autorisée par l'Etat ; la dame V. G. comme supérieure
générale, n'était tenue à aucune déclaration d'accroissement survenu au profit des membres survivants de sa Congrégation par suite des décès énumérés en la contrainte,
qu'il s'agisse de biens possédés pour l'association dans le
canton de Château-Thierry ou dans tout autre :

Qu'en effet la taxe d'accroissement établie par les lois
des 28 décembre 1880 et 29 décembre 1884, n'est pas due
dans l'espèce, les membres de la Congrégation des Filles
de la Compassion n'ayant aucun droit personnel sur les
biens formant le patrimoine légal de la dite congrégation ;

Que d'ailleurs et au point de vue seul des principes, si la
déclaration d'accroissement pouvait être exigée par la ré-

gie, elle devrait être faite au bureau du siège de la Congrégation, c'est-à-dire à Meignelay, non seulement pour les
biens possédés dans le dit canton, mais encore pour les
autres, pouvant appartenir en France à la dite Congrégation.

Attendu que les articles 3 et 4 paragraphe 1er de la loi du
28 décembre 1880 et l'article 9 paragraphe 1er de la loi du
29 décembre 1884, sont ainsi conçus :

« Loi du 28 décembre 1880, article 3.

» L'impôt établi par la loi du 29 juin 1872, sur les pro-
» duits et bénéfices des actions, parts d'intérêts et comman-
» dites sera payé par toutes les sociétés dans lesquelles les
» produits ne doivent pas être distribués en tout ou en par-
» tie entre leurs membres. Les mêmes dispositions s'appli-
» quent aux associations recormues et aux sociétés ou as-
» sociations même de fait existant entre tous ou quelques-
» uns des membres des associations reconnues ou non
» reconnues.

Le revenu est déterminé... (suivent les dispositions relatives à la liquidation et au paiement de la taxe.)

Article 4, paragraphe premier.

» Dans toutes les sociétés ou associations civiles qui ad-
» mettent l'adjonction de nouveaux membres, les accroisse-
» ments opérés par suite de clauses de réversion, au profit
» des membres restants, de la part de ceux qui cessent de
» faire partie de la société ou association, sont assujettis
» aux droits de mutation par décès, si l'accroissement se
» réalise par le décès, ou au droit de donation, s'il a lieu de
» toute autre manière, d'après la nature des biens exis-
» tants au jour de l'accroissement, nonobstant toutes ces-
» sions antérieures faites entre vifs au profit d'un ou plu-
» sieurs membres de la société ou de l'association.

Loi du 29 décembre 1884 (article 9, paragraphe premier.)

» Les impôts établis par les articles 3 et 4 de la loi des
» finances du 28 décembre 1880, seront payés par toutes les
» Congrégations, Communautés et associations religieuses,
» autorisées ou non autorisées, et par toutes les sociétés et
» associations désignées dans cette loi, dont l'objet n'est

» pas de distribuer leurs produits en tout ou en partie en-
» tre tous leurs membres ;

Attendu que l'article 4, paragraphe deux de la loi précitée du 28 décembre 1880, et les articles 27 et 24, de la loi du 22 Primaire an VII sont ainsi conçus :

Loi du 28 décembre 1880, (article 4, paragraphe 2).

» La liquidation et le paiement de ces droits auront lieu
» dans les formes, dans les délais et sous les peines éta-
» blies par les lois en vigueur pour les transmissions d'im-
» meubles.

» Loi du 22 frimaire an VII (article 27).

» Les mutations de propriété ou d'usufruit par décès se-
» ront enregistrées au bureau de la situation des biens.

» Les héritiers donataires ou légataires, leurs tuteurs ou
» curateurs seront tenus d'en passer déclaration détaillée
» et de la signer sur le registre, s'il s'agit d'une mutation
» au même titre, de biens meubles, la déclaration en sera
» faite au bureau dans l'arrondissement duquel ils se se-
» ront trouvés au décès de l'auteur de la succession.

» Les rentes ou autres biens meubles sans assiette déter-
» minée lors du décès, seront déclarés au bureau du domi-
» cile du décédé.

» Les héritiers légataires ou donataires rapporteront à
» l'appui de leurs déclarations de biens meubles un inven-
» taire ou état estimatif, article par article par eux certifié,
» s'il n'a pas été fait par un officier public, cet inventaire
» sera déposé et annexé à la déclaration, qui sera reçue et
» signée sur le registre du receveur.

» Article 24. Les délais pour l'enregistrement des décla-
» rations que les héritiers, donataires ou légataires auront
» à passer des biens à eux échus ou transmis, sont, savoir :
» De six mois à compter du jour du décès lorsque celui
» dont on recueille la succession est décédé en France.

Attendu qu'il est difficile de dire d'une façon plus caté-
gorique non seulement que le droit d'accroissement est dû par toutes les congrégations, mais encore que les déclara-tions afférentes à ce droit doivent être passées à tous les bureaux de l'enregistrement dans l'arrondissement desquels sont situés les immeubles et meubles corporels dont profi-

tent, par suite de clause de réversion, les membres survivants d'une communauté au décès de chacun des autres;

Qu'en présence de la netteté de ces textes toute discussion serait oiseuse et ne pourrait qu'en affaiblir la clarté ;

Que soutenir après la loi de 1884, que le droit d'accroissement n'est pas dû par une Congrégation autorisée, alors que l'article 9 dit en termes formels que ce droit sera payé par toutes les Congrégations, (autorisées ou non autorisées) ne saurait être considéré comme une discussion de cette loi, mais constitue une rébellion envers elle.

Qu'il en est de même de la prétention de ne faire qu'une seule déclaration d'accroissement au bureau du siège de la Congrégation pour tous les biens pouvant appartenir en France à cette Congrégation puisque le paragraphe 2 de l'article 4 de la loi du 29 décembre 1884, et l'article 27 de la loi du 22 frimaire an VII auquel se réfère le dit paragraphe exigent en termes exprès que les mutations d'immeubles et meubles corporels soient déclarées en détail au bureau de l'arrondissement où ils sont situés au décès de l'auteur de la succession.

Attendu que dans l'espèce les meubles corporels sur lesquels partait la taxe d'accroissement sont situés dans l'arrondissement de Château-Thierry, et doivent en conséquence faire l'objet d'une déclaration au bureau de l'enregistrement de cet arrondissement.

Que c'est à bon droit que le receveur du dit bureau a décerné une contrainte contre la Congrégation des Filles de la Compassion représentée par sa supérieure, pour le recouvrement des droits de mutation à neuf pour cent dus par elle à la suite des décès survenus parmi les membres depuis le 28 décembre 1885, et des demi-droits en sus pour défaut de déclaration dans les six mois après chaque décès ;

Que d'ailleurs l'opposante, n'écoutant sans doute à ce moment-là que la voix du bon sens, n'a fait tout d'abord aucune objection au paiement de ces droits et a même sollicité la remise des demi-droits en sus que l'administration s'est empressée de lui accorder ;

Que si plus tard elle s'est refusée à profiter de cette extrême indulgence c'est évidemment qu'elle estime ou qu'on lui a persuadé que les Congrégations religieuses pouvaient encore nourrir l'espoir d'être placées au-dessus des lois.

Par ces motifs,

Déboute la Congrégation des Filles de la Compassion de son opposition à la contrainte du 23 janvier 1891.

Ordonne que, dans la quinzaine de la signification du présent jugement, la supérieure générale devra transcrire au bureau des actes civils de Château-Thierry, suivant la forme prescrite par les articles 24 et 27 de la loi du 22 frimaire an VII, la déclaration de tous les biens appartenant à la Congrégation dans le ressort de ce bureau et fixer d'après le nombre des membres existants au jour du décès des dames S..., D.., V..., R..., M..., B..., D..., L..., L..., et D...,, la quote part de ces biens qui revenait à chacune d'elles, et payer les droits simples et en sus, afférents à la mutation qui, par suite de ces décès, s'est opérée au profit des autres membres de l'association.

Et faute par la dite supérieure générale de ce faire dans le dit délai, la condamne ès-nom, qu'elle agit, au paiement de la somme de 33 fr. 80 centimes, montant des droits simples et demi-droits en sus liquidés dans la contrainte.

La condamne en outre à tous les dépens de l'instance.

Ce qui sera exécuté suivant la loi.

Ainsi jugé publiquement.


Etant donné un ensemble de lois instituées pour tous les citoyens d'un pays sous menace de pénalités rigoureuses, aucun groupe de citoyens ne saurait avoir la possibilité de se placer au-dessus de ces lois, de les violer en toute impunité sous prétexte d'une prérogative supérieure au principe d'égalité. (Si les lois recevaient une application impartiale, peut-être les critiquerait-on moins. Mais elles subissent de telles variantes selon la situation sociale des individus qu'il est dit en commun proverbe : la loi n'est qu'un mot.) Ce principe d'égalité étant le fondement d'une démocratie, le respect en doit être imposé dans la totalité de l'État et à la totalité des citoyens [1]. Cela s'entend davantage d'une république de suffrage universel, où ne domine par conséquent ni aristocratie, ni oligarchie, ni secte religieuse. Par exemple, s'agissant en France des prescriptions du Code civil, l'injustice serait trop flagrante que la grande majorité des citoyens y fût sévèrement astreinte tandis que, par un privilège inexplicable, y échapperait une minorité. C'est cependant ce qui a été bénévolement toléré sous la République, durant une vingtaine d'années, au seul profit du catholicisme.

L'Église romaine, mêlant habilement les choses spirituelles et les choses temporelles, a prétexté on ne sait quelles immunités de droit divin pour méconnaître les droits de l'État. Estimant, à l'encontre du philosophe anarchiste dont elle se réclame, que son royaume est de ce monde, elle a prétendu accumuler les richesses mobilières et immobilières en dehors des

---

1. Il se pourrait que telles propositions hasardées au cours de ces commentaires forcément succincts, et limités par les nécessités typographiques plus que ne le désirerait leur auteur, parussent contradictoires aux esprits superficiels. Outre que ce livre n'est pas l'exposé d'un système politique, et qu'il n'y saurait être question d'élever un débat entre l'autorité et la liberté, il est à peine besoin de faire remarquer que le commentateur se doit d'abord à l'interprétation générale des textes offerts au lecteur. Ces textes se rapportant à des réalités, la logique lui défend de s'en écarter. Quand, donc, il doit s'expliquer sur l'application des lois dans un gouvernement d'égalité, ce n'est pas pour lui le lieu de rechercher si ce gouvernement satisfait à l'idéal de la liberté, mais bien si, conséquent avec son principe, il fait respecter les règles de l'État par *tous* les citoyens *également.*

12

obligations fiscales les plus élémentaires. Et lorsque la société civile, se jugeant enfin lésée matériellement et moralement, exigea des serviteurs de l'Église (avec quelle timidité !) une taxe représentative des droits de mutation sur la valeur des biens ecclésiastiques, l'Église, révoltée, se résolut à la désobéissance [1].

A l'époque où le président Magnaud rendit sa sentence sur la congrégation des Filles de la Compassion, la résistance était générale. Elle revêtait un caractère d'insubordination politique qui mettait en échec la société civile. Le droit d'accroissement avait été établi par les lois du 28 décembre 1880 et du 29 décembre 1884. Aucune congrégation ne l'avait encore reconnu. Toutes, au contraire, refusaient de le payer, dans l'espoir que l'Etat reculerait devant les menaces du parti clérical et n'oserait persister à le leur réclamer. Espoir déçu ! Tandis que s'engageaient des procès de la nature de celui qu'eut à juger le tribunal de Château-Thierry, une nouvelle loi vint régulariser (16 avril 1895) les lois de 1880 et 1884 : au droit d'accroissement était substitué un droit d'abonnement, soit une taxe obligatoire et annuelle, due par toutes les congrégations, communautés et associations religieuses, autorisées ou non autorisées, sans distinction ni exception. La taxe est fixée à 30 centimes pour 100 de la valeur brute des biens meubles et immeubles pour les congrégations autorisées, et à 50 centimes pour 100 pour les congrégations non autorisées.

Il est inutile d'ajouter que le clergé catholique n'accepta pas cette nouvelle mesure financière sans pro-

1. Un seul prélat conseilla l'obéissance à la loi : M. Muzet, évêque de Beauvais, aujourd'hui archevêque de Rouen.

tester. Sa mauvaise humeur aboutit à une campagne
politique où les droits de l'Etat étaient discutés, con-
testés avec violence. Il eût fallu répondre à cette
révolte de l'Eglise par une répression très ferme. Le
gouvernement de la République n'en eut pas le courage : il se contenta d'adresser aux plus fougueux
prélats quelques remontrances timides. M. Goblet put
s'écrier avec trop de vérité que jamais aucune monarchie n'eût laissé prendre au clergé la place et l'influence que lui reconnaissait la République sous prétexte d'apaisement religieux. Mais la République était
déjà celle des *ralliés* : elle croyait au républicanisme
de Léon XIII. Il n'y avait pas longtemps, cependant,
que Paul Bert avait fait prévoir cette tactique nouvelle
de l'Eglise : « Le danger, disait-il à la Chambre en 1879,
est du côté de l'avenir, le danger, c'est de les voir —
les jésuites et le parti clérical — devenir républicains. »
Ils le sont devenus, et la première preuve de la sincérité de leur conviction a été un acte de rébellion contre les lois de la République.

# III

## Tentative de corruption d'un fonctionnaire par un prêtre : quinze jours de prison.

———

TRIBUNAL DE CHATEAU-THIERRY.

Audience correctionnelle du 30 octobre 1891.

*Présidence de M. Paul Magnaud, Président.*

Le Tribunal :

En ce qui concerne L... (Ernestine-Marie) et C...

Attendu que le 15 août 1891, à N..., L... (Ernestine-Marie), d'après les instructions de Z..., curé de cette localité, est descendue d'une voiture dans laquelle elle se trouvait en compagnie de celui-ci et d'un nommé B..., s'est emparée, après l'avoir poursuivi, d'un faisandeau qui venait de se raser dans une touffe d'herbes et l'a remis entre les mains de Z... qui le reconnaît.

Attendu que L... (E... M...) à peine remontée dans la voiture, ce véhicule, dont on avait refermé le tablier, s'est remis en marche et ne s'est arrêté qu'après avoir parcouru environ cinquante mètres, sur l'invitation du garde D... qui venait d'apparaître et déclarait procès-verbal aux trois personnes susnommées.

Attendu que c'est seulement en apercevant le garde D... que le faisandeau a été relâché, non pas ostensiblement, mais en le faisant passer sous le tablier du côté opposé à celui où se trouvait Z... qui le tenait ;

Qu'il en résulte qu'aucun doute n'existait dans l'esprit des prévenus et principalement de Z... sur le caractère délictueux de l'acte qu'ils venaient d'accomplir ;

Que d'ailleurs, en matière de chasse, l'existence matérielle du fait tombant sous l'application de la loi suffit pour établir la culpabilité, abstraction faite de toute intention de le commettre.

Attendu que ces faits constituent à l'égard de L... (Ernestine-Marie), le délit de chasse en temps prohibé et à l'égard de Z... curé de N... ceux de complicité de chasse en temps prohibé par recel et de colportage de gibier pendant le même temps, prévus et réprimés par l'article 12 paragraphes 1 et 4 de la loi du 3 mai 1844 et par les articles 59 et 62 du Code pénal.

En ce qui concerne Z... seul :

Attendu qu'après que procès-verbal eût été déclaré par D... aux trois prévenus, Z... a offert à celui-ci une gratification pour qu'il ne donnât pas suite à ce procès, offre que ce garde repoussa en ces termes qui lui font grand honneur : « Je ne mange pas de ce pain-là ».

Que ces paroles très nettes indiquent bien le sens tout aussi net de l'offre qui a été faite ;

Qu'elles sont confirmées par le témoin H..., autre garde particulier qui se trouvait avec D... et le témoin Y... au moment où le délit de chasse a été commis et qui a dit à ce dernier : « Si D... ne dresse pas de procès-verbal, c'est moi qui le ferai ».

Que le même témoin H... qui avait rejoint D... auprès de la voiture où se trouvaient les prévenus, a dit à Y... vers lequel il était retourné : « D... aurait pu gagner une bonne » journée, le curé de N... lui a offert de l'argent pour qu'il » ne fasse pas de procès-verbal, mais D... a répondu qu'il » ne mangeait pas de ce pain-là. »

Attendu, en outre, qu'H... a déclaré le lendemain 10 août, au témoin X... que c'était « la tentative de corruption » du garde et non pas le délit de chasse qui était la plus » grave affaire pour le prévenu Z... »

12.

Qu'on doit d'autant plus tenir pour exactes et même comme au-dessous de la vérité les déclarations d'H... que celui-ci, sans nul doute à la suite de certaines interventions, modifiait son attitude quinze jours après le délit et répondait au maréchal des logis de gendarmerie, chargé de l'interroger « qu'il n'avait pas entendu le prévenu Z... offrir une gratification », parce qu'il était trop éloigné, alors qu'il a été matériellement établi et qu'il a fini par reconnaître lui-même qu'il se trouvait à côté de la voiture auprès de laquelle toute la conversation a eu lieu ;

Que s'il s'est enfin décidé à faire connaître la vérité, c'est pour ainsi dire contraint et forcé par les témoins X... et Y... auxquels il avait, aussitôt après le délit, raconté très exactement ce qui s'était passé ;

Que la preuve en découle de ce que, cité à une première audience à la requête de la défense, il avait profité, quoique ayant reçu la citation en temps utile, de ce que les délais légaux n'étaient pas strictement observés pour ne pas se présenter et se dérober ainsi aux questions que la déposition du garde D... ne pouvait manquer de lui faire poser ;

Attendu, il est vrai, que le curé Z... soutient qu'il ne pensait pas que procès-verbal eût été dressé contre lui et qu'en parlant de gratification à D... il n'agissait que dans l'intérêt de la demoiselle L... ;

Qu'en outre, il aurait tout d'abord demandé l'adresse du propriétaire de la chasse, le nommé G... et aurait simplement ajouté en s'adressant à D... qu'il lui donnerait à titre de gratification ce que G... fixerait lui-même dans sa réponse à la lettre qu'il allait lui écrire.

Attendu que ces affirmations sont démenties très énergiquement par D... qui a déclaré procès-verbal à tous les prévenus ;

Que d'ailleurs, il n'est nullement nécessaire d'être impliqué dans une affaire pour commettre le délit de tentative de corruption de fonctionnaire ;

Que si D... a donné, sur sa demande, à Z... l'adresse de G... il n'avait aucune raison pour la lui refuser ;

Qu'il l'a même averti, en fournissant ce renseignement, que son maître ne pouvait rien dans cette affaire parce qu'il s'agissait d'un délit de chasse en temps prohibé ;

Que le fait d'avoir demandé et obtenu cette adresse ne saurait détruire l'offre, très nettement établie, d'une gratification, non pas éventuelle mais immédiate, offre qui est reconnue par Z... lui-même dans la lettre qu'il a écrite à G... où on lit le passage suivant : « J'ai pensé que M. D... » avait une rétribution dans ces sortes d'affaires, *je lui ai » offert* de lui solder ce qui lui revenait pour éviter cet em- » barras. »

Qu'il n'y a lieu de s'arrêter aux dépositions des témoins R... et M... ce dernier curé de O... qui paraissent mal servis par leurs souvenirs ;

Qu'ils prétendent, en effet, le second surtout, que D... en faisant affirmer son procès-verbal, leur aurait dit que « l'affaire était peu importante et que G... fixerait lui-même la somme à verser par les prévenus. »

Attendu que ces déclarations tombent d'elles-mêmes devant les dénégations de D... appuyées de ce fait matériel : que dès le lendemain de l'affirmation de son procès, c'est-à-dire sans attendre l'avis de son maître G... il adressait au parquet son procès-verbal aux fins de droit.

Attendu que de ces faits, il résulte que Z... curé de N... a tenté de corrompre, sans y réussir, le garde particulier D... par l'offre d'une gratification pour obtenir l'abstention d'un acte rentrant dans l'exercice de ses devoirs.

Attendu que ce fait constitue le délit prévu et réprimé par l'article 179 du Code pénal.

Attendu qu'il y a lieu de faire application au prévenu de l'article 365 du Code d'Instruction Criminelle, aux termes duquel en cas de conviction de plusieurs délits, la peine la plus forte doit seule être prononcée.

Attendu toutefois qu'il existe en faveur du prévenu des circonstances atténuantes et qu'il échet de lui faire application des dispositions de l'article 463 du Code pénal.

Par ces motifs :

Le Tribunal condamne Z... curé de N... à quinze jours d'emprisonnement, et L... (Ernestine-Marie) à cinquante francs d'amende.

Il est toujours désagréable de s'entendre dresser procès-verbal. Il n'en peut résulter que des désagréments dont le plus fâcheux, pour les gens qui tiennent avant tout à la « considération » de leurs concitoyens, est la publicité donnée au flagrant délit. Commettre une faute prévue par la loi, les plus sévères censeurs d'autrui s'y décident sans scrupules lorsqu'ils croient « qu'on ne le saura pas », en cela semblables à ceux dont l'honorabilité n'est faite que de la peur du gendarme. Mais s'ils sont pincés, il n'est moyen dont ils n'usent pour se tirer d'affaire. On le comprend du reste, et il faut avouer que, le plus souvent, il n'y a pas là grand crime. Coupables, ils le sont principalement à cause de leur hypocrisie, car d'ordinaire ces faux bonshommes, si empressés à tourner la loi lorsqu'ils pensent le faire en toute impunité, se montrent les plus féroces accusateurs du pauvre pécheur. Le cas du curé de N... est à ce point de vue des plus plaisants. Il veut bien, courant les routes avec une jeune fille, inciter celle-ci à s'emparer d'un faisandeau dont sa gourmandise se pourlèche d'avance, mais, un garde brusquement surgi pour constater le délit, voilà qu'il se défend, qu'il supplie, qu'il offre de l'argent pour obtenir un silence complaisant. Si ses paroissiens venaient à apprendre qu'il braconne en galante compagnie, quel ennui, Seigneur ! Oh ! *le faire* ne l'embarrasse pas — péché caché est pardonné — mais qu'on le dise, qu'on en jase, il n'en peut supporter l'idée. Et, tout de suite, il commet un second délit en tentant d'acheter le silence du garde...

Ce n'est là qu'un fait de mince importance, sans doute. Mais les petites choses corroborent les grandes, et la mésaventure du curé de N... démontre, à son tour, que le clergé catholique cherche toujours à se mettre au-dessus des lois. Le Code n'a pas été rédigé pour lui : quand il n'en évite pas les rigueurs avec la complicité des gouvernements, il en appelle à son influence sociale ou même à l'achat des consciences. La magistrature en outre lui est naturellement favorable. Combien de présidents auraient acquitté le curé de N...!

# IV

## Actos d'immoralité accomplis dans un cercle catholique.

—

TRIBUNAL DE CHATEAU-THIERRY.

Audience correctionnelle du 25 septembre 1891.

*Présidence de M. Paul Magnaud, Président.*

Le Tribunal :

Attendu qu'à la date du 17 juin 1891, le Journal *l'Avenir de l'Aisne*, a publié sous la rubrique : *Petite Poste*, l'entrefilet suivant : « Vous nous demandez si M. A. B... de Z...,
» condamné en police correctionnelle dans la malpropre
» affaire de l'ex-cercle catholique d'Epernay, appartient à
» la famille B... qui vient de faire don à l'Institut des Frè-
» res d'une propriété sise à Château-Thierry, pour y instal-
» ler un établissement congréganiste. — Oui, nous croyons
» même que M. A. B... serait le fils du fondateur du futur
» établissement où sera enseignée la pure morale, sans ad-
» jonction d'études de nu sur des petits garçons, espérons-
» nous. »

Attendu que A. B... pensant que ces quelques lignes l'atteignent dans sa considération, a assigné en police correctionnelle D..., gérant du journal précité, qui s'en reconnaît
l'auteur, et demande sa condamnation à un franc de dommages intérêts ainsi que l'insertion du jugement à interve-

nir dans l'*Echo Républicain* de l'Aisne, le *Journal de Château-Thierry*, et l'*Avenir de l'Aisne*.

Attendu qu'il est établi que B... a été le 6 juin 1891, condamné à cinquante francs d'amende, ainsi que les nommés C... et l'abbé X... par le Tribunal correctionnel d'Epernay, par application de l'article 291 du Code pénal sur les associations illicites ;

Qu'au cours des débats de cette affaire intimement liée à une information pour attentat aux mœurs précédemment ouverte contre l'un des trois prévenus l'abbé X... ancien directeur du Cercle catholique d'ouvriers, dissous par arrêté préfectoral en date du 10 novembre 1890, tous les détails de la dite information ont été mis en lumière et ont fait connaître quelles étaient les causes qui avaient déterminé l'autorité administrative à former ce lieu de réunion ;

Qu'on a pu y apprendre, en effet, et qu'il résulte d'ailleurs des documents produits et analysés par B... lui-même devant le Tribunal correctionnel de Château-Thierry, que l'abbé X..., artiste à ses heures, avait, par amour de l'esthétique, amené séparément dans sa chambre située dans l'établissement même, plusieurs jeunes membres du Cercle âgés d'une quinzaine d'années environ ;

Qu'après les avoir fait mettre à nu, il tournait autour d'eux en lisant son bréviaire, examinant leurs formes, prenant, il est vrai, la précaution de fermer la porte à clef et de leur faire revêtir un caleçon ou tout au moins un mouchoir en pointe, dont il aménageait quelquefois lui-même l'extrémité entre leurs cuisses ;

Qu'il les faisait photographier et relevait aussi des mesures nombreuses sur leur corps, sans toutefois jamais les consigner par écrit, sa mémoire étant bien suffisante ;

Que s'ils étaient souffrants, il les invitait à se déshabiller, les frictionnait lui-même et leur appliquait de légers coups de martinet sur le dos et les fesses pour activer, disait-il, la circulation du sang ;

Que, dans d'autres circonstances, il faisait dessiner, toujours dans ce simple appareil, sur un prie-dieu, un de ses jeunes modèles et l'étudiait de dos ;

Qu'enfin, un de ceux-ci, avec l'autorisation de ses pa-

rents, avait couché avec lui, dans son lit, afin d'être mieux
à même *de lui servir la messe le lendemain matin dès l'aube.*

Attendu qu'à l'audience du Tribunal d'Épernay où ces
faits ont été tout d'abord publiquement révélés, X...., invité
à donner sur eux son appréciation ne les a trouvés, en aucune façon, répréhensibles, alors que B...., lui-même reconnaissait sans difficulté, combien il avait été, tout au moins,
inconséquent ;

Que d'ailleurs, en consentant à rouvrir avec C... et X...
l'établissement où ils s'étaient passés, il les a couverts de
son approbation et en a, en quelque sorte, accepté la responsabilité ;

Que si X... a bénéficié d'une ordonnance de non-lieu, les
faits dont s'agit ne paraissant pas suffisamment caractérisés au point de vue pénal, cette décision les qualifie néanmoins de « suspects et immoraux » et les flétrit ainsi très
énergiquement au nom de la morale publique.

Attendu que, dans ces conditions, on s'explique que D...,
dans l'ardeur de la polémique qu'il soutient presque quo-
tidiennement contre l'enseignement clérical, en faveur duquel la famille B.... vient, au contraire, de se mettre en
avant en créant à Château-Thierry un établissement sco-
laire dirigé par une Congrégation, ait pu dire que A. B....,
l'un des fondateurs, venait d'être condamné par le Tribunal correctionnel, d'Épernay « dans une affaire malpropre ».

Que si le qualificatif de « malpropre » est empreint d'une
certaine violence, il caractérise bien les faits auxquels il
fait allusion.

Attendu toutefois que la loi est formelle et que, quelle
que soit l'exactitude de l'affirmation produite, la preuve ne
saurait en être administrée contre un particulier ;

Qu'évidemment, l'article incriminé porte atteinte à la
considération de B..., et a été publié dans cette intention ;

Qu'il constitue le délit prévu et réprimé par les articles
23, 29, 32 et 42 de la loi du 29 juillet 1881.

Attendu qu'il existe dans la cause des circonstances très
atténuantes tirées de ce que *les affirmations de D... ne présentent aucun des caractères de la calomnie ;*

Que si une atteinte quelconque a été portée à la considération de B..., elle résulte beaucoup plus des faits « si suspects et si immoraux » auxquels il s'est trouvé volontairement mêlé et qu'il n'a pas désapprouvés, que du qualificatif donné par D..., à l'affaire correctionnelle qui a été la suite de la réouverture illégale du Cercle catholique d'Epernay ;

Qu'il échet, en conséquence, de faire bénéficier D..., dans la plus large mesure des dispositions des articles 64 de la loi du 29 juillet 1881 et 463 du Code pénal.

Sur l'application de la peine :

Attendu que si la loi met le Tribunal dans l'absolue nécessité de prononcer une condamnation, celle-ci doit être mitigée dans des proportions telles que le droit de dire la vérité, en pareil cas, n'en subisse qu'une très légère atteinte,

Sur les dommages-intérêts :

Attendu que la condamnation aux dépens qui va être prononcée contre D..., sera une réparation amplement suffisante du dommage qu'il peut avoir causé à B..., sans qu'il soit besoin de faire droit à sa demande de dommages-intérêts et d'insertion du présent jugement dans un certain nombre de journaux.

Par ces motifs :

Le Tribunal condamne D... en un franc d'amende ;

Condamne la partie civile aux dépens envers l'Etat, sauf son recours, à titre de dommages-intérêts.

Fixe au maximum déterminé par la loi la durée de la contrainte par corps.

Et attendu toutefois que D..., n'a subi aucune condamnation antérieure pour crime ou délit de droit commun ; que dans ces conditions, il échet de lui faire application des articles 1 et 2 de la loi du 26 mars 1891.

Par ces motifs : Suspend l'exécution de la peine principale

---

# V

## Violences exercées sur des enfants par des frères ignorantins : condamnation à la prison.

---

TRIBUNAL DE CHATEAU-THIERRY.

Audience correctionnelle du 6 août 1897.

*Présidence de M. Magnaud, Président.*

Le Tribunal :

Attendu que le témoin B.,. ne comparaît pas, quoique régulièrement cité ;

Qu'en raison de son jeune âge, l'amende n'est pas requise ;

Que pour le même motif, le Tribunal ne croit pas devoir la prononcer, mais se réserve, si sa déposition lui paraissait indispensable, de le faire amener devant lui, par les moyens que la loi met en son pouvoir.

Par ces motifs :

Dit qu'il n'y a lieu de prononcer d'amende contre le témoin défaillant B...

Et attendu qu'il résulte des débats la preuve :

1° En ce qui concerne J... dit frère *Adorateur*.

Que le 7 mars 1897, J... a frappé au dortoir P... malade, à coups de corde alors qu'il était en chemise et a usé envers lui de violences pour le faire sortir de son lit où un autre frère, impressionné par son état de fatigue, l'avait autorisé à se coucher.

Attendu que, sur ces deux faits comme sur tous ceux qu'il a signalés à l'Instruction et à l'Audience, la déposition du témoin P... est fort nette et qu'il y a lieu d'y attacher la plus grande confiance.

Que si, après la plainte qu'il a faite à M. le commissaire de police, plainte signée par trois de ses camarades, il a écrit à cet officier de police judiciaire une lettre atténuant en grande partie les faits qu'elle contenait, c'est sous la pression énergique et l'influence de ses parents qui reconnaissent à l'audience que, sans même se préoccuper de l'exactitude des faits articulés dans ladite plainte, ils avaient contraint ce jeune homme, encore presque un enfant à se rétracter par ce motif, « *qu'on ne doit jamais dénoncer les bons frères.* »

Que d'ailleurs, l'affirmation de la déclaration de P..., au moins dans sa seconde partie, est en quelque sorte confirmée par le frère H..., qui escortait J... au dortoir et qui a déclaré à l'Instruction que celui-ci avait « un peu secoué » P..., pour le faire lever.

Que, pour qu'un frère de l'établissement vienne faire cette déclaration, contrairement à celle de J..., frère comme lui et, en outre, sous-directeur, il faut évidemment que les violences de ce prévenu à l'égard de P..., aient dépassé la mesure dans des proportions bien caractéristiques ;

Que, du reste, l'attitude brutale et indigne d'un homme de cœur que venait de prendre J..., vis-à-vis de P..., dans une pénible circonstance, vient corroborer la déclaration de celui-ci et démontrer amplement les sentiments d'animosité du prévenu à l'égard de ce jeune homme, lequel peut-être à raison de son âge, se montrait un peu plus indépendant et moins disposé que ses camarades à subir de mauvais traitements.

Attendu, en effet, que quelques instants avant les faits de brutalité qui se sont passés au dortoir, P..., malheureusement sujet à de fréquentes crises nerveuses qui le laissent pendant un certain temps sans connaissance, fut pris d'une de ces crises à la promenade au milieu de ses camarades qui se disposaient, comme d'habitude, à le soutenir et à le transporter.

Attendu que J..., au lieu de les encourager à accomplir ce charitable devoir de bonne camaraderie, leur interdit formellement de s'occuper de lui et l'abandonna inerte et l'écume à la bouche sur un des bas côtés de la voie publique, où un médecin, passant par hasard, le recueillit et le ramena à l'établissement.

Attendu que, pour expliquer cet indigne procédé, J..., prétend que P... simulait de pareilles crises et voulait simplement se rendre intéressant.

Mais attendu que les parents de P..., en le plaçant dans l'établissement, avaient fait connaître son état pathologique et que, bien souvent, depuis qu'il en faisait partie, de semblables crises s'étaient produites : que l'une d'elles notamment s'est passée en présence du magistrat instructeur qui a pu se convaincre par lui-même qu'elle n'avait rien de simulé.

Attendu que, si le fait de l'abandon de cet élève sur la voie publique, dans les conditions qui viennent d'être relatées, ne paraît pas pouvoir être compris dans ceux que prévoit l'article 311 du Code pénal, il rentre, dans tous les cas, parmi ceux que flétrit et réprouve la conscience publique ;

Qu'il constitue bien les prémisses des violences auxquelles s'est livré J... sur P..., quelques instants après au dortoir, malgré l'état maladif et de fatigue où l'avait laissé la crise qu'il venait de subir.

Attendu, en outre, que le vingt-cinq février 1897, en classe, près du tableau où il l'avait appelé, J..., a brutalement frappé de la main et à coups de poing, pendant qu'il était à genoux, l'élève B..., que ces coups étaient si violents, vis-à-vis d'un enfant surtout, que sa tête allait frapper contre la porte d'une armoire et produisait de tels chocs que les élèves de la classe voisine, séparée par une cloison vitrée, ont pu voir, attirés par le bruit, tout ou partie de la scène.

Attendu que, si le témoin B..., ne comparaît pas à l'audience pour cause de maladie, ses déclarations à l'instruction, quelque influence qu'elles aient pu subir, sont confirmées par plusieurs autres témoins et ne laissent aucun doute sur l'exactitude des coups dont il a été victime.

Attendu que J..., tout en protestant contre la violence des coups qui lui sont attribués vis-à-vis de B..., reconnaît néanmoins que la tête de B..., a « cogné » contre l'armoire et que, dans cette circonstance, il a cédé à un mouvement d'emportement qu'il aurait dû réprimer et qu'il regrette.

En ce qui concerne M..., dit frère J...

Attendu qu'il résulte de l'Instruction et des débats la preuve que, en 1896 et en 1897, à Château-Thierry, ce prévenu a exercé des violences et porté des coups aux élèves : B..., H..., C..., B..., et V...

Attendu que les dépositions et confrontations de tous les témoins, tant à l'instruction qu'à l'audience, font ressortir non seulement l'exactitude de ces faits, mais aussi la brutalité innée de ce prévenu qui passait pour la terreur des élèves et sur le passage duquel les enfants *levaient instinctivement les bras* pour se préserver de ses coups.

Attendu que le prévenu reconnaît en partie les violences qui lui sont reprochées et, tout en les regrettant, affirme qu'il ne s'agit que de « gifles » et « calottes » appliquées avec la paume ou le revers de la main.

En ce qui concerne L..., dit frère H...

Attendu que ce prévenu, *de nationalité étrangère*, par conséquent peu préparé à développer et faire grandir dans le cœur de la jeunesse française l'amour de la patrie, a, en 1896 et 1897, porté des coups et exercé des violences sur les élèves H..., B..., B..., et B...

Attendu que L..., reconnaît qu'il a plusieurs fois cédé à un mouvement d'emportement, mais prétend que les corrections manuelles dont il a usé, n'étaient que de « petites gifles » ;

Que ces violences, quoique moins graves et moins répétées que celles des deux précédents prévenus, n'en dépassaient pas moins toute mesure.

En ce qui concerne K..., dit frère J...

Attendu que K..., *lui aussi de nationalité étrangère*, s'est en 1897, livré à des violences sur les élèves B... et C...

Attendu que, dès l'origine de la plainte portée par S.... et trois autres de ses camarades, le prévenu a pris la fuite et s'est dérobé pendant un certain temps, *grâce à la com-*

*plicité des membres de sa congrégation,* aux recherches do la justice.

Que cette attitude paraît bien indiquer qu'en de nombreuses circonstances, il a dû suivre l'exemple de ses coprévenus.

Attendu toutefois que les faits qui lui sont reprochés et que le prévenu excuse par un emportement irréfléchi, ne paraissent pas atteindre le degré de gravité suffisant pour les faire tomber sous l'application de l'article 311 du Code pénal ;

Qu'ils ne présentent que le caractère de violences légères prévues par les articles 600, 605 et 606 du code du 3 brumaire an IV et ne constituent qu'une contravention de simple police.

Attendu enfin que, quelque grave et répréhensible qu'ait été la pression exercée sur les élèves témoins, par leurs parents, soit à l'instigation des prévenus ou de leurs supérieurs religieux pour leur faire atténuer les violences dont ils ont été les victimes, les faits, aussi diminués qu'ils aient été, n'en sont pas moins restés fort graves, non seulement par eux-mêmes, mais aussi parce qu'ils mettent en lumière, les tristes procédés d'éducation encore employés en France dans certains établissements, alors que les corrections manuelles sont formellement interdites ;

Que si quelques parents, stylés à cet effet, ont pu dire ou écrire qu'ils avaient autorisé ces corrections manuelles, ils se trompent étrangement en croyant avoir eux-mêmes ce droit qui ne leur est nulle part conféré par le Code civil au titre de « la puissance paternelle ».

Qu'au surplus, ce droit leur appartiendrait-il, ils ne sauraient l'exercer sous peine de répression pénale, qu'à la condition de ne pas se placer dans les cas prévus, non seulement par l'article 311 du Code pénal, mais aussi par les articles 600, 605 et 606 de la loi de Brumaire ;

Que d'ailleurs, ce droit de correction manuelle, même renfermé dans les limites qui viennent d'être indiquées, est absolument personnel, qu'il ne peut être délégué à qui que ce soit par le père et bien moins encore à des maîtres qui, par suite de leur inflexible organisation et de leur existence spéciale, sont la négation de la famille dont ils ignorent, par conséquent, les sentiments de tendresse et de mansuétude, ces heureux palliatifs de la sévérité paternelle.

Attendu que ces faits relevés à la charge des prévenus, sont prévus et réprimés par les articles 311 du Code pénal, 600, 605 et 606 de la loi du 3 Brumaire an IV.

Sur l'application de la peine.

En ce qui concerne J... et M...

Attendu qu'il échet de se montrer relativement sévère vis-à-vis de ces deux prévenus et de n'établir entre eux aucune différence.

Que si M..., a exercé des violences graves et continuelles sur un plus grand nombre d'élèves qu'il terrorisait, d'autre part il convient de remarquer que J..., supérieur de M..., loin de réprimer cette attitude brutale, ainsi qu'il en avait le devoir, l'a, au contraire, encouragée et s'est livré lui-même à toute une longue scène de violences vis-à-vis de l'élève B...

Qu'en outre, après avoir abandonné sans soins, sur la voie publique, l'élève P..., pris d'une crise nerveuse, et défendu à ses camarades de lui porter secours, il l'a, le soir même, frappé en chemise à coups de corde et violemment jeté hors de son lit où M..., lui-même, bien peu sensible cependant, l'avait autorisé à se reposer, touché par son état de fatigue et son aspect maladif.

En ce qui concerne L...

Attendu que les violences exercées par L..., sur divers élèves, quoique dépassant toutes les bornes, n'atteignent pas la gravité de celles auxquelles se sont livrés J... et M...

Qu'il convient de lui faire une application plus modérée de la loi.

En ce qui concerne K...

Attendu que les violences auxquelles il s'est livré sur certains enfants sont relativement légères et peu nombreuses.

Qu'une des peines de simple police édictées par la loi du 3 Brumaire an IV sera une répression suffisante.

Par ces motifs,

Le Tribunal :

Condamne J.,. et M... chacun à *six jours d'emprisonnement.*
Condamne L..., à *cinquante francs* d'amende.
Condamne K..., à *trois journées de travail.* .
Les condamne en outre solidairement aux frais.

L'une des plus graves conséquences de l'enseignement clérical réside dans la multiplicité des actes de
violences ou d'immoralité accomplis par les prêtres
ou les congréganistes. On ne dit pas que les institu-
teurs laïques soient tous, à ce point, d'une innocence
absolue : la cruauté et la dépravation des sens exercent leurs ravages dans tous les groupements humains.
Mais il est établi par les statistiques judiciaires qu'il y a,
toute proportion gardée, cinq fois plus de délinquants
de ce genre parmi les congréganistes que parmi les
laïques. (Et encore faut-il, de plus, tenir compte des
scandales cachés par le clergé, qui réussit souvent à
les étouffer). Le célibat est la principale cause du
nombre considérable de ces crimes et délits : d'une
part, la chair inassouvie pervertit la raison et provoque les attentats aux mœurs ; d'autre part, les congréganistes, par suite de leur inflexible organisation et de
leur existence spéciale, sont, ainsi que l'explique le
président Magnaud, la négation de la famille dont ils
ignorent l'esprit de tendresse et de mansuétude, et, le
cœur fermé à ces sentiments, ils s'habituent aux corrections manuelles sans remords. Ce sont là deux vices
dont chaque jour amène des exemples nouveaux. Le
plus surprenant est que des pères et des mères de famille continuent de confier leurs enfants aux écoles
congréganistes : ni les scandales les plus révoltants,
ni les crimes les plus retentissants ne triomphent de

leurs préjugés cléricaux. Et même, lorsque leurs enfants sont victimes de procédés cruels ou libidineux,
ils sont les premiers à prendre la défense des coupables : par exemple, dans l'affaire du Cercle catholique
d'Epernay, les parents viennent affirmer qu'ils ont
eux-mêmes autorisé leur jeune fils à coucher avec le
prêtre à qui l'on reproche des actes « suspects et immoraux »; dans l'affaire des frères ignorantins, tel
père de famille déclare qu'il a autorisé les frères à
battre son enfant, tel autre avoue qu'il a pressé son
fils de rétracter sa déposition, défavorable à ses maîtres, *parce qu'on ne doit jamais dénoncer les bons frères.* L'amour paternel, à défaut de l'amour de la vérité,
devrait les rendre moins indulgents envers des hommes qui maltraitent ou corrompent leurs enfants. Mais
ils préfèrent sacrifier leurs fils à l'esprit clérical...

Un écrivain d'un talent âpre et redoutable, M. Octave Mirbeau, a raconté dans un roman d'une observation aiguë [1] qu'un jésuite s'était ingénié à charmer
par la musique un de ses élèves afin de le mieux séduire avant de le souiller. Les sceptiques ont pu mettre
ce récit sur le compte de l'imagination puissante de
M. Octave Mirbeau. Or, comme il arrive souvent, voici
que la vérité apporte son témoignage au romancier.
On a lu, en effet, dans les considérants du président
Magnaud, que l'abbé X..., « artiste à ses heures »,
amenait dans sa chambre les jeunes gens de son cercle
« par amour de l'esthétique », amour qui se manifestait

---

[1]. *Sébastien Roch*, roman de mœurs, par Octave Mirbeau,
1 vol. in-18, à la Bibliothèque Charpentier. Ce livre est
l'une des études les plus remarquables que l'on ait écrites
sur les écoles des Jésuites.

par des leçons de dessin et de photographie accompa-
gnées d'actes d'immoralité caractérisés... Passons !

A propos du jugement relatif aux frères ignorantins,
il est nécessaire de faire remarquer qu'il fut rendu
antérieurement à la loi du 19 avril 1898. Cette loi,
concernant la répression des violences, voies de fait,
actes de cruautés et attentats. commis envers les enfants, arme le juge de peines beaucoup plus élevées
que celles édictées par l'article 311 du Code pénal. Il
est probable que si le président Magnaud l'eût eue à
sa disposition, il aurait été plus sévère à l'égard des
quatre congréganistes traduits devant son tribunal.

# VI

## Une commune troublée par son curé.

———

Tribunal de Chateau-Thierry.

Audience du vendredi 18 mars 1892.

*Présidence de M. Magnaud, Président.*

Le Tribunal :

Attendu que Z... se jugeant diffamé par trois articles parus dans les numéros 1182, portant la date du premier novembre 1891, — 1187 en date du 13 du même mois, et 1191 en date du 22 novembre du journal : « L'Avenir de l'Aisne », commençant et finissant par ces mots : Le premier article : « A » monsieur l'Evêque de Soissons et Laon, il y a 18 mois à » votre arrivée dans l'Aisne... A quand la seconde aubade » de la Lyre ouvrière de N...! » — Le second : « A N..., hier » mercredi il y a eu grande fête au presbytère et parmi les » amis du curé de N... Les pertes non encore estimées sont » couvertes par une assurance. » — Le troisième : « La se- » conde à monsieur l'Evêque de Soissons. Monsieur l'Evê- » que, mille pardons, mais c'est encore de N... que je viens » vous entretenir... Monsieur l'Evêque, messieurs les ma- » gistrats du Parquet, je vous supplie, faites votre devoir, » veillez ! » a assigné D... gérant dudit journal devant le tribunal de police correctionnelle de Château-Thierry en paiement de la somme de cinq mille francs à titre de répa-

ration et sans préjudice des réquisitions du ministère public
dans l'intérêt de la vindicte publique.

Attendu que D... reconnaît être l'auteur des dits articles,
mais déclare qu'ils ont tous été dirigés contre le ministre
du culte, fonctionnaire du gouvernement, et non contre la
personne de Z..., et demande, en conséquence, que le tribunal correctionnel se déclare incompétent, la diffamation envers les ministres d'un culte ne pouvant être l'objet de
poursuites, d'après les articles 31 et 45 de la loi du 29 juillet 1881, que devant la Cour d'Assises.

Attendu que, pour mieux apprécier la valeur de cette exception d'incompétence, il est nécessaire, avant d'examiner
les articles incriminés en eux-mêmes, de rechercher quelle
a été l'attitude de Z... à N..., depuis son installation dans
cette commune.

Attendu qu'en 1884, époque de la nomination de Z... comme
desservant de N..., il est de notoriété que cette commune
jouissait de la plus parfaite quiétude;

Que les passions politiques y étaient si peu vives et alté-
raient si peu les bonnes relations des habitants, que la majorité républicaine du conseil municipal avait choisi le maire
dans la minorité réactionnaire.

Attendu qu'en 1885, peu de temps après l'arrivée de Z...,
un conflit survint entre l'autorité administrative et la compagnie des pompiers laquelle, quoique arrivée à l'expiration
de son mandat et dissoute, refusa de rendre ses effets d'ha-
billement et son matériel;

Que Z... est si bien l'instigateur de cette petite rébellion
que, malgré la formation régulière d'une nouvelle compagnie, on le vit présider peu de temps après un banquet composé uniquement des membres de la compagnie dissidente,

Que, n'ayant pu réussir à être choisi comme chef de la
musique de la commune, il y fomente des divisions et, avec
une fraction de cette société, en forme une seconde dont il
prend la direction;

Qu'ainsi, dans cette occasion, il tend à accaparer les services communaux et à s'ingérer dans les affaires municipales et locales.

Attendu que la conséquence des agissements de Z... a été

de scinder en deux fractions à peu près égales les habitants
de N..., avec un léger avantage cependant pour ses amis
qui, actuellement, possèdent la majorité dans l'assemblée
municipale, et d'exciter dans cette commune, autrefois si
paisible, les haines les plus intenses;

Qu'il est constant que depuis cet état de choses, les attentats contre les personnes et les propriétés y sont devenus
bien plus nombreux, et que dans presque toutes les affaires
correctionnelles provenant de cette contrée et sur lesquelles
le tribunal est appelé à se prononcer, il n'est pas de prévenu qui ne reproche aux témoins à charge de faire une
déposition mensongère parce qu'il est du parti adverse;

Que, d'ailleurs, l'influence active et pernicieuse de Z...
dans la désorganisation de la commune de N..., était en 1887
tellement évidente comme elle l'est encore aujourd'hui, qu'à
cette époque, l'autorité diocésaine s'étant naturellement bien
gardée de mettre un terme à une pareille situation en déplaçant un subordonné, le ministre de la Justice et des Cultes se vit dans la nécessité de supprimer le traitement de
ce desservant, que ses amis de la municipalité nouvelle
tentèrent aussitôt, mais sans succès, de rétablir;

Qu'en présence d'une situation aussi troublée qui paraissait avoir fait perdre à la République le bénéfice de plusieurs
années de conciliation, on s'explique parfaitement que « l'A-
venir de l'Aisne », journal nettement républicain, c'est-à-dire
exempt de toute compromission et alliance avec le cléri-
lisme, se soit ardemment retourné contre le desservant Z...
qui abusant de ses fonctions en était l'auteur, et ait publié, pour combattre une influence qu'il considérait comme
néfaste, les articles incriminés par la citation;

Qu'il convient, maintenant, d'examiner les articles dont
s'agit :

Attendu que les passages des dits articles incriminés par
Z... comme diffamatoires, sont ainsi conçus, savoir :

Celui de l'article paru dans le numéro 1182 : « Une jeune
fille, celle-là du moins n'était là que fortuitement, mais des-
cendez au presbytère de N..., un beau soir, à l'improviste,
monsieur l'Évêque, et vous pourrez en rencontrer d'autres,
y trouver de singulières, d'accablantes surprises, si ensuite

l'on vous mettait en mains certains billets renouvelés à multiples échéances, épée de Damoclès dont la pointe est dans
nombre de chaumières de N... et la poignée au presbytère,
vous auriez le double secret d'une omnipotence qui a pu tout
braver depuis quelques années : les mœurs et les lois. Il
en est résulté à N.... un abaissement de la moralité publique
tel que vous pouvez être rassuré sur la situation de son
curé après la condamnation qui vient de l'atteindre : elle
n'ébranlera pas son autorité (?) Parmi les siens, aucun ver-
dict, même celui de la Cour d'assises, ne saurait plus y parvenir : le niveau moral, le niveau du presbytère a eu le
temps de s'établir et la minorité honnête ne compte plus
depuis longtemps que par les persécutions de toutes sortes
que le curé lui fait subir. Souvenez-vous des incendies des
années dernières... Vous pourrez désormais laisser à ses
ouailles de N... leur digne pasteur, nous ne nous en occu-
perons plus, à moins que la Cour d'assises... »

Le passage de l'article paru dans le numéro 1187 : « Hier,
mercredi, il y a eu grande fête à l'église, au presbytère et
parmi les amis du curé de N... — Le matin, une messe solennelle a été chantée par trois curés des environs, dont
l'un a officié : l'abbé Z... dirigeait sa fanfare. L'après-midi,
banquet et promenade en musique, en grande liesse, par les
rues du village. L'abbé était rayonnant. Journée triomphale.
N. B. — Dans la nuit de ce même jour, vers onze heures et
demie du soir, un incendie s'est déclaré dans un bâtiment
neuf rempli de récoltes et appartenant à M. Antoine. Ce bâtiment était attenant à une maison d'habitation ; le bâtiment
et les récoltes ont été complètement détruits et la maison
endommagée. Les pompiers de N... avec leur zèle habituel,
ont combattu le fléau jusqu'au matin et ont réussi à sauver
une grande partie du mobilier. On conclut à la malveillance.
Les pertes, non encore estimées, doivent être couvertes par
une assurance. »

Et celui de l'article paru dans le numéro 1191 :

« La seconde à M. l'Evêque de Soissons. Monsieur l'Evêque,
mille pardons, mais c'est encore de N... que je viens vous
entretenir. Je vous apporte la statistique des incendies qui
ont désolé cette commune depuis deux ans. Ce document

vous intéressera certainement. Le voici par ordre de dates :
6 juillet 1889, un bâtiment rempli de récoltes. — 14 juillet 1889,
une maison d'habitation. — 16 août 1889, un bâtiment rempli
de récoltes, — 1ᵉʳ septembre 1889, trois meules de blé et
avoine disséminées sur le territoire. — Fin octobre 1890,
une maison d'habitation, — 25 décembre 1891, deux meules
également disséminées, — 11 novembre 1891, un bâtiment
rempli de récoltes. — Ensemble dix incendies se répartis-
sant ainsi : 5 meules, 3 bâtiments pleins de récoltes et 2 maisons habitées. Remarquez que le feu du ciel n'a pas dévoré
un seul bâtiment vide, ni abandonné, ce qui met visiblement le bon Dieu sur la sellette. La justice n'a pu encore
pénétrer le mystère, naturellement !!! Après chaque sinistre, la gendarmerie de Fère fait sa petite enquête et puis
c'est tout : En voilà pour jusqu'à la prochaine flambée...
céleste. Heureux pays pour les gredins que ce fief de votre
subordonné, monsieur l'Evêque ! Si seulement nous avions
la consolation de savoir que M. l'abbé Z... leur donne à
confesse des pénitences sérieuses, nous serions tout à fait
rassurés sur le salut de leurs belles âmes. Mais, le dernier
exploit de ces messieurs les incendiaires a réveillé à N...
une petite légende gaie que je veux vous narrer, monseigneur : La compagnie des sapeurs pompiers est composée
de parpaillots qui ne prendraient pas les armes sur votre
passage, cela soit dit sans vous froisser, puisqu'ils refusent
de les prendre même en l'honneur du bon Dieu de l'abbé
Z... En d'autres termes, ils ne mettent jamais les pieds à
l'église. Gens de rien, sans foi ni loi, mais têtus en diable !
or, le bon Dieu aurait révélé que s'ils avaient consenti à
faire quelques corvées à l'église, il est possible qu'ils en
eussent moins fait ailleurs. On répète tout bas, que le propos suivant aurait été tenu dans la matinée du 11 novembre dernier : « Ils n'ont pas voulu se déranger pour assister à la sainte messe, eh bien ! ils se dérangeront le soir. »
Et ils se sont dérangés en effet. Mais voici qui n'est plus du
tout de la légende : Le propriétaire du dernier immeuble
incendié se trouvait gravement malade ; il a manqué mourir
de frayeur et, depuis, ça ne va plus ; sa voisine immédiate
était en couches : le saisissement a failli lui être fatal. Comme

vous voyez, monseigneur, le gredin de bon Dieu y a mis, cette fois, du raffinement et il s'en est fallu de peu que les aubades de la Lyre ouvrière aient eu pour épilogue, outre l'incendie, l'envoi de deux âmes de mécréants dans les abîmes éternels. Vous feriez bien, monseigneur, de conseiller au bon Dieu d'en rester là, nous ne sommes plus au temps des plaies d'Egypte et, d'ailleurs, les Hébreux n'avaient peut-être pas plus souffert sous la tyrannie des Pharaons qu'une certaine fraction de la population de N... sous celle du presbytère. La mesure est comble, croyez-moi : dix incendies en deux ans, cela suffit. Vous venez de déplacer d'office le curé de C...., soupçonné de libéralisme, pour l'envoyer non loin d'une ex-religieuse (de C. .) laïcisée, cela, dit-on, afin d'accréditer certaines calomnies. L'abbé L. s'est honnêtement refusé à ce jeu. Ce n'est pas pour vous que je parle, monsieur l'Evêque, mais on est tout de même « canaille » dans votre monde. Je vous demande grâce pour les martyrs de N...; je vous le demande à genoux. Au nom de ce que vous avez de plus cher, pitié! Il se prépare là-bas quelque drame épouvantable. N'assumez pas une telle responsabilité. Monsieur l'Evêque, messieurs les magistrats du Parquet, je vous supplie, faites votre devoir, veillez! »

Attendu que l'article du 1er novembre 1891, après avoir signalé un fait absolument exact et rendu public par les débats qui se sont produits devant le tribunal, laisse entendre que des réunions de femmes et filles ont lieu au presbytère de N...;

Que, si ces réunions paraissent surprenantes à D... c'est évidemment en raison de la qualité de prêtre de Z... et qu'il ne songerait certainement pas à faire grief de ce fait à toute autre personne qu'à un ministre du culte;

Que l'allusion faite à des billets renouvelés ne saurait constituer une diffamation, le fait de renouveler souvent des billets, si suspect qu'il soit dans certains cas, ne portant pas absolument atteinte par lui-même à l'honneur et à la considération de son auteur et ne pouvant avoir d'importance qu'en raison des fonctions de Z...

Que, d'ailleurs, ce fait s'appliquerait plutôt au père du demandeur qui se livre, dans les campagnes, à de petites

opérations d'escompte, qu'à Z... lui-même, et a seulement eu
pour but d'insinuer que celui-ci, par son intervention, peut,
suivant qu'il s'agit de partisans ou d'adversaires, faire modérer ou activer les poursuites en recouvrement ;

Que l'abaissement de la moralité publique dans la commune de N..., signalé par l'auteur de l'article, n'est évidemment reproché à Z... que comme résultat des haines et
des divisions qu'il a soulevées, soit dans l'exercice de ses
fonctions, soit surtout en en faisant abus.

Attendu qu'à la fin de cet article et dans ceux des 13 et
22 novembre 1891, Z... n'est nullement désigné comme l'auteur des incendies répétés qui se sont produits à N... depuis
son installation, mais qu'il y est simplement dit que le résultat de son ingérence intempestive en toutes choses a tellement avivé les passions et les haines locales qu'elles se sont
traduites par des attentats contre les personnes et les propriétés ;

Que ces faits ne contiennent rien de diffamatoire à l'encontre de Z... personnellement et ne sont que la critique
acerbe de ses agissements ;

Qu'au surplus, ce qui établit bien que les critiques con-
sidérées comme diffamatoires par Z... ne s'appliquent pas
à l'homme privé, mais au prêtre fonctionnaire du Gouvernement, c'est qu'elles sont adressées sous forme de lettre à
l'Evêque, son supérieur hiérarchique, et dans le but évident
d'obtenir son déplacement, ce qui exclut toute atteinte personnelle et privée contre Z...

Qu'il n'est pas douteux que les faits diffamatoires articulés
contre un fonctionnaire sont de la compétence de la Cour
d'assises lorsqu'ils ont rapport à sa vie publique et qu'il
est accusé d'avoir commis des abus dans les faits qui constituent l'exercice proprement dit de ses fonctions ou au
moyen de l'influence que sa qualité même lui procure ;

Que d'ailleurs, un tribunal correctionnel ne saurait se
déclarer compétent, alors même que le poursuivant n'aurait
invoqué que sa qualité de particulier, si l'ensemble des
allégations contenues dans les écrits incriminés et tendant
toutes à déconsidérer l'homme public, forment entre elles
un tout connexe et indivisible.

Par ces motifs,
Le tribunal se déclare incompétent.
Condamne Z... aux dépens.

Le président Magnaud a tracé dans ce jugement, en résumant les faits de la cause, une peinture fidèle des mœurs produites en beaucoup de communes françaises par certains desservants de paroisse.

Un village vit tranquille, à l'abri des divisions qui troublent tant de bourgs. Les habitants y coulent leurs jours dans une union fraternelle. La politique elle-même, ô prodige! n'a pas réussi à les séparer. Survient soudain un curé agité, despotique, ambitieux. Au lieu de se donner uniquement aux devoirs de bien-faisance et de charité dont se prévaut sa religion, il ne poursuit qu'un dessein : accaparer à son profit l'autorité communale. L'axiome lui est connu, qui conseille de diviser pour régner. Et, en effet, le voici s'insinuant dans les familles, se glissant dans les asso-ciations locales, se mêlant des affaires municipales, partout allant, partout critiquant, réveillant celui-ci, stimulant celui-là, ici excitant la colère, là semant l'envie, flattant tous les appétits, soulevant toutes les passions, si actif et si habile à aviver les sentiments les plus bas, qu'au bout de quelques mois la commune la plus paisible qui fût devient sous sa néfaste influence un séjour infernal. Ce n'est plus qu'un lieu de que-relles, d'inimitiés, de haines criminelles. Ce pays, hier renommé pour sa paix et son honnêteté, tout à coup est fameux par son cynisme. La sécurité des personnes n'y est plus assurée, et, quant aux granges et aux ré-coltes, le feu s'y met, à l'imprévu, lorsque celui qui

les possède n'assiste pas à la messe. Un tel changement ne va point sans déranger les familles elles-
mêmes, et, de fait, voici les mères, les filles, les sœurs,
qui courent à confesse plus que de coutume, le soir
abandonnant leur foyer pour la cure, car l'abbé, de
joviale humeur, aime à rire et à s'amuser. Mais ce
n'est pas tout de dépraver les mœurs et d'en jouir dans
l'intimité, encore faut-il en tirer un profit public. Il y
avait dans la commune une majorité d'électeurs attachés aux institutions établies, contre une minorité infime de bons vieux par manie fidèles au passé. La population était républicaine. Le curé arrive, la guerre
par ses soins est allumée entre parents et amis, et
bientôt, des élections ayant lieu, la minorité réactionnaire entre triomphante à la maison communale. La
République baisse ! s'écrient les adversaires de la Constitution. Non : c'est un prêtre qui a abusé de la tolérance du gouvernement pour jeter le brandon de dis-
corde dans une localité, pour faire tourner au profit du
parti clérical les mécontentements personnels qu'il a
lui-même suscités à plusieurs fins...

Ainsi font, impunément, la plupart des membres du
clergé catholique. Ils ont licence de censurer et de
combattre le gouvernement qui les paie. Car il est risible de prétendre qu'on les punit en suspendant leur
traitement. Ce curé de N..., dont le président Magnaud
nous dit l'action pernicieuse, fut-il arrêté dans ses manœuvres par cette puérile mesure?... Il faudra que la
démocratie française trouve autre chose si elle veut
se défendre contre les empiétements dangereux de
l'Église. La société écrase l'individu au nom du droit
commun : que ne songe-t-elle, au nom du salut pu-

blic, à terrasser le plus redoutable ennemi qui la menace, c'est l'Église, et qui déjà la trouble et la pervertit?

# SEPTIÈME PARTIE

---

# LE DROIT DES CITOYENS

# I

## Menaces d'un politicien contre un fonctionnaire : condamnation à la prison.

---

TRIBUNAL DE CHATEAU-THIERRY.

Audience du 9 août 1889.

*Présidence de M. Magnaud, Président.*

Le Tribunal :

Attendu qu'il résulte des débats la preuve que le 4 décembre 1888, à Essômes, Y... s'adressant au facteur X... lui a dit au sujet d'une communication officielle que cet agent était chargé de lui faire de la part de A..., receveur des postes de Château-Thierry : « J'emmerde le receveur des » postes, il décachète mes lettres, je le ferai sauter après » que le ministère Floquet sera tombé. »

Attendu que Y... ne pouvait ignorer qu'en raison de ses fonctions le facteur X... devait nécessairement faire part de ces propos à son chef ;

Qu'il les a donc tenus avec l'intention qu'ils lui soient rapportés.

Attendu que, dès le 6 décembre, A... adressait sur ces faits un rapport à son chef hiérarchique à Laon, qui prescrivait une enquête au cours de laquelle Y... déclara à l'inspecteur P... chargé d'y procéder, qu'il avait chez lui le dossier de plusieurs personnes, notamment celui de A... et qu'il s'en servirait, le moment venu, pour le faire révoquer.

Attendu qu'en tenant un pareil langage à l'un des chefs de A... qui, pour les mêmes raisons que le facteur X... ne pouvait manquer de l'en instruire, Y... n'a fait qu'accentuer les menaces déjà proférées en présence de ce facteur;

Qu'il y a même lieu de s'étonner que les chefs de l'administration des postes, de qui A... était en droit d'attendre aide et protection, n'aient pas avisé M. le Procureur de la République des faits délictueux dont ils avaient connaissance, ainsi qu'ils y étaient tenus aux termes de l'article 29 du Code d'instruction criminelle;

Que la conséquence en a été de laisser A... pendant plus de sept mois sous l'impression de menaces de révocation qui, s'il eût été d'un caractère pusillanime, pouvaient lui inspirer d'autant plus de crainte que Y... s'était antérieurement et successivement donné à lui comme chargé de représenter, dans l'arrondissement, un prétendant et un agitateur, ajoutant encore qu'il avait sa nomination de Sous-Préfet dans la poche et que le premier acte de son administration serait de faire arrêter le Sous-Préfet et le Maire actuels de Château-Thierry et d'envoyer ce dernier à Cayenne.

Attendu, en outre, que le 22 juillet 1889, à Château-Thierry, le prévenu Y... interpellant cette fois A..., lui a tenu ce langage : « Tu as détourné une lettre qui m'invitait à un » banquet chez Lemardeley et tu m'en as décacheté trois » autres. Si nous arrivons au pouvoir, je te ferai révoquer, » malgré tes trente-trois ans de services. »

Attendu que ces paroles, adressées directement au receveur des postes de Château-Thierry, ainsi que les propos tenus au facteur X... le 4 décembre 1888 et quelques jours plus tard à l'inspecteur P... à l'égard de ce même employé, constituent le délit répété d'outrage par paroles et menaces envers un citoyen chargé d'un service public à l'occasion de l'exercice de ses fonctions;

Qu'en effet, il ne saurait y avoir de doute, en ce qui concerne ces mots grossiers : « J'emmerde le receveur des pos- » tes », que le prévenu lui-même reconnaît avoir prononcés;

Qu'il en existe bien moins encore au sujet de cette accu-

sation, plusieurs fois produite, que A... « détournait et
« décachetait les lettres », la plus grave, la plus outrageante
qui puisse être portée contre un employé des postes;

Qu'enfin, le fait d'annoncer et de faire annoncer à A...
« qu'on le fera révoquer malgré ses trente-trois ans de services » et de le répéter encore à ses chefs, est une menace
des mieux caractérisées.

Attendu que le délit susvisé est puni et réprimé par l'article 224 du Code pénal.

Attendu que ces outrages empruntent un caractère de
gravité exceptionnelle, tant à leur persistance qu'à ce fait
que celui qui les a proférés s'est posé dans l'arrondissement de Château-Thierry comme le chef d'une coalition
politique qui, précisément, cherche à intimider par des
menaces de révocation ultérieure et de poursuites plus graves
encore, les fonctionnaires de la République, et à les pousser
ainsi à la désobéissance et à l'inaccomplissement de leurs
devoirs ;

Qu'il est donc absolument nécessaire, par une répression
sérieuse, de mettre les agents du gouvernement à l'abri de
ces entreprises, éphémères, il est vrai, mais dissolvantes,
et de les assurer de la protection des lois.

Par ces motifs, le Tribunal condamne Y... à huit jours
d'emprisonnement et à cent francs d'amende.

Le condamne, par corps, au remboursement des frais.

La date de ce jugement rappelle une période agitée
de notre histoire, 9 août 1889 — c'est l'époque où,
sous l'influence lénifiante de l'Exposition universelle,
et aussi par suite de l'union agissante de toutes les
fractions du grand parti républicain, le boulangisme
commençait d'agoniser. Car l'on ne s'y est pas trompé :
l'homme qualifié par le président Magnaud de « prétendant », d' « agitateur », n'est autre que le général
Boulanger. (Ainsi se précise, à l'occasion des causes
les plus diverses, la nature des sentiments démocra-

14

tiques du juge de Château-Thierry : pas plus que ne
l'intimident les puissances financières ou cléricales, il
ne fléchit devant les coalitions politiques les plus me-
naçantes. Les unes et les autres, il les fustige avec le
même courage, il les flétrit avec la même fermeté.)

Qui a traversé ces jours d'emballement et d'affole-
ment ne peut oublier l'arrogance qu'affichait alors la
réaction, ni la platitude des fonctionnaires de tous
grades envers les insolents ennemis de la République.
Plus les uns criaient et gesticulaient, se disant sûrs
de la victoire, plus les autres se courbaient ou se ter-
raient, pleutres infâmes. Magistrats, préfets, fonctionnaires de tous ordres, les grands et les petits, et les
conseillers de préfecture, et les percepteurs, et les
policiers, et les substituts, qui n'était prêt à « trahir »
la République ? qui ne l'avait trahie d'avance, par des
visites, par des lettres au général ou à ses principaux
lieutenants? Une minorité, et c'est tout. La plupart
des serviteurs de la République, et de ceux qui l'a-
vaient le plus bassement flagornée pour vivre à ses
frais, étaient tout disposés à jurer fidélité à l'ennemi,
allègrement, sans vergogne. Or, tandis qu'ils lui ou-
vraient la place, à côté d'eux la défendaient bravement
les quelques fonctionnaires qui étaient de sincères
républicains, ceux-ci injuriés, menacés, poursuivis de
haines féroces, et, naturellement, « lâchés » par leurs
chefs hiérarchiques, « lâchés » également par les magistrats de parquet qui n'osaient pas poursuivre les agi-
tateurs en lesquels ils voyaient leurs maîtres de demain.
De sorte que les boulangistes avaient toute licence de
pousser les fonctionnaires de la République à la déso-
béissar... et à l'inaccomplissement de leurs devoirs...

Le président Magnaud (ce n'est pas de notre faute si sa loyauté le différencie de ses collègues si souvent !) fut un des rares magistrats qui ne transigèrent pas avec leur conscience. Il fallait quelque crânerie, en pleine tourmente, pour oser, n'étant que président d'un petit tribunal. prononcer contre l'un des chefs du boulangisme en province une condamnation appuyée sur des attendus aussi opposés à l'esprit de la faction. Et quelle audacieuse leçon donnée aux grands chefs de l'Administration à qui il ne craint pas de reprocher vertement leur pusillanimité, leur lâcheté ! Un individu se vante d'avoir en poche sa nomination de sous-préfet de Boulanger Ier (toujours l'histoire de la peau de l'ours vendue avant de l'avoir tué !), il proclame bien haut les noms des fonctionnaires inscrits sur les listes de proscription, et, quand l'une de ces futures victimes demande aide et protection à ses chefs, ceux-ci, crainte de se compromettre, l'abandonnent. Le beau moyen, pour ces messieurs, de mériter l'estime de leurs subalternes, le respect du public, la confiance du gouvernement !... C'est parce qu'ils sont si enclins à s'abaisser, si empressés à céder aux intimidations, si ardents à subordonner leur conscience à leur intérêt, qu'on les traite comme des domestiques et non comme des citoyens.

———————

## II

## Abus do pouvoir d'un maire.

---

TRIBUNAL CIVIL DE CHATEAU-THIERRY.

Audience publique du 1er avril 1897.

*Présidence de M. Magnaud, Président.*

Le Tribunal...

Attendu qu'à la date du sept janvier mil huit cent quatre-vingt-dix-sept, M... a assigné devant ce tribunal X... maire de G..., en cette qualité et non ès-qualités ainsi qu'il est dit à tort dans l'assignation, pour que celui-ci soit tenu, dans les trois jours du jugement, de lui délivrer un certificat de bonne vie et mœurs, et en outre condamné à cinq cents francs de dommages intérêts pour réparation du préjudice moral et matériel que le refus opposé jusqu'à ce jour par ce magistrat municipal de faire cette délivrance lui aurait causé.

Attendu qu'à cette demande le défendeur oppose avant toute défense au fond : 1° deux moyens de non recevabilité tirés, le premier de ce que M... se serait désisté de sa demande, le second, de ce que la dite demande visant l'exécution d'un acte administratif aurait dû être précédée du mémoire prescrit par la loi du 5 avril 1884 ;

2° Une exception d'incompétence basée sur ce que la juridiction civile n'est pas compétente pour apprécier un acte administratif émanant d'un fonctionnaire dans l'exercice de ses fonctions; qu'il conclut à ce que le tribunal rejette la demande comme non recevable et subsidiairement se déclare incompétent.

*Sur la non recevabilité de la demande.*

— Attendu qu'à l'audience du dix-huit mars 1897 M... a demandé la radiation provisoire de la cause, mais qu'aucun désistement régulier n'a été signifié par lui à son adversaire; qu'il n'a ainsi en aucune façon renoncé à porter à nouveau sa demande devant le tribunal.

Que ce premier moyen doit être rejeté.

Attendu, en ce qui concerne le second, que l'action intentée par M... n'est pas dirigée contre la commune de G... représentée par X..., mais contre X..., maire de cette commune, en raison d'un fait accompli dans l'exercice de ses fonctions; que dès lors le demandeur n'avait pas à produire le mémoire prescrit par l'article 124 de la loi du 5 avril 1884; que son action est donc recevable.

*Sur le moyen d'incompétence.*

Attendu que l'autorité judiciaire est incompétente pour prescrire à un fonctionnaire l'exécution d'un acte de sa fonction; qu'il y a eu lieu pour le tribunal de se déclarer incompétent de ce chef;

Mais attendu que si les tribunaux de l'ordre judiciaire sont incompétents pour apprécier la légalité d'un acte administratif ou l'interpréter, il n'en saurait être de même lorsque cet acte administratif déjà interprété par l'autorité administrative n'a servi qu'à couvrir un fait personnel tout à fait distinct de cet acte.

Attendu que l'autorité judiciaire est compétente pour statuer sur toutes actions dirigées contre des fonctionnaires publics en réparation du dommage causé par les fautes personnelles qui leur sont imputées, alors même que ces fautes auraient été commises dans l'exercice de leurs fonctions;

Que, dès lors, il appartient aux seuls tribunaux de l'ordre judiciaire de prononcer sur une demande en dommages intérêts formée en vertu de l'article 1382 du Code civil, contre un agent de l'administration à raison de fautes personnelles commises ou de répréhensibles agissements auxquels il se serait livré en exerçant ses fonctions.

14.

Attendu que des circonstances de la cause et des documents produits il apparaît que X..., maire de G..., en refusant à M... un certificat de bonne vie et mœurs qu'il réclamait afin d'être agréé par l'administration en qualité de garde particulier, n'a fait qu'obéir à un sentiment de rancune personnelle vis-à-vis de M..., l'un de ses adversaires politiques;

Que cette animosité a été démontrée non seulement par l'attestation de bonne vie et mœurs délivrée à M... par cinq conseillers municipaux et quarante et un habitants de la petite commune de G... composée de quatre-vingt-onze électeurs, mais aussi et surtout par le refus subséquent qu'au mépris de la loi X... a opposé à M... de recevoir l'affirmation d'un procès-verbal de chasse dressé par lui, formalité qui ne saurait être considérée comme un acte administratif, puisqu'à défaut du maire la loi prescrit à l'agent verbalisateur de se présenter devant le Juge de Paix;

Que ce qui établit encore que c'est bien par suite d'inimitié personnelle que X... a agi, c'est que non seulement M... a été agréé par l'autorité préfectorale, mais que, postérieurement à cet agrément, sa commission lui ayant été retirée par l'administration à défaut de la production d'un certificat de bonnes vie et mœurs, elle lui a été rendue par la dite administration à la suite des justifications qu'il a dû nécessairement produire pour établir que, nonobstant le refus du maire de l'attester, il était de bonnes vie et mœurs;

Que cette restitution à M... de sa commission constitue l'interprétation la plus claire par l'autorité administrative elle-même de l'acte reproché à X...

Attendu que le déclinatoire proposé aujourd'hui ne saurait détruire l'existence de cette interprétation.

Attendu au surplus que la délivrance d'un certificat de bonnes vie et mœurs ne saurait constituer un acte administratif, que c'est un acte innommé dont la délivrance n'est prescrite au maire par aucune loi ni décret, si ce n'est pour un cas tout à fait spécial prévu par la loi sur le recrutement, et qu'il ne tient ce pouvoir que de l'usage et de la notoriété attachée à ses fonctions;

Que dans tous les cas, la délivrance d'un certificat de

bonnes vie et mœurs, qui dans les grandes villes est le plus souvent dressé par les commissaires de police, nécessitant des investigations sur les antécédents, la vie publique et même privée de celui qui le sollicite, rentre plutôt dans les attributions de police judiciaire du maire, dont les actes, lorsqu'il agit en cette qualité, sont, sans conteste, soumis à l'appréciation des tribunaux judiciaires ;

Qu'enfin s'agirait-il, même sans contestation, d'un acte administratif, cet acte ayant été interprété par l'administration elle-même, il ne reste plus que la question de dommages intérêts dont l'examen rentre dans la compétence de l'autorité judiciaire ;

Qu'on doit d'ailleurs admettre d'autant plus facilement le recours contre les maires devant l'autorité judiciaire en vertu de l'article 1382, qu'aujourd'hui et par conséquent depuis la décision du tribunal des conflits du dix-huit avril 1880, les maires, élus par les conseils municipaux en vertu de la loi de 1884, échappent en grande partie au contrôle de l'administration et peuvent, en raison de cette indépendance vis-à-vis du pouvoir central, avoir une plus grande tendance à se placer souvent à un point de vue personnel, dans l'accomplissement de leurs fonctions.

Par ces motifs,

Le tribunal déclare recevable la demande formée par M... contre X...

Se déclare incompétent sur le premier chef de la demande, tendant à contraindre X... maire de G.., à délivrer un certificat de bonnes vie et mœurs au demandeur dans les trois jours du présent jugement,

Se déclare compétent sur la demande en dommages-intérêts,

Condamne X... aux dépens de l'incident liquidés à dix francs soixante centimes dont distraction est prononcée au profit de Mᵉ M... avoué sous l'affirmation de droit.

Renvoie à quinzaine pour plaider au fond,

Ce jugement élargit le droit de recours contre les maires devant l'autorité judiciaire. Le président Magnaud en donne cette raison, toute de bon sens, que les maires, échappant en grande partie au contrôle de l'administration, peuvent, en raison de l'indépendance qu'ils tiennent de leur élection, avoir une plus grande tendance, dans l'accomplissement de leurs fonctions, à se placer souvent à un point de vue personnel. La cause jugée en est un exemple. Voici un garde particulier qui, pour être agréé par l'administration préfectorale, doit produire un certificat de bonnes vie et mœurs. Il demande cette pièce, qui lui est indispensable, au maire de sa commune. Celui-ci, pour des raisons personnelles, politiques ou privées, peu importe, le lui refuse. Ce refus ne s'explique que par le plaisir de satisfaire une rancune. Il en résulte un préjudice moral et matériel au détriment du citoyen lésé dans son droit et dans ses intérêts. Que va faire celui-ci pour obtenir réparation? Il s'adresse au tribunal. Mais l'autorité judiciaire est incompétente pour prescrire à un fonctionnaire l'exécution d'un acte de sa fonction. De sorte que, et encore grâce à une large interprétation de la loi, l'administré à qui le maire a causé un tort volontaire peut tout au plus obtenir des dommages-intérêts : quant au certificat de bonnes vie et mœurs dont il a le plus pressant besoin, le maire reste maître de le lui refuser à sa fantaisie. (Il est vrai que l'administré a la faculté d'épuiser toutes les juridictions. Ainsi a fait le garde particulier M... Et voici le résultat : le jugement de Château-Thierry ayant été déféré au tribunal des conflits, celui-ci l'a renvoyé devant le Conseil de préfecture, lequel, à son tour, s'est déclaré incompétent — beauté de la dualité de juridiction!... — si bien qu'aucune solution n'est en-

core intervenue, après plus de deux ans...) Les maires
étant ainsi libres d'abuser de leur pouvoir vis-à-vis
de leurs administrés, et ils ne s'en privent pas en
maintes circonstances, que devient le droit du citoyen?

# III

## Dualité de la juridiction ordinaire et de la juridiction administrative.

---

Tribunal civil de Chateau-Thierry.

Audience du 15 novembre 1899.

*Présidence de M. Magnaud, Président.*

Le Tribunal :

Attendu que D..., entrepreneur de maçonnerie, réclame à la commune de F... le paiement de travaux qu'il aurait exécutés pour le compte de ladite commune, ainsi que la restitution du cautionnement par lui déposé au moment où il s'est porté adjudicataire;

Que la commune de F... demande au Tribunal de se déclarer incompétent, les dits travaux ayant le caractère de travaux publics et ressortissant de la juridiction du Conseil de préfecture.

Sur la compétence :

Attendu qu'on doit entendre par travaux publics ceux qui sont exécutés dans un intérêt général et dont profitent tous les citoyens d'un même pays, tels que routes, canaux, chemins de fer, grands ponts, fortifications et constructions servant à la défense nationale, etc.

Attendu que les travaux exécutés par D... consistent en un lavoir et un abreuvoir spécialement destinés à l'usage

des seuls habitants du chef-lieu de la commune, dont la
demeure se trouve située à proximité, qu'ils n'ont, par conséquent, que le caractère de travaux d'utilité communale;

Qu'ils ne sauraient être considérés comme travaux publics
et rentrent, dès lors, dans la compétence des tribunaux
civils;

Qu'il importe peu que D..., dans son traité, se soit qualifié d'entrepreneur de travaux publics, cette qualité ne
pouvant résulter pour lui que de la nature des travaux
qu'il soumissionne et non de la qualification qu'il a cru
devoir prendre;

Qu'au surplus, serait-il réellement et habituellement entrepreneur de travaux publics, il ne saurait s'en suivre que
tous les travaux qu'il exécute prennent ce caractère.

Attendu que D... est dans une très modeste situation de
fortune et a sacrifié ses petites ressources pour soumission-
ner les travaux dont s'agit; qu'il a grand besoin d'en obtenir le paiement dans le plus bref délai possible, au moins
pour tout ce qui n'est pas contesté, afin de pouvoir en recommencer d'autres et parvenir à gagner sa vie;

Qu'il est vraiment pénible pour des juges, surtout quand
ils se trouvent en présence d'une aussi intéressante situation, de voir le cours de la justice en quelque sorte sus-
pendu ou, dans tous les cas, très retardé par le conflit per-
pétuel de diverses juridictions qu'il serait si simple et si
pratique d'unifier dans l'intérêt des justiciables;

Que ceux-ci sont les victimes, surtout dans l'espèce, d'une
jurisprudence sur laquelle les diverses juridictions qui prétendent en connaître, n'ont jamais pu se mettre d'accord et
ont changé à tout instant d'opinion;

Que l'état de la question est tellement obscur et repose
sur de telles arguties qu'il est tout à fait impossible à un
jurisconsulte de donner un conseil en la matière;

Qu'il est donc très explicable que, dans des conditions
aussi peu claires, le justiciable se retourne tout naturellement vers la juridiction de droit commun, surtout s'il n'a
pas, comme c'est le cas du demandeur, la fortune nécessaire pour attendre une solution toujours à longue échéance
et presque jamais la même.

Par ces motifs,

Se déclare compétent.

Condamne la commune de F... aux dépens de l'incident.

Tout l'intérêt de ce jugement réside dans ce fait qu'il démontre combien l'existence parallèle de deux juridictions, la juridiction ordinaire et la juridiction administrative, est une perpétuelle source de conflits, lesquels, cela s'entend de reste, se règlent toujours sur le dos des malheureux justiciables.

Un entrepreneur exécute des travaux pour le compte d'une commune. La soumission de ces travaux a engagé toutes ses ressources. L'entreprise une fois achevée et acceptée, il en réclame le paiement ainsi que la restitution de son cautionnement. La commune se dérobe. Lui, pressé d'argent, car il ne peut commencer d'autres entreprises sans avoir les fonds nécessaires, s'adresse à la justice de droit commun. Alors la commune va demander au tribunal de se déclarer incompétent, l'affaire ressortissant, d'après elle, de la juridiction du Conseil de préfecture. Si le tribunal accède, la solution du procès se trouve retardée considérablement : des mois, des années même se passeront à épiloguer *tout d'abord* sur le seul point de savoir quelle est celle des deux juridictions qui doit connaître du litige !... Si, d'ici là, l'entrepreneur n'est pas définitivement ruiné, il aura de la chance.

On voit donc que le jugement précité, après avoir juridiquement apprécié (contrairement à toute la jurisprudence) que le tribunal de Château-Thierry était compétent pour connaître du litige, s'élève de ce cas particulier à un point de vue plus général : il fait ressortir l'inconvénient coûteux de la dualité de juridictions, il met à jour les chinoiseries judiciaires, il démontre combien les justiciables ont intérêt à ce que soient unifiées des diverses juridictions par quoi la justice est arrêtée et tourne en chicanes aussi absurdes que ruinantes. La première réforme à accomplir pour arriver à cette unification est presque sous-entendue par le président Magnaud dans ses considérants : c'est la suppression des Conseils de préfecture, c'est-à-dire, en grande partie, de la juridiction administrative elle-même [1].

1. M. Morlot, député de l'Aisne, a précisément déposé, cette année même, une proposition de loi tendant à cette réforme : la Commission saisie a émis un avis favorable.

# IV

## Contre les avocats diffamateurs.

---

TRIBUNAL CORRECTIONNEL DE CHATEAU-THIERRY.

Audience du vendredi 2 février 1900.

*Présidence de M. Magnaud, Président.*

Le Tribunal :

Attendu que A..., estimant que la commune de Z... s'emparait d'un chemin dont il était propriétaire et l'élargissait encore à son détriment, signalait cet empiètement et son irrégularité au Préfet de l'Aisne par une lettre parfaitement correcte, en date du 21 février 1899 ;

Que le même jour, il écrivait encore à X..., maire de Z... en des termes fort convenables pour le prier de surseoir aux travaux de ce chemin jusqu'à la décision de l'autorité compétente.

Attendu que la réponse du maire en date du 22 février, n'ayant pas satisfait A..., celui-ci écrivit le 21 mai 1899 une deuxième lettre au Préfet de l'Aisne, contenant le passage suivant :

« Je n'ai pas besoin, M. le Préfet, de vous faire remar-
» quer la discrétion, la patience et la douceur avec lesquelles
» j'ai formulé ma réclamation.

» Mais aujourd'hui, je suis décidé, quoi qu'il puisse m'en
» coûter, à utiliser toutes les juridictions ainsi que les hau-

» tes influences dont mes relations me permettront d'user.

» J'estime, et les juges en décidéront, qu'une commune,
» par ce fait qu'elle est mineure, n'a pas le droit *de s'empa-*
» *rer du terrain d'autrui, de faire des coupes de bois et laisser*
» *ses agents disposer du produit de ces coupes* ».

Attendu que le 16 octobre 1899, A... introduisit devant le
juge de paix de C..., contre la commune de Z..., une action
possessoire basée sur le trouble apporté par la dite commune dans la paisible jouissance du fonds dont il est dé-
tenteur et qu'il libella son exploit introductif de la façon
suivante :

« Attendu qu'au mois de décembre dernier (1898), la com-
» mune de Z... *s'est permis de prendre deux mètres cinquante*
» *centimètres de terrain sur la propriété du requérant,* lieudit
» le bois des..., terroir de Z..., pour donner une largeur
» d'environ cinq mètres, fossés compris, sur toute sa lon-
» gueur, au chemin traversant la dite propriété, *de creuser*
» *des fossés, de couper et d'arracher des arbres sur ledit terrain,*
» d'amener dans les dits fossés, par des caniveaux, les eaux
» provenant des propriétés voisines ».

Attendu que le 11 novembre suivant, X... réunit le conseil
municipal pour l'inviter à délibérer sur le choix d'un avoué
qui serait chargé de représenter la commune et soutenir,
en justice, ses intérêts.

Attendu qu'au cours de cette délibération et, signalant
aux conseillers municipaux réunis en séance publique le
passage de la lettre écrite par A... au Préfet et les termes
de son assignation en justice de paix, X... ne craignit pas
de dire que de pareilles affirmations « étaient le fait *d'un*
*malhonnête homme ou d'un inconscient* » ;

Que, perdant même toute mesure, il consigna, par écrit,
sur le registre public des décisions du conseil municipal,
une délibération dans laquelle on peut lire que « les accu-
» sations du demandeur, contenues dans sa lettre du 21 mai
» 1899 au Préfet de l'Aisne et dans la citation du 10 octobre,
» sont *le fait d'un malhonnête homme ou d'un inconscient* ; »

Qu'il y a lieu de s'étonner que cinq conseillers municipaux, au lieu de faire comprendre au maire toute l'incor-
rection d'un tel langage et d'un semblable écrit, se soient

laissés aller, eux aussi, à signer un acte public libellé de la sorte.

Attendu que X..., en déclarant publiquement et en consignant dans un écrit public que la lettre écrite au Préfet par A... et l'assignation lancée par lui, étaient l'œuvre « d'un malhonnête homme ou d'un inconscient », lui a imputé un fait de nature à porter atteinte à son honneur et à sa considération et que son intention de lui nuire ne saurait faire de doute.

Attendu que ce propos verbal et écrit, pris dans son ensemble, constitue le délit de diffamation prévu et réprimé par les articles 29 et 32 de la loi du 29 juillet 1881, mais qu'on ne saurait en détacher les épithètes de « malhonnête » et « d'inconscient », pour relever, en outre, le délit d'injures publiques, ainsi que le demande A...

Attendu que, pour bien apprécier la pénalité que mérite le délit commis par X... et les réparations qui doivent en être la suite, il importe d'examiner avec soin les circonstances de la cause.

Attendu, tout d'abord, que A... contrairement à ses premières déclarations à l'autorité préfectorale, n'élève plus aucune prétention sur la propriété du chemin, cause primitive du litige et dont il affirmait que la commune s'était indûment emparée, reconnaissant ainsi qu'il appartenait bien à cette dernière ;

Qu'il s'est borné à se plaindre devant le juge de paix, qu'en élargissant le chemin, la commune de Z... avait empiété sur sa propriété riveraine et avait coupé et arraché des arbres ou baliveaux lui appartenant ;

Que l'enquête faite sur place, par le juge, a suffi pour le convaincre que les travaux effectués n'avaient eu pour but que de mettre le chemin en état de meilleure viabilité et que l'assiette n'en avait pas été changée ni augmentée ; qu'en outre, les quelques poussées de bois faisant saillie sur le dit chemin, qui avaient été coupées par le cantonnier de la commune, n'avaient été supprimées par lui que parce qu'elles le gênaient dans son travail ; qu'elles constituaient à peine un fagot de bois que nul ne s'était approprié avec ou sans autorisation, puisqu'il se trouvait encore sur place au moment de la constatation ;

Que, se basant sur cette enquête, le premier juge dont, il est vrai, la décision n'est pas définitive, a cru devoir débouter A... de la plus grande partie de sa demande et le condamne aux cinq sixièmes des dépens, en lui allouant seulement deux francs pour le bois coupé par le cantonnier de la commune, mais non enlevé et restant, par conséquent, à la disposition de A...

Attendu que, même sans se préoccuper du jugement de justice de paix, il résulte, dans tous les cas, de l'enquête qui l'a précédé et qui, elle, ne contient que des constatations matérielles et certaines, que X... ne s'est pas emparé du terrain de A..., qu'il n'a pas amené sur son terrain les eaux des propriétés voisines et, qu'encore moins, ce qui est certainement l'accusation la plus grave, il n'a utilisé à son profit, ni autorisé aucun agent de la commune à utiliser pour ses besoins personnels, les quelques branches insignifiantes de bois appartenant au demandeur, que le cantonnier avait, à tort, coupées pour faciliter sa tâche ;

Qu'on comprend, dès lors, que la lettre adressée le 21 mai 1899 au Préfet de l'Aisne, par le demandeur, et où celui-ci l'accusait nettement de s'être rendu complice d'un détournement de bois à son préjudice, ait douloureusement impressionné X... auquel sa conscience ne reprochait rien de semblable et qui n'avait agi, en cette affaire, que mû par les seuls intérêts de la commune ;

Qu'il est bien évident que, sans cette lettre au Préfet, son chef hiérarchique, contenant des accusations graves et fausses, X... ne fût pas sorti du calme et du sang-froid qui n'auraient jamais dû l'abandonner.

Attendu que cette lettre au Préfet de l'Aisne est une pièce publique, en raison des fonctions de son destinataire ; que, par son caractère officiel, elle a passé par les mains des innombrables fonctionnaires intermédiaires qui pullulent dans toute administration et qu'elle a ainsi reçu une très grande publicité administrative; qu'elle apparaît, enfin, comme une véritable dénonciation dont la loyauté pourrait être suspectée, si l'on considère que le détournement de bois, avec complicité frauduleuse du maire, fait le plus grave au point de vue moral, n'a jamais existé ainsi qu'il était extrêmement facile au plaignant de s'en assurer.

Attendu que, si la provocation n'excuse pas la diffama-
mation, elle doit cependant, suivant sa gravité, en atténuer
beaucoup les fâcheuses conséquences, surtout si, comme
dans l'espèce, elle a reçu une certaine publicité ;

Qu'il est aussi un autre élément d'atténuation dont le
Tribunal doit tenir grand compte aussi bien pour l'application de la peine que pour les dommages-intérêts, c'est le
langage malveillant et blessant pour X..., tenu par le demandeur à l'audience.

Attendu que, pour soutenir sa prétention, A..., mettant à
profit la grande publicité d'un débat judiciaire, a, non seulement, élevé des doutes sur la probité administrative de
X..., mais lui a encore adressé, à l'audience, au cours de
son exposé, de blâmables épithètes, notamment : « hypocrite », « sournois », « être malfaisant et nuisible », n'ouvrant
la bouche (ô ironie !) que « pour injurier » ; que même, s'il
n'avait été arrêté à temps, il eût aussi tenté une incursion
sur sa vie la plus privée ;

Que de pareilles violences de langage se rattachaient, il
est vrai, à des faits d'administration municipale qu'on ne
pouvait considérer comme tout à fait étrangers à la cause
et s'expliquaient à la rigueur par les termes diffamatoires
employés par X... dans la délibération du 11 novembre 1899,
mais que A... eût gagné à soutenir avec calme ses prétentions, donnant ainsi à son adversaire une leçon morale parfaitement méritée ;

Qu'en franchissant, à son tour, les bornes de la courtoisie, A... a entendu se faire justice à lui-même ; qu'il s'est
ainsi attribué, en quelque sorte, par avance, une compensation qui doit diminuer dans une large mesure celle qu'il
sollicite du Tribunal et que celui-ci lui aurait certainement
accordée plus complète, s'il s'était contenté de faire valoir
ses griefs juridiquement et avec modération ;

Qu'il n'y a jamais nécessité à ce qu'un témoin, ou même
un prévenu, soit outrageusement malmené à l'audience et
qu'il est contraire à la dignité et au bon renom de la justice
de le tolérer, alors qu'il est si facile, au cas où la moralité

de l'un ou de l'autre serait douteuse, de le faire ressortir en termes pondérés ;

Qu'évidemment, cette théorie paraîtra bien surprenante et très primitive à ceux qui ont pris l'habitude de transformer le prétoire en une succursale de ces feuilles publiques dont l'injure, la diffamation et le scandale constituent les principaux arguments, mais qu'il y a lieu, cependant, d'espérer qu'on appréciera avec indulgence la naïveté d'une petite juridiction de province qui aime mieux laisser la responsabilité de pareilles mœurs judiciaires à des tribunaux de plus haute envergure.

Attendu que, dans ces conditions, il n'y a lieu d'appliquer à X... que le minimum de la peine édictée par la loi, d'autant plus que s'il s'était réellement livré aux actes de déprédation que, si inconsidérément, lui a reprochés A..., il n'en devait retirer aucun profit personnel ;

Qu'en outre, la suppression des passages diffamatoires de la délibération du 11 novembre 1899 et l'insertion, in-extenso, du présent jugement dans un journal de la région, apparaissent comme une réparation suffisante pour A...

Attendu, enfin, que X... n'a jamais subi de condamnation et que c'est bien le cas de le faire bénéficier des bienveillantes dispositions des articles 1 et 2 de la loi du 26 mars 1891.

Par ces motifs :

Renvoie X... du chef d'injures publiques,

Le condamne en vingt-cinq francs d'amende pour diffamation,

Ordonne la suppression des alinéas 4, 5 et 7 de la délibération du conseil municipal de Z... en date du 11 novembre 1899,

Ordonne l'insertion, in-extenso, du présent jugement dans l'*Avenir de l'Aisne*, publié à Château-Thierry, et limite le coût de cette insertion à cinquante francs,

Condamne X... aux dépens pour tous dommages-intérêts, desquels dépens la partie civile sera tenue envers l'Etat, sauf son recours,

Fixe au minimum déterminé par la loi, la durée de la contrainte par corps, s'il y a lieu de l'exercer,

Suspend l'exécution de la peine principale.

Voilà un jugement assez nouveau dans la jurisprudence. Les avocats vertement cinglés par un magistrat, la chose est plutôt singulière. Mais les mœurs des plaideurs n'échappent pas plus que celles de la justice à la censure du président Magnaud. Et comment les justiciables ne l'approuveraient-ils point de s'insurger contre cette habitude invétérée au barreau de malmener outrageusement à l'audience soit les prévenus, soit les témoins? Injurier, diffamer, traîner les gens dans la boue à propos d'un litige quelconque, ce n'est plus de la liberté, cela s'appelle licence. (Et si l'on objecte que ce vice est inhérent à la presse autant qu'au barreau, il en faut bien convenir, mais en faisant une distinction : nul n'est tenu d'acheter un journal de polémique violente, tandis que l'on ne comparaît en justice que contraint par la loi). Les droits de la défense doivent être illimités, on ne le nie point. Mais cette règle, d'ailleurs essentielle à la recherche de la vérité, devrait s'entendre du droit de faire la preuve librement en tous domaines, et non pas de l'usage excessif d'*éreinter* quand même les justiciables. Tels procès ne sont scandaleux qu'à cause des avocats : ils n'hésitent pas à laisser là le Code pour se permettre une incursion dans la vie privée de l'adversaire de leur client. Les plaideurs dont la cause est mauvaise prennent par ce moyen leur revanche anticipée du jugement qui les va confondre. C'est une compensation, sans doute, et qui peut amuser les badauds. Mais l'on ne sache pas que l'esprit soit banni de l'éloquence judiciaire et qu'on le doive à jamais remplacer par des termes vulgaires et grossiers. Certains avocats pourtant permettraient de le croire, substituant au talent absent

les pires outrages, du reste sous l'œil complaisant et
souriant des magistrats. Ce sont ces mœurs déplorables
(déplorables au barreau comme dans la presse) qui
sont visées par le président Magnaud. Malheureusement, il est à craindre que les années ne passent avant
que le prétoire daigne se transformer en une école de
politesse. A moins que les plaideurs trop durement
malmenés à la barre ne prennent la résolution d'imposer silence à leurs insulteurs par des arguments plus
probants que des mots. Auquel cas le prétoire serait
alors une école de boxe. Nous souhaitons pour les
avocats que cette perspective ne se réalise jamais.
Mais il y a des plaideurs si chatouilleux!

# V

## Calomnie envers une femme mariée : condamnation du diffamateur.

---

TRIBUNAL CIVIL DE CHATEAU-THIERRY.

Audience du jeudi 25 novembre 1897.

*Présidence de M. Magnaud, Président.*

Le Tribunal :

Attendu que le 7 août dernier X... a fait parvenir à Z...
une lettre anonyme, dont il reconnaît être l'auteur et ainsi
conçue : « Monsieur : je regrette pour vous, mais je suis
» obligé de mettre un terme à l'effronterie qu'a votre femme
» à mon égard, ainsi qu'à celui de ma femme depuis qu'elle
» a pour prétexte de porter la viande tous les jours à Dhuisy
» ou simplement venir se promener jusqu'au bois, elle a à
» mon égard du plus loin qu'elle m'aperçoit des regards
» qui frisent peu les bonnes mœurs ; j'ai été avant de me
» marier un peu avec elle, c'est vrai ! mais je suis loin
» *d'avoir idée de renouveler les fréquentations.* Déjà depuis
» longtemps quand je sors, elle se trouve sur mon chemin
» et c'est toujours les mêmes allures déplacées. J'ai déjà,
» ces jours derniers, en la mortifiant devant les ouvriers, es-
» sayé de mettre fin à cela, je l'ai sifflée espérant qu'elle
» prendrait une attitude plus convenable, mais je me suis
» trompé ; les langues commencent à aller leur train et

» comme je tiens à conserver mon honneur intact, je me
» vois forcé de m'adresser à vous, car je crois que si je
» suis soucieux de mon honneur, vous devez l'être du vôtre
» et que vous mettrez un terme à ses allures peu décentes ;
» c'est dur pour vous, mais je préfère vous dire que d'être
» obligé de faire un affront qui pourrait peser sur vous, car
» je suis las de ses allures et suis décidé à tout ».

Attendu que cette manière d'agir de X... est non seulement peu chevaleresque, mais encore tout à fait méprisa-
ble ; qu'il est incontestable que la lettre dont il s'agit contient une imputation de faits précis de nature à porter
atteinte à l'honneur de la femme Z... et aussi à jeter le trouble le plus grave dans son intérieur.

Attendu que s'il manque à cette lettre le caractère de
publicité susceptible d'une répression correctionnelle, elle
n'en a pas moins causé à la femme Z... un préjudice à la
fois matériel et moral ;

Que d'ailleurs cette lettre a été rendue en quelque sorte
publique, Z..., par suite de l'anonymat, ayant dû la montrer à diverses personnes, et notamment au maire et au
garde champêtre, pour en retrouver l'auteur.

Attendu qu'il n'y a pas lieu de recourir à l'enquête sollicitée par X... ; qu'il ressort en effet des renseignements fournis et d'un certificat délivré par le maire de A..., le 15 août
dernier, et qui sera enregistré en même temps que le présent jugement, que la femme Z... est de très bonnes vie et
mœurs et qu'aucun bruit de nature fâcheuse n'est venu ter-
nir sa réputation ;

Que la lettre dont s'agit n'est donc pas justifiée : et que
X... doit réparation du préjudice causé.

Attendu que le Tribunal a les éléments nécessaires pour
fixer à deux cent cinquante francs les dommages-intérêts
dus de ce chef aux époux Z... ;

Qu'il est regrettable que toutes les personnes lésées dans
leur réputation par les intempérances verbales ou écrites
de leurs concitoyens, et dont la malignité publique s'empare avec tant de malsaine satisfaction pour les colporter
et les grossir, ne s'adressent pas à la justice pour obtenir
réparation des agissements dont elles sont victimes.

Par ces motifs,

Condamne X... à payer aux demandeurs la somme de
deux cent cinquante francs à titre de dommages intérêts,
avec intérêts de droit,

Dit que le présent jugement sera inséré dans les trois
journaux paraissant à Château-Thierry, par extrait contenant les motifs et le dispositif, aux frais de X...,

Condamne ce dernier en tous les dépens liquidés à ce
jour à soixante francs cinq centimes dont distraction est
prononcée au profit de maître X..., avoué, qui l'a requise
sous l'affirmation de droit.


Les êtres qui se livrent à des actions de la nature
du délit réprimé par ce jugement sont tout à fait méprisables. Le nombre, dit-on, en est cependant assez
élevé. Il est des gens dont l'esprit méchant se satisfait
à calomnier leur prochain. Le président Magnaud exprime le regret que leurs victimes ne s'adressent pas
plus souvent à la justice. Tout citoyen, en effet, a le
droit de sauvegarder sa réputation, pour peu qu'il ait
la naïveté de se préoccuper de l'opinion publique. En
dehors des corrections manuelles, qui ne sont pas à
la portée ni du goût de tout le monde, réparation ne
peut être accordée que par les tribunaux. Et ici,
précisément, intervient chez les personnes lésées la
crainte de ces avocats diffamateurs blâmés par le président Magnaud. A de pures calomnies ne donneront-
ils pas l'apparence de la vérité par leurs insinuations
perfides ? (La foule sait qu'ils ne s'en privent point.)
C'est alors que la malignité publique aurait beau jeu !
Et les personnes lésées restent chez elles, moins par
doute de leur bon droit que par crainte d'une justice
qui aurait pour premier effet de les laisser vilipender
en plein prétoire. Les calomniateurs profitent de cette

pusillanimité, mais les avocats y perdent, car ce sont leurs excès de langage qui éloignent les plaideurs. Juste compensation!...

# VI

## Délit d'injure caractérisée ; acquittement.

---

TRIBUNAL DE CHATEAU-THIERRY.

Audience publique du 10 décembre 1897.

*Présidence de M. Magnaud, Président.*

Le Tribunal :

Après avoir interrogé le prévenu à l'audience du 26 novembre 1897, entendu à la même audience Me de F., avocat du demandeur, Me S., avocat du défendeur en leurs conclusions respectives, M. le Procureur de la République en ses réquisitions et après en avoir délibéré conformément à la loi, vidant son délibéré.

Attendu que le 23 mai 1897, à l'issue d'une conférence organisée dans le but de recruter des adhérents à une société dite « La Dotation de la Jeunesse de France » P... a traité le conférencier O... « d'homme malpropre » ;

Que ce qualificatif de « malpropre » ne doit pas être entendu dans le sens vulgaire du mot, mais dans celui beaucoup plus grave d'homme sans probité ou d'une probité douteuse.

Attendu que P... a donc adressé à O... une injure parfaitement caractérisée.

Mais attendu que l'injure, quand elle est précédée de provocation, n'est pas punissable.

Que cette provocation a été évidente de la part de O...
qui, condamné en mil huit cent quatre-vingt huit, par le
Tribunal correctionnel de la Seine, à cinq ans d'emprisonnement, deux mille francs d'amende et cinq ans d'interdiction de séjour pour escroquerie et détournement d'objets
saisis, ne craint pas de se mettre publiquement en vedette
et de prêter, comme une sorte d'évangéliste, le concours de
sa parole si peu autorisée pour faire ressortir le but phil-
anthropique d'une œuvre, peut-être bonne en elle-même,
mais à laquelle le passé judiciaire de son délégué général
ne saurait que porter le plus grave des préjudices ;

Qu'on se présentant à Château-Thierry, dans cette ville
où résidait encore à ce moment-là une des nombreuses victimes de ses escroqueries au cautionnement, O... a jeté le
plus violent défi à la conscience publique et provoqué ainsi
de la part de P... l'un des assistants, la sanglante injure
que celui-ci lui a adressée ;

Qu'il était bien difficile, en effet, de se défendre d'un mouvement d'indignation en entendant cet homme encourager
les nombreuses personnes présentes à opérer des verse-
ments d'argent dans la caisse de la société « dont il est le
délégué général » et, en fait, le directeur et le maitre ab-
solu, alors que, quelques années auparavant, il prenait la
fuite, emportant toutes les économies de braves gens par
lesquels, à l'aide de fallacieuses annonces parues dans les
journaux, il s'était fait verser d'importants cautionnements
sous la trompeuse promesse d'emplois absolument fictifs ;

Qu'il a ainsi semé la ruine et le désespoir dans de mal-
heureuses familles ainsi que l'attestent les nombreux documents versés au dossier de la procédure instruite contre
lui en mil huit cent quatre-vingt-huit, sous la prévention
d'escroquerie ;

Que, certes, tous ceux qui cherchent par une conduite ir-
réprochable, à faire oublier leurs fautes passées, doivent y
être aidés et encouragés, mais leur premier devoir est de
travailler à cette régénération morale dans l'ombre et le
recueillement afin d'obtenir, en se glissant silencieux et re-
pentants au milieu des honnêtes gens, qu'on finisse par
vouloir bien les confondre avec eux ;

Que telle doit être la règle de conduite de celui qui veut fermement rentrer dans la bonne voie et parvenir à une complète réhabilitation ;

Qu'il n'en a pas été et n'en est pas ainsi de O... qui, au lieu d'expier tranquillement et de se faire oublier, s'est empressé, après sa première condamnation pour escroquerie, de reparaître en public dans plusieurs réunions, portant à sa boutonnière le ruban de la Légion d'honneur, nouveau délit qui lui a valu, en 1894, une autre condamnation, à trois mois d'emprisonnement pour port illégal de décoration ;

Que maintenant, il parcourt la France en apôtre d'une société de prévoyance pour laquelle il adresse de pressants appels à l'épargne publique.

Qu'il est bien évident que l'homme qui, par ses manœuvres frauduleuses et celles de ses complices, a si bien drainé à son profit les économies de gens aussi intéressants que peu fortunés, était le dernier qui fût qualifié pour donner des conseils de prévoyance à ses concitoyens et les amener à verser des fonds dans la caisse d'une société d'où, sous le couvert de frais de voyages pour conférences et propagande, il tire, en grande partie, les sommes qui lui permettent actuellement de vivre.

Attendu que cette attitude de O... ne pouvait que provoquer un soulèvement de la conscience de ceux de ses auditeurs au courant de ses tristes antécédents et, notamment de P... qui, dans son indignation, l'a traité « d'homme malpropre », injure qui ne saurait être réprimée, puisqu'elle a été précédée de la part de celui qui l'a reçue, d'une provocation morale autrement violente que si elle eût été matérielle.

Attendu, au surplus, que O... est délégué général de la société « La Dotation de la Jeunesse de France » ;

Que les fonctions de délégué général ne sont autres que celle de Directeur, Administrateur.

Que si, dans une délibération relative à l'organisation de cette société, il est dit, par un euphémisme de sécurité, que O... se refuse à tout maniement de fonds, il n'en ressort pas moins des renseignements recueillis et, notamment, de la

déposition faite devant la neuvième chambre du Tribunal
de la Seine, le vingt-et-un juillet 1897, par le témoin M...
ancien trésorier de la « Dotation de la Jeunesse de France »,
que O... en est le directeur, qu'il nomme les délégués, reçoit
la correspondance, prépare les réunions, rédige les bulle-
tins de la société ;

Qu'il en résulte que l'article 35 de la loi du 29 juillet 1881
lui est applicable ;

Qu'aux termes de cet article, « la vérité des imputations
» injurieuses pourra être établie contre les Directeurs ou
» ...dministrateurs de toute entreprise industrielle, commer-
» ciale ou financière faisant publiquement appel à l'épar-
» gne ou au crédit ».

Qu'il n'est pas nécessaire, en ce qui concerne les personnes susvisées, que les faits articulés soient relatifs à leurs
fonctions ;

Que dès lors, P... a pu être admis à fournir la preuve de
ses imputations injurieuses vis-à-vis de O...

Que cette preuve, il l'a faite sans qu'il ait été besoin de
recourir à une enquête, et en s'appuyant, seulement sur un
témoin irrécusable, le casier judiciaire de O...

Que P..., à quelque point de vue que l'on se place, se
trouve donc à l'abri de toute répression pénale, et aussi de
tout recours de la part de O... à l'occasion du terme de mépris qu'il lui a publiquement adressé.

Par ces motifs :

Renvoie P... des fins de la poursuite et condamne O... partie civile, aux dépens.


La loi protège les citoyens contre l'injure et la diffamation. Le président Magnaud n'est pas d'humeur
à ménager les diffamateurs. Mais il apprécie le délit
selon l'intention de son auteur et selon la conduite
publique de la victime. On se rappelle qu'ayant à juger un journaliste poursuivi pour avoir évoqué une
affaire de mœurs concernant un cercle catholique, il
déclara que si une atteinte quelconque avait été por-

tée à la considération du plaignant, elle résultait beaucoup plus des faits d'immoralité auxquels celui-ci avait
été mêlé que de la publicité à eux donnée par un journal :
il condamna le journaliste parce que la loi mettait le
tribunal dans l'absolue nécessité de prononcer une
condamnation, mais en spécifiant que cette condamnation devait être très mitigée de façon que le « droit
de dire la vérité » n'en subisse qu'une très légère atteinte. Par respect pour ce droit, il acquitte cette fois
un citoyen coupable d'avoir insulté, à cause de ses
antécédents fâcheux, le directeur d'une société de
prévoyance. Un individu, condamné pour escroqueries,
vient solliciter l'épargne publique; on lui reproche,
d'un mot, son passé ; il paie d'audace et poursuit son
insulteur. Il sait que la loi est formelle, que, quelle que
soit l'exactitude des imputations injurieuses, la preuve
ne saurait en être administrée contre un particulier,
que le délinquant tombe par conséquent sous le coup
de la loi de 1881 : en vertu de quoi l'honnête homme
sera condamné et le fripon glorifié. Le calcul est habile et réussit presque toujours.

L'article 33 de la loi de 1881 dit que l'injure sera
punissable *lorsqu'elle n'aura pas été précédée de provocation.* Au contraire, quand il y a eu provocation,
elle ne l'est point. Mais, jusqu'ici, la jurisprudence n'a-
vait interprété cette restriction de la loi qu'en ce qui
concerne la provocation matérielle, résultant des *gros
mots*, des *propos injurieux.* Quant à la provocation
*morale*, la jurisprudence l'ignorait : or, c'est sur celle-
ci qu'est basé surtout l'acquittement prononcé par la
sentence dont s'agit. C'est une interprétation nouvelle
de la loi, interprétation très large en même temps que

très rationnelle. Comment ! un chevalier d'industrie, après de nombreuses escroqueries au cautionnement, après de graves condamnations, viendrait, en se parant d'un titre plus ou moins pompeux, faire appel à l'épargne publique, et celui qui, connaissant son passé, l'accuserait publiquement d'être un *homme malpropre*, serait poursuivi et condamné ?... Non, répond le président Magnaud : l'insulteur doit être acquitté, parce que l'audace de l'insulté est une provocation morale adressée aux honnêtes gens, provocation qui a précédé et justifié l'injure poursuivie.

L'innovation contenue dans ce jugement est considérable. Elle reconnaît à un citoyen le droit de dévoiler les antécédents d'un individu qui tend à capter la confiance du public ou son épargne. Ce droit est une garantie générale. Le subordonner à la loi qui punit l'injure et la diffamation serait nuire à la recherche de la vérité.

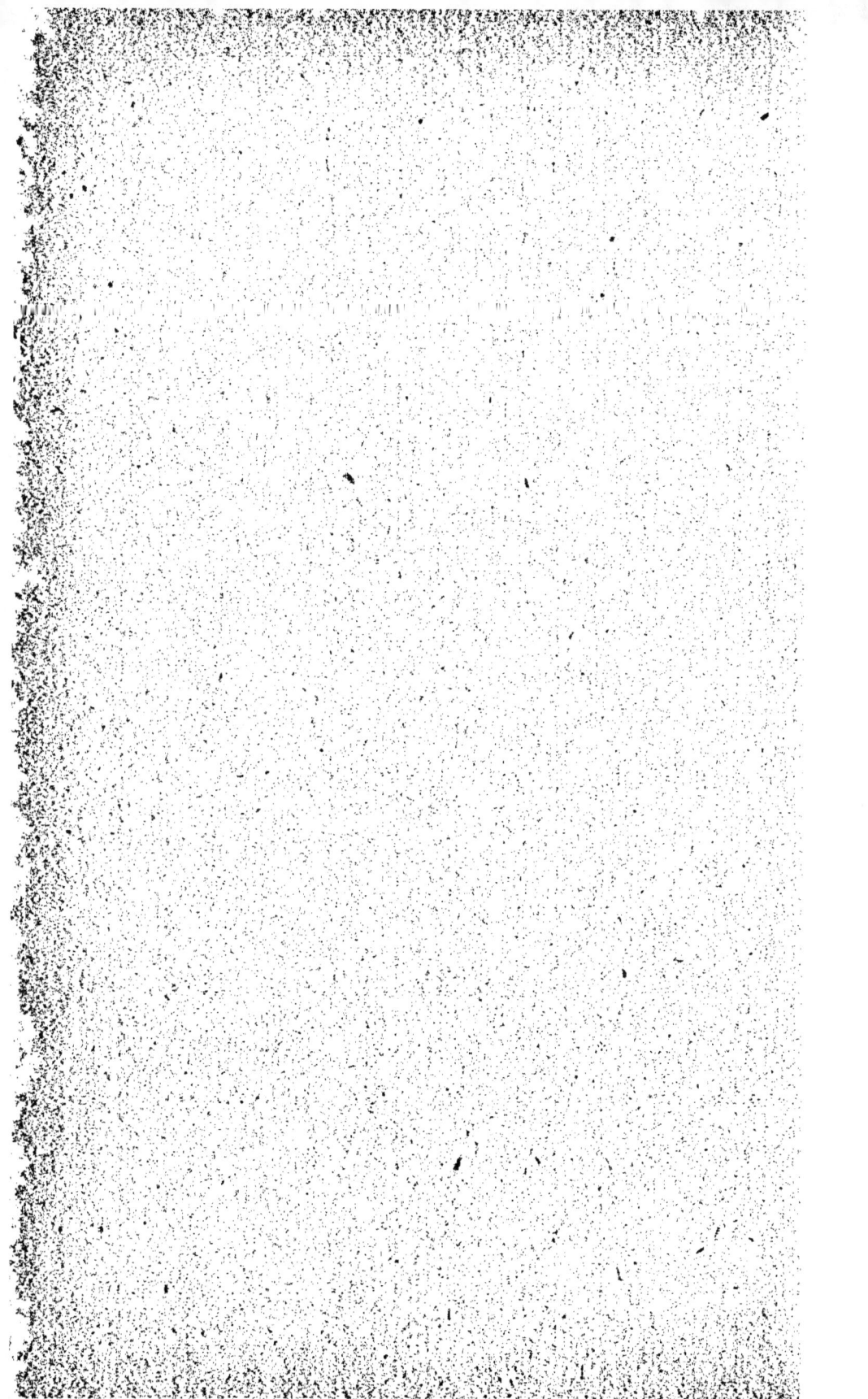

# HUITIÈME PARTIE

---

## LES
# DROITS DES PÊCHEURS ET DES CHASSEURS

### (LES GARDES PARTICULIERS)

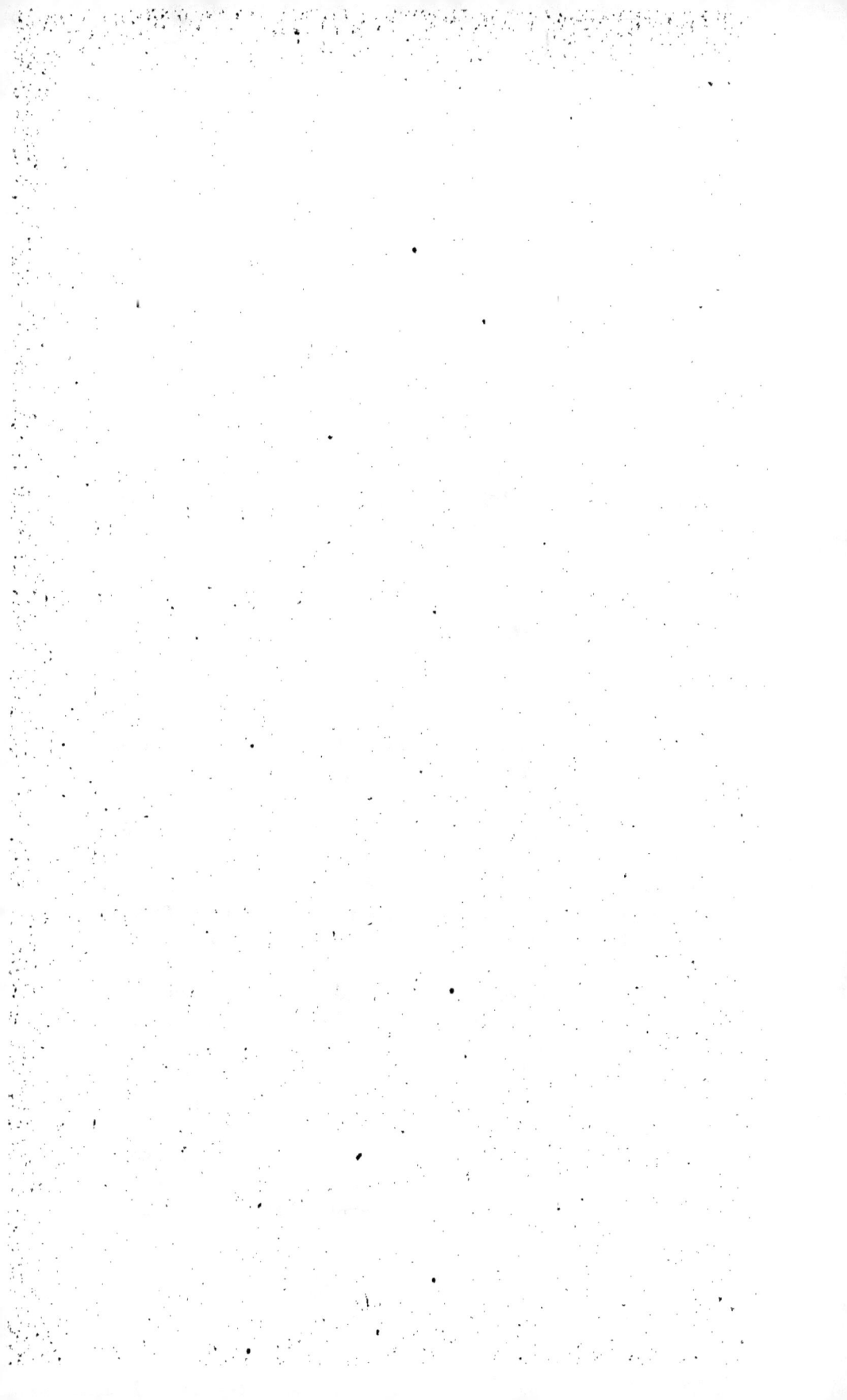

# I

## Demande d'admission au serment par un garde particulier : rejet.

———

TRIBUNAL DE CHATEAU-THIERRY.

Audience du mercredi 26 mars 1890.

*Présidence de M. Magnaud, Président.*

Le Tribunal après avoir entendu M. le procureur de la République en ses réquisitions et en avoir délibéré, conformément à la loi :

Attendu que A...., porteur d'une commission de garde délivrée par Y... et revêtue de l'agrément de l'administration préfectorale, se présente devant le Tribunal pour y être admis à prêter le serment prescrit par la loi, lequel ne serait que la conséquence de l'agrément qu'il a obtenu.

En droit :

Attendu que toutes les décisions rendues par les Tribunaux doivent être délibérées, c'est-à-dire discutées, dès lors exclusives d'une solution unique et inévitable ; qu'ils sont toujours libres d'admettre ou de rejeter, en motivant leur solution, les demandes qui leur sont soumises ; qu'en aucune matière, on ne saurait les considérer comme de simples chambres d'enregistrement, ce qui serait absolument contraire au but pour lequel ils ont été institués.

Que notamment en matière de serment, l'intéressé ne saurait se prévaloir de l'agrément de l'Administration pour obtenir, sans discussion de la part du Tribunal devant lequel il se présente, son admission au serment.

Que cette admission est prononcée par jugement et dans les mêmes conditions de forme que les autres décisions judiciaires; c'est-à-dire : « après avoir entendu le Ministère public en ses réquisitions et en avoir délibéré conformément à loi. » Qu'on ne saurait délibérer que sur une question qui peut être tranchée dans plusieurs sens.

Attendu que, si un tribunal n'a ni à rechercher ni à apprécier les motifs d'ordre divers qui ont pu déterminer l'Administration à agréer tel ou tel garde, malgré son casier judiciaire qui nécessairement a dû passer sous ses yeux, il ne saurait être tenu, par une admission « de plano » au serment, de donner une sorte de consécration à cet agrément et d'en partager ainsi la responsabilité;

Que d'ailleurs, si le législateur eût entendu que la prestation de serment fût une conséquence forcée de l'agrément, il aurait laissé à l'Administration le soin de le recevoir, comme pour tant d'autres agents, même officiers de police judiciaire, et ne l'eût pas confié au pouvoir judiciaire ;

Que c'est donc, sinon un droit de contrôle, tout au moins un droit d'examen qui a été donné aux tribunaux, lequel s'applique d'autant mieux que les gardes particuliers ne sont pas nommés par l'administration mais seulement agréés par elle, qu'en outre ils sont officiers de police judiciaire auxiliaires du Procureur de la République et que les tribunaux seuls ont qualité pour apprécier les actes résultant de leurs fonctions, que si l'inscription sur leur casier judiciaire de condamnations insignifiantes et ne portant aucune atteinte à leur honorabilité ne doit pas empêcher un Tribunal de les admettre au serment, il n'en saurait être de même de celles qui, même sans présenter aucun caractère de malhonnêteté, indiqueraient de la part de celui qui les a encourues une nature incompatible avec les fonctions dont on veut le charger et peu conforme à l'esprit sinon à la lettre de l'article 2 du décret du 20 Messidor an III. Attendu que cette théorie n'est que la conséquence du principe de la séparation des pouvoirs et de l'indépendance absolue et d'or-

dre public du pouvoir judiciaire qui, par sa nature, est essentiellement délibérant, et auquel nul ne saurait avoir la
prétention d'imposer une solution quelconque qui ne pourrait être ni discutée ni réfléchie.

En fait ;

Attendu que sur le casier judiciaire de A... figure une
condamnation à 100 fr. d'amende pour coups volontaires ; que
si cette condamnation n'est pas faite pour jeter sur lui la
déconsidération, elle dénote dans tous les cas une violence
de caractère exclusive du calme et du sang-froid nécessaires aux fonctions de garde et d'officier de police judiciaire
qu'on a l'intention de lui confier ;

Que les renseignements recueillis à l'occasion du fait qui
a motivé la condamnation précitée, condamnation grave
pour un premier délit, le dépeignent comme un homme brutal dans son intérieur, et redouté dans sa commune ; qu'é-
videmment la bonne foi de Y... a été surprise, sans quoi il
n'eût jamais consenti à choisir pour garde de ses propriétés
un homme offrant aussi peu de garanties à l'autorité judiciaire ;

Que si A... a été agréé et assermenté dans d'autres arron-
dissements, et même jadis dans celui de Château-Thierry
où il est encore garde de plusieurs propriétés, c'est que très
certainement son casier judiciaire n'a pas été produit et a
dû passer inaperçu à cette époque ;

Qu'il est du devoir du Tribunal de ne pas laisser s'augmenter dans son ressort les pouvoirs de A... en l'admettant
au serment comme garde de propriétés de Y...

Par ces motifs,

Rejette la demande d'admission au serment formée par A...
et le condamne aux dépens.

————

# II

## Demande d'admission au serment : rejet.

---

TRIBUNAL DE CHATEAU-THIERRY.

Audience publique du vendredi 29 août 1890.

*Présidence de M. Magnaud, Président.*

M. Jourdan, juge suppléant, remplissant les fonctions de Procureur de la République, a exposé que par commission en date du 26 décembre 1889 enregistrée et visée à la sous-préfecture de Château-Thierry, M. Y... propriétaire à X... a nommé, tant en son nom personnel que comme administrateur de ses enfants mineurs pour garde particulier de ses propriétés sises terroirs de... et..., ainsi que celles dont il est locataire, consistant en terres et bois, le sieur A..., né à B... le 12 octobre 1818.

Pourquoi il requérait qu'il plût au Tribunal : ordonner la lecture de la dite commission et admettre le sieur A... à la prestation de serment prescrite par la loi.

Le Tribunal, après avoir entendu M. le Procureur de la République en ses réquisitions et en avoir délibéré conformément à la loi :

Attendu que, par jugement en date du 26 mars 1890, le Tribunal de Château-Thierry a refusé d'admettre au serment le sieur A..., nommé par Y... garde particulier de ses propriétés, et agréé par l'administration malgré une condam-

nation à cent francs d'amende pour coups et blessures pre-
noncée contre lui par le Tribunal de Soissons.

Attendu que par arrêt du 30 juin 1890, la Cour de Cassation a cassé le dit jugement pour excès de pouvoir résultant
de l'immixtion de l'autorité judiciaire dans l'examen d'une
nomination émanée de l'autorité administrative compétente.

Attendu que A... se représente aujourd'hui devant ce même
Tribunal pour prêter le serment auquel il n'avait pas été
admis.

En la forme :

Attendu que sans se retrancher d'office derrière l'incompétence qui découle de l'article 87 de la loi du 27 ventose
an VIII, il est certain tout au moins que le Tribunal se trouve
actuellement dans la situation de la seconde juridiction devant laquelle, après cassation, l'examen d'une affaire est
renvoyé conformément au dit article.

Attendu que cet article ne fait aucune exception pour les
jugements annulés en vertu de l'article 80 de la même loi,
lesquels, comme tous les actes de juridiction des Tribunaux,
sont susceptibles de présenter un caractère contentieux.

Qu'annuler et casser en matière de cassation sont deux
expressions synonymes, puisque dans l'un et l'autre cas, les
décisions rendues sont mises à néant.

Que vainement on recherche, même dans l'article 80 de la
loi fondamentale précitée, ou dans toute autre loi et décret
se référant à la Cour de Cassation, le texte sur lequel a pu
être appuyé un arrêt de 1831, pour décider qu'une chambre
seule de cette haute juridiction, celle des requêtes, statuait
au cas d'excès de pouvoir, « définitivement et irrévocable-
ment », et qu'un Tribunal, en n'acceptant pas cette première
décision, « portait atteinte à l'autorité de l'arrêt rendu ».

Que très certainement lorsqu'après un arrêt de cassation,
la juridiction dont la décision est annulée ou cassée ne se
conforme pas à la solution contenue dans les arrêts, incon-
testablement, « elle porte atteinte à l'autorité de l'arrêt
rendu ».

Mais attendu que cette liberté d'action est absolument légale, et découle de la loi du 1er avril 1837 qui indique les
différentes phases par lesquelles doit passer un arrêt de

cassation, avant que la juridiction inférieure soit tenue de
le considérer comme dogmatique ;

Que d'ailleurs, dans la plupart des cas soumis à l'appréciation des Tribunaux, il est bien difficile de ne pas porter
une atteinte quelconque à un arrêt de cassation puisque,
sur la même matière, on en trouve en divers sens ;

Que dès lors, en adoptant l'un d'eux ou n'en acceptant
aucun, on porte nécessairement atteinte aux autres ou à
tous ;

Qu'il en résulte que la liberté du Tribunal de statuer
d'après sa conviction reste entière tant que la question juridique dont s'agit n'aura pas été examinée et résolue par
toutes les chambres réunies de la Cour suprême conformément à la loi du premier avril 1837.

Au fond :

Attendu que le jugement rendu par ce Tribunal le 26 mars
dernier est basé sur des motifs de droit et de fait établissant, d'une façon très précise, son pouvoir d'examiner la situation légale et pénale d'un garde particulier se présentant
pour prêter serment, ainsi que les garanties de confiance
que peut lui offrir ce futur officier de police judiciaire placé
sous la surveillance, non de l'autorité administrative, mais
de l'autorité judiciaire ;

Qu'évidemment, hors le cas d'une nomination non conforme
aux lois, en procédant de la sorte vis-à-vis d'un agent nommé
par l'administration, l'immixtion du pouvoir judiciaire dans
l'examen d'une nomination régulièrement émanée de l'autorité ne serait pas douteuse ;

Mais attendu que la nomination d'un garde particulier
n'est pas, comme celle des gardes champêtres des communes,
faite par l'autorité administrative mais par le propriétaire
des terres à garder ;

Qu'en effet dans son arrêt du 23 janvier 1880, le Conseil
d'État lui-même a reconnu que l'autorité administrative ne
nommait pas les gardes particuliers et ne pouvait même
leur retirer son agrément ;

Qu'il en résulte que cet agrément, sorte de visa arbitraire,
mais de pure forme, ne confère aucun droit de surveillance
ou pouvoir quelconque à l'administration sur les gardes

particuliers, et que non seulement elle n'a pas la faculté de
les révoquer, mais même celle de leur retirer son approbation, eût-elle été intempestivement donnée ;

Qu'il est dès lors bien difficile à l'autorité judiciaire, qui
examine si la nomination par un propriétaire d'un garde
particulier révocable par lui seul présente les conditions
de légalité ou les garanties de confiance nécessaires, d'em-
piéter sur un pouvoir négatif et en quelque sorte inexistant
de l'autorité administrative ;

Que si cette opinion ne prévalait pas, ce serait en cette
matière, l'asservissement complet du pouvoir judiciaire réduit au simple rôle d'agent de l'autorité administrative ;

Qu'il pourrait en résulter cette étrange et dangereuse
conséquence que si, par suite d'une erreur, l'administration
agréait en qualité de garde un individu mal famé, quoique
n'étant frappé d'aucune incapacité légale, et dont la triste
réputation serait connue d'un Tribunal, cette juridiction se
verrait dans la nécessité de consacrer solennellement à
l'audience par une admission au serment, non seulement
cette triste nomination faite par un propriétaire, mais encore l'approbation erronée de l'administration que celle-ci
n'aurait plus le pouvoir de retirer ;

Que tout l'odieux d'un choix aussi scandaleux retomberait nécessairement aux yeux du public sur le pouvoir judiciaire qui aurait reçu le serment, ce qui ne manquerait
pas de nuire grandement à la considération de la magistrature et au respect dû à la justice ;

Attendu en outre qu'on n'a jamais dénié aux Tribunaux le
droit de rechercher si la nomination des agents qui doivent
prêter serment devant eux a été faite conformément aux
lois et décrets ; qu'il convient d'examiner si, en ce qui concerne A...., ceux qui régissent la matière ont été observés.

Attendu qu'aux termes de l'article II du décret du 20
messidor an III « les gardes champêtres ne pourront être
choisis que parmi les citoyens dont la probité, le zèle et le
patriotisme seront généralement reconnus ».

Attendu que le mot « probité » dont s'est servi le législateur ne saurait être entendu seulement dans le sens strict
de l'honnêteté vulgaire qui consiste à ne pas s'approprier

16.

frauduleusement la chose d'autrui, mais bien de l'ensemble des qualités requises pour remplir avec calme, modération, fermeté et impartialité les fonctions dont s'agit.

Attendu que A... en 1874 a été condamné à cent francs d'amende pour violences volontaires;

Que cette condamnation, grave pour un premier délit, dénote chez lui un caractère irascible et une absence complète du calme et de la modération nécessaires aux fonctions dont on veut le charger;

Qu'en outre les renseignements recueillis sur lui et qui figurent au casier de cette affaire le représentent comme brutal dans son intérieur et redouté dans sa commune;

Que dès lors, non seulement il ne saurait inspirer aucune confiance au Tribunal comme garde et officier de police judiciaire, mais qu'au surplus il ne remplit pas les conditions exigées par le décret précité pour être choisi comme garde champêtre particulier;

Qu'en conséquence, tant en raison de ses antécédents que de sa nomination non conforme aux conditions prescrites par la loi, il n'y a lieu d'admettre A... au serment.

Par ces motifs:

Dit qu'il n'y a lieu d'admettre A... au serment.

Le condamne aux dépens.

Ce qui sera exécuté suivant la loi : ainsi jugé publiquement.

# III

## Un chasseur faussement accusé par un garde parti-
## culier : acquittement.

---

TRIBUNAL DE CHATEAU-THIERRY.

Audience correctionnelle du 24 novembre 1899.

*Présidence de M. Magnaud, Président.*

Le Tribunal :

Attendu que G... poursuit C... devant le Tribunal correctionnel pour avoir, le 3 septembre 1899, à M..., chassé sans
sa permission sur une pièce de terre lui appartenant, ladite
pièce isolée au milieu d'un grand nombre d'autres parcel-
les et large seulement de 6 mètres.

Attendu que C... dénie le fait et affirme qu'il a, au contraire, évité cette pièce en suivant, au-dessous d'elle, un
chemin qui la limite.

Attendu que B..., garde particulier de G..., affirme très
catégoriquement dans son procès-verbal et à l'audience,
que C... a traversé dans sa largeur, mais sans s'y arrêter,
la pièce de G... et ce, en attitude de chasse.

Attendu que l'affaire, ayant été remise pour entendre de
nouveaux témoins, le garde particulier B... a persisté avec
la plus grande énergie, à cette seconde audience, à affirmer qu'il avait parfaitement vu C... traversant la pièce de

terre dont s'agit, sans abandonner la position de chasseur
prêt à tirer sur le gibier.

Attendu tout d'abord que, traverser directement et sans
arrêt, même en attitude de chasse, mais sans rechercher le
gibier, une parcelle de terre de 6 mètres de largeur appartenant à autrui et isolée au milieu d'autres terres sur
lesquelles on a le droit de chasse, comme dans l'espèce
l'avait C...., ne saurait constituer un acte de chasse qu'autant qu'on tirerait sur la pièce de terre elle-même, dans le
but d'atteindre le gibier qui s'en échapperait ;

Que cela est d'autant plus vrai, qu'il suffit au chasseur
jouissant du droit de chasse en deçà et au delà d'une parcelle aussi exiguë dans sa largeur, de longer ladite parcelle
sans y pénétrer, pour en faire sortir tout le gibier qui peut
s'y être réfugié ;

Qu'il en résulte que, si C... a traversé la pièce de G...,
même sans avoir relevé son fusil, il ne saurait y avoir de
délit de chasse, puisqu'il ne s'y est pas livré à la recherche du gibier.

Attendu que ce n'est que par une interprétation étroite et
abusive de la loi qu'on en est arrivé à considérer le simple
passage, dans de pareilles conditions, comme un délit de
chasse sur le terrain d'autrui ;

Que la conséquence d'une jurisprudence aussi draconienne
n'est autre que de mettre souvent la justice au service de
rancunes particulières ou politiques ;

Que tel est, d'ailleurs, le cas de G... qui, dès le matin,
se dissimulait dans les buissons et boqueteaux, suivant,
avec son garde, pour ainsi dire pas à pas, mais à une assez grande distance, C... et ses camarades de chasse, afin
de guetter le moment où, pour se rendre sur les terres si-
tuées au delà où ils avaient, comme en deçà, le droit de
chasse, ils s'engageraient par mégarde dans le traquenard
que constituait son infime pièce de terre ;

Qu'en agissant ainsi, son but était bien de satisfaire l'a-
nimosité personnelle qu'il nourrit depuis un certain temps
contre le témoin P..., dont C... était l'invité, et qu'il ne saurait prétendre qu'en poursuivant ce dernier, il a entendu
simplement protéger son droit de chasse, puisqu'il ne pos-

sède, en effet, en ce lieu, que cette parcelle exiguë sur laquelle il ne chasse jamais et ne peut, d'ailleurs, réellement pas chasser.

Mais attendu, au surplus, que des dispositions des témoins nombreux et honorables qui ont été entendus, il est ressorti que les déclarations, pourtant si catégoriques et si persistantes du garde particulier B... étaient fausses ;

Que celui-ci, mis en état d'arrestation à l'audience, a, pendant quelques instants encore, persisté dans ses affirmations mensongères ;

Que procès-verbal de l'incident ayant été dressé pour être statué, audience tenante, sur le flagrant délit de faux témoignage relevé à sa charge, B... se rétractait, reconnaissant avoir menti en affirmant qu'il avait vu C... en attitude de chasse sur la pièce dont il s'agit et ajoutant que ce mensonge lui avait été suggéré par son maître G..., auquel il n'avait pas osé refuser de commettre une mauvaise action.

Attendu que, cette rétractation s'étant produite avant la clôture des débats, le délit de faux témoignage n'a pas été juridiquement consommé ;

Que dès lors, aucune pénalité ne peut malheureusement être prononcée contre le garde particulier B... et son complice G...

Que c'est bien le cas, toutefois, de faire ressortir publiquement que les Tribunaux ne sont jamais consultés sur le choix des gardes particuliers, ni sur leur agrément ;

Que si, en recevant leur serment, ils confèrent à ces agents la qualité d'officier de police judiciaire, il ne leur appartient pas, cependant, de rechercher auparavant s'ils remplissent les conditions de moralité, de calme et de confiance nécessaires à l'exercice de leurs fonctions ;

Que ce droit est exclusivement réservé à l'administration préfectorale ;

Qu'il en a été ainsi décidé par la Cour de cassation, dans ses arrêts des 30 juin 1890 et 23 décembre suivant, prescrivant précisément à un Tribunal qui entendait s'y refuser, de recevoir le serment d'un individu agréé comme garde par l'Administration, malgré une condamnation à cent francs d'amende pour violence, condamnation évidement exclusive des qualités de modération et de sang-froid absolument nécessaires à un officier de police judiciaire.

En statuant sur la demande reconventionnelle immédiatement formée par C... à la suite de cet incident d'audience :

Attendu que, pour la satisfaction de ses rancunes personnelles, G... a engagé contre C... une poursuite correctionnelle ;

Qu'il n'a pas craint d'employer de coupables manœuvres pour obtenir une condamnation contre C..., et, notamment, de pousser son garde particulier B... à faire un faux témoignage, dans lequel celui-ci a persisté avec audace durant deux audiences ;

Que d'aussi frauduleux agissements ont causé à C... un incontestable préjudice dont il lui est dû réparation ;

Qu'il y a lieu, en conséquence, en la forme, de le recevoir reconventionnellement demandeur.

Au fond : Attendu que la somme de deux cents francs réclamée par lui est d'une modération exagérée ;

Que le Tribunal regrette qu'il ne lui soit pas permis d'aller au delà de cette demande et surtout, par suite de la rétractation du garde particulier avant la clôture des débats, de ne pouvoir atteindre, par une répression pénale des plus énergiques, tout à la fois le faux témoin et celui qui l'a suborné ;

Qu'à défaut de pénalité, il leur inflige publiquement la flétrissure morale qu'ils méritent et les voue au mépris des honnêtes gens.

Par ces motifs :

Renvoie C... des fins de la poursuite.

Le reçoit reconventionnellement demandeur.

Condamne G..., partie civile, à lui payer la somme de deux cents francs à titre de dommages-intérêts et, en outre, en tous les dépens, tant de la demande principale que de la demande reconventionnelle.

# IV

## Vexations d'un garde particulier contre des chasseurs : condamnation.

---

TRIBUNAL CIVIL DE CHATEAU-THIERRY.

Audience publique du Jeudi 22 mars 1900.

*Présidence de M. Maynaud, Président.*

Le Tribunal,

Attendu que C... a fait citer R... garde particulier du baron de X... devant le juge de paix de S .. à fin de condamnation en cent cinquante francs de dommages intérêts pour le préjudice qu'il lui a causé en gênant et interrompant une chasse à laquelle prenaient part C... et ses invités le onze octobre dernier sur le terroir de Montfaucon ;

Attendu que C... fut autorisé à prouver par témoins les faits par lui articulés à l'appui de cette demande et qu'à la suite des enquête et contre-enquête le juge de paix rendit le sept décembre dernier un jugement déboutant C... de sa demande et mettant les dépens à la charge de chacune des parties par moitié ;

Attendu que les deux parties ont fait appel de ce jugement ; et que leur appel est recevable en la forme;

Au fond : Attendu que de l'enquête, à laquelle il a été procédé par le juge de paix, il ressort d'une façon claire et précise que le garde R... a pénétré dans un bois appartenant à C... au moment où celui-ci et ses invités, étaient en action de chasse, et s'est placé intentionnellement au devant des rabatteurs qui venaient sur les chasseurs ;

Qu'en pénétrant ainsi sans droit dans ce bois et en s'interposant à dessein entre les rabatteurs et les chasseurs R... a interrompu leur chasse ;

Que deux des chasseurs ont dû abattre leur arme pour ne pas risquer de l'atteindre ; qu'en outre le gibier, qui, sous la poussée des rabatteurs, devait se diriger normalement vers la ligne des chasseurs, en a été détourné et s'est échappé dans une autre direction au profit des chasses voisines qui appartiennent au baron de X...

Attendu que l'acte accompli par R... se rattache à cet ensemble de continuelles taquineries que les gardes du baron de X... emploient vis-à-vis des riverains de ses terres pour les gêner le plus possible dans l'exercice de leur droit de chasse ;

Qu'évidemment il leur a été persuadé que ce droit était exclusivement seigneurial et que les petits propriétaires de la contrée ou autres personnes invitées par eux, ne pouvaient tout au plus concourir à son exercice qu'en qualité de rabatteurs ;

Attendu que tout le monde n'étant pas disposé à jouer vis-à-vis de ses concitoyens un rôle aussi vexatoire que celui des gardes dont s'agit, on s'explique que leur recrutement ait été, par fois, fort difficile et que le baron de X... se soit vu réduit à prendre vers 1895 en cette qualité, deux individus, le père et le fils, nommés V..., l'un nanti de quatre condamnations pour vols, outrages envers un garde et détention d'engins prohibés, et l'autre de deux condamnations pour chasse, dont l'une pour chasse avec engins prohibés, et à la carrière desquels le tribunal correctionnel de Château-Thierry a mis fin, tout au moins dans la région, en leur infligeant une nouvelle condamnation à quinze jours d'emprisonnement pour coups.

Qu'à la vérité la hardiesse n'avait pas été poussée au point de demander la prestation de serment de ces individus, mais qu'ils avaient été constitués gardes particuliers par leur maître, portaient les insignes de leur fonction, sur-

veillaient les propriétés confiées(!!!...) à leur vigilance, me-
naçaient les habitants de procès-verbaux pour la plus minime infraction, terrorisaient la contrée et, finalement, se
livraient à de graves violences contre deux paisibles ma-
nouvriers du pays ;

Que dans ces conditions on comprend que le tribunal n'ait,
en général, qu'une très médiocre confiance dans les gardes
du baron de X..., qu'il accorde au demandeur une réparation pour la volontaire atteinte portée par l'un d'eux à
l'exercice de son droit de chasse ;

Que d'ailleurs le premier juge a constaté dans son jugement la faute du garde R...

Attendu que le tribunal a les éléments nécessaires pour
apprécier l'importance de ce préjudice ;

Que toutefois il y a lieu de tenir compte à R... de sa position peu aisée qui le mettait dans un état de sujétion tel,
qu'il lui était difficile de refuser d'exécuter les instructions
qui lui avaient vraisemblablement été données mais que,
par dévouement, il déclare n'avoir jamais reçues ;

Par ces motifs : *En la forme*, reçoit les appels respectifs.

*Au fond*, infirme le jugement frappé d'appel. Et statuant
à nouveau, condamne le garde R... à vingt francs de dommages-intérêts envers G...

Ordonne la restitution de l'amende consignée. Condamne
R... en tous les dépens de première instance et d'appel.

17

# V

## Outrages à un garde particulier : condamnation avec loi de sursis.

---

TRIBUNAL DE CHATEAU-THIERRY.

Audience du vendredi 16 décembre 1898.

*Présidence de M. Magnaud, Président.*

Le Tribunal :

Attendu qu'il n'est pas établi que H... ait menacé le garde B... de son bâton, dans la matinée du 9 octobre 1898 ;

Que ce fait, dénié par H... n'est affirmé que par le garde B... dans la sincérité duquel le tribunal n'a aucune confiance ;

Qu'il n'y a lieu, dès lors, de retenir cette menace à l'encontre de H...

Mais attendu que dans la soirée du même jour, H... s'adressant au garde B... qui demandait à ses invités l'exhibition de leur permis de chasse, lui a dit : « Vous mériteriez » que je vous flanque mon pied dans le derrière pour tous » les ennuis que vous me créez depuis que je chasse ici ; »

Que ce propos, en dehors de la déclaration de B... qui serait insuffisante pour le tribunal, a été reconnu par H... et par certains témoins cités à sa requête ;

Qu'il constitue le délit prévu et réprimé par l'article 224 du Code pénal ;

Attendu toutefois qu'il existe dans la cause des circonstances particulièrement atténuantes : Que notamment, B...,
garde particulier pour le compte du propriétaire du fonds
loué à H... cherchait tous les prétextes les moins plausibles
pour entraver la paisible jouissance du bail de chasse qui a
été consenti à celui-ci ;

Qu'il a agi de même avec les précédents locataires de la
chasse ;

Que l'exhibition demandée par lui des permis de chasse
aux invités de H... n'avait pas pour but l'accomplissement
de remplir consciencieusement ses fonctions, mais n'était
qu'un prétexte pour renouveler une des nombreuses vexations auxquelles il se livrait continuellement vis-à-vis
de H... ;

Qu'il connaissait parfaitement, en effet, les invités de
H... auxquels il s'est adressé ce jour-là et leur avait déjà,
plusieurs fois, fait la même demande à de très courts inter-
valles ;

Attendu que les renseignements fournis par le maire de
F... et la gendarmerie signalent B... comme un garde hai-
neux et vindicatif ;

Que c'est bien le cas, pour le Tribunal, de dégager sa
responsabilité dans le choix d'un pareil garde et de faire
ressortir que l'autorité judiciaire, avant de recevoir le serment des gardes particuliers, ne peut, ainsi que l'a décidé
formellement la Cour de cassation, sauf dans le cas d'incapacité légale (arrêt du 23 décembre 1890) refuser de les admettre au serment, ni même se livrer à aucune enquête sur
leur moralité et leur aptitude à remplir les fonctions d'officier de police judiciaire ;

Que dans ces conditions, c'est dans la plus large mesure
que le Tribunal, regrettant de ne pouvoir légalement relaxer
le prévenu, doit lui faire application de l'article 462 du Code
pénal.

Par ces motifs, le Tribunal renvoie H... des fins de la
plainte, du chef d'outrages par menaces ;

Le condamne à un franc d'amende pour outrages par paroles.

Le condamne, en outre, au remboursement des frais.
Suspend l'exécution de la peine.

L'exercice du droit de chasse est une source de que-
relles, de vexations, de contestations, qui se traduisent
par des procès multiples. Le plus singulier est que ces
procès soient à peu près tous basés sur les rapports,
sur les dires d'hommes payés par les riches propriétaires pour prendre en défaut, en dehors des bracon-
niers d'usage, leurs voisins ou les petits chasseurs. Il
n'y a rien de plus incertain — et, presque toujours,
de moins justifié — qu'un délit de chasse (si ce n'est
un délit de pêche). La plupart des sentences rendues
en ces matières sont d'une iniquité révoltante. Elles
procèdent d'une compréhension arriérée et anti-égali-
taire. Les magistrats, à l'égal des grands propriétaires
fonciers, considèrent encore le droit de chasse comme
un droit seigneurial. Ils ménagent rarement les « délinquants » qui leur sont dénoncés par les gardes particuliers. Ceux-ci peuvent faire impunément les faux
témoignages les plus éhontés : étant assermentés, ils
sont crus sur parole. Ce privilège inouï les encourage
à abuser de leurs fonctions soit pour gêner continuellement les chasseurs, soit pour se venger d'eux en les
traînant devant les tribunaux sur un prétexte insigni-
fiant ou mensonger. Or, ces gardes si puissants, et qui
mettent en branle les parquets à leur gré, échappent
eux-mêmes au contrôle de la justice ; elle est obligée
de recevoir leur serment, de leur conférer ainsi la qualité d'officier de police judiciaire, sans avoir le pouvoir ni le devoir de s'enquérir ni de s'inquiéter de
leur moralité ! Pareille anomalie ne peut s'expliquer

que comme suite des conditions dans lesquelles a été réglé le droit de chasse au profit exclusif des riches terriens : elle leur confère le privilège scandaleux de jeter aux trousses de leurs concitoyens moins fortunés des individus choisis spécialement pour leur capacité de malveillance avec l'agrément de l'Administration. Si bien qu'un garde dont les antécédents n'offrent aucune garantie, dont le casier judiciaire n'est pas vierge, doit être admis sans discussion à prêter le serment prescrit par la loi, pourvu que le préfet du département l'ait agréé.

C'est contre ces pratiques d'un autre temps que s'est élevé le président Magnaud. Les cinq jugements dont s'agit expliquent longuement la question. Ils mettent à nu la plaie nationale qu'est l'institution des gardes particuliers. Ils font ressortir que les tribunaux ne sont jamais consultés sur le choix des gardes, ni sur leur agrément, qu'ils n'ont pas le droit de rechercher s'ils remplissent les conditions de moralité, de calme et de confiance indispensables à l'exercice d'une fonction essentiellement tracassière et tyrannique. Ce soin incombe à l'Administration : on a vu avec quelle coupable légèreté elle s'en acquitte. L'autorité judiciaire est réduite au rôle d'agent de l'autorité administrative, les tribunaux ne sont en la matière que de simples chambres d'enregistrement. Il en résulte des choix scandaleux devant la justice impuissante. Alors, sous forme de délits de chasse, se satisfont des vengeances privées ou politiques dont les gardes sont les exécuteurs de par leur autorité d'officiers de police judiciaire. Pour faire cesser cet état de choses, le président Magnaud est entré en lutte avec la Cour de Cassation. Par deux jugements, il a refusé d'admettre à la prestation du serment un garde qui avait subi une condamnation : la Cour les a annulés pour excès de pouvoir. Le président Magnaud s'est incliné devant l'autorité de la Cour Suprême. Mais, dans des jugements postérieurs, prenant des gardes en flagrant délit de faux témoignage ou de manœuvres vexatoires, il ne s'est pas privé de faire ressortir l'irresponsabilité des tribunaux désarmés par la Cour de Cassation.

# VI

## Destruction de corbeaux ; acquittement.

---

TRIBUNAL DE CHATEAU-THIERRY.

Audience correctionnelle du 29 mars 1895.

*Présidence de M. Magnaud, Président.*

Le Tribunal : Attendu que le prévenu reconnaît avoir détruit sur sa propriété, à l'aide d'un fusil, des pigeons ramiers et des *corbeaux* ;

Attendu qu'aux termes de l'article 9 de la loi du 3 mai 1844 : Le propriétaire, possesseur ou fermier, peut repousser et détruire, même avec des armes à feu, les bêtes fauves qui porteraient dommage à ses propriétés ;

Attendu qu'on doit considérer comme bêtes fauves et traiter comme telles, tous les animaux sauvages, quadrupèdes ou volatiles, comestibles ou non, classés ou non par les Préfets, comme malfaisants ou nuisibles qui, par leur nature ou leur nombre, sont susceptibles de porter à la propriété un dommage sérieux ;

Attendu que les corbeaux et ramiers rentrent dans cette catégorie ;

Attendu, en conséquence, qu'en détruisant à l'aide d'armes à feu, sans permis de chasse, sur sa propriété et sans les y avoir attirés volontairement, les corbeaux et ramiers qu'il reconnaît avoir abattus, R... n'a fait qu'user de son droit et n'a commis aucun délit;

Attendu que, si toute demande en réparation de dommages aux champs, causés par des animaux nuisibles quelconques, doit être écartée lorsque le demandeur ne justifie pas que le propriétaire du sol où ces animaux, qui sont *res nullius*, paraissent s'être installés, n'a rien fait pour les y attirer, retenir ou en accroître le nombre, il découle de cette jurisprudence qu'il y a lieu de reconnaître à celui auquel des dégâts de cette nature ont été occasionnés sans son fait, le droit de repousser et de détruire, sur sa propriété, avec tous engins non prohibés, même des armes à feu et sans permis de chasse, les fauves, c'est-à-dire tous les animaux sauvages, volatiles ou autres, susceptibles, par leur nature ou leur nombre, comme il a été dit, de porter à la propriété un dommage sérieux;

Par ces motifs :

Le Tribunal renvoie le nommé R..., des fins de la prévention sans dépens.

Ce jugement et les suivants paraîtront de mince importance. Ils intéressent au contraire une foule de braves gens  Et, ce qui n'est plus pour surprendre, ils continuent de mettre en pleine lumière la largeur d'esprit du président Magnaud.

La sentence précitée (et, ici, il s'agit du droit de *détruire*, et non pas du droit de *chasser*) accorde aux propriétaires de terres en culture, aux cultivateurs ou fermiers, le droit de se servir d'armes à feu, *sans permis de chasse*, pour détruire toutes les pièces d'animaux nuisibles qui ravagent leurs récoltes. Ce droit n'était reconnu par la loi que pour la destruction des bêtes *fauves*, et, dans cette catégorie, la jurisprudence ne comprenait que les grands animaux, tels que cerfs, sangliers, loups et renards. Donc, contrairement à la

jurisprudence admise à ce moment-là, le président Magnaud fait rentrer en cette catégorie tous les animaux
nuisibles quels qu'ils soient et quelle que soit leur
grosseur.

Cette jurisprudence nouvelle, inaugurée par le tribunal de Château-Thierry, a été consacrée par l'Administration. Le préfet de l'Aisne, notamment, s'est rangé
à l'interprétation du président Magnaud et a pris divers
arrêtés conformes. C'était précisément en vertu d'arrêtés précédents et *contraires* que le prévenu acquitté
en 1895 était poursuivi...

17.

# VII

## Délit de pêche : acquittement.

---

TRIBUNAL DE CHATEAU-THIERRY.

Audience correctionnelle du 11 août 1896.

*Présidence de M. Magnaud, Président.*

Le Tribunal :

Attendu que B..., est poursuivi pour avoir pêché le 19 juillet 1896 dans la rivière de l'Ourcq, avec deux lignes flottantes non tenues à la main.

Mais attendu que par ligne flottante tenue à la main, on doit entendre une ligne dont la gaule est placée à portée de la main et non pas tenue dans la main pendant toute la durée de son séjour dans l'eau;

Que cette expression « ligne tenue à la main » a été prise par opposition à celle de « ligne fixe », c'est-à-dire maintenue au fond du lit de la rivière, au même point où elle a été immergée par un plomb ou poids quelconque suffisant pour l'empêcher de suivre le cours ou les agitations de l'eau;

Qu'il suffit donc, pour se conformer sinon à la lettre, du moins à l'esprit de l'article 5 de la loi du 15 avril 1829, que la ligne soit flottante et à portée de la main de celui qui l'a tendue, sans qu'il soit besoin de la tenir dans la main;

Qu'obliger quelqu'un à tenir une ligne pendant plusieurs heures dans la main serait évidemment demander une chose à peu près impossible et, dans tous les cas, dépassant les bornes de ce qu'on peut exiger, même de la patience si légendaire des pêcheurs;

Que, d'ailleurs, la loi de 1829 a été faite pour empêcher le dépeuplement des cours d'eau, et qu'il est bien évident que le pêcheur qui, négligemment, a posé sa ligne à côté de lui, a bien moins de chance de s'emparer du poisson que celui qui, attentif et la tenant dans la main, se trouve ainsi mieux préparé à tout événement;

Qu'on ne saurait, dès lors, considérer comme engin prohibé de nature à nuire à la conservation du poisson, une ligne flottante non tenue à la main par le pêcheur qui la surveille.

Attendu, en ce qui concerne le nombre des lignes dont disposait le prévenu, que l'article 5 de la loi de 1829 ne défend en aucune façon d'en avoir plusieurs à la condition qu'elles soient flottantes.

Attendu que les lignes de B... étaient à portée de sa main et flottantes lorsque procès-verbal lui a été dressé;

Qu'en conséquence il ne saurait avoir contrevenu à l'article 5 de la loi de 1829.

Attendu, au surplus, qu'il pêchait dans une rivière non navigable ni flottable dont la pêche appartient aux riverains, et où les prescriptions de l'article précité mêmes prises à la lettre, ne sont pas applicables;

Qu'il importe peu, en effet, que l'arrêté préfectoral du 15 novembre 1896 interdise l'usage de la ligne flottante non tenue à la main dans les cours d'eau non navigables, le Préfet ne pouvant prohiber un engin autorisé par la loi de 1829;

Que la conséquence de cette prohibition, si elle était admise, serait d'interdire au riverain lui-même auquel le droit de pêche appartient ou aux personnes auxquelles il ne défend pas de pêcher sur son terrain, l'usage de la ligne flottante non tenue à la main, alors qu'il lui est loisible de pêcher avec toutes sortes de lignes de fond, filets et autres instruments de pêche non prohibés et infiniment plus destructeurs du poisson.

Qu'il y a lieu de renvoyer B... des fins de la poursuite, sans dépens.

Par ces motifs :

Le Tribunal renvoie le nommé B... des fins de la poursuite, sans dépens.

La coutume est de railler les pêcheurs à la ligne. Mais, tandis que la foule se moque d'eux — comme si chacun n'était pas libre de prendre son plaisir où il le trouve ! — l'Administration les persécute. C'est ainsi qu'elle leur fait dresser par les garde-pêche une masse de contraventions en vertu de l'article 5 de la loi du 15 avril 1829. Cet article permet de « pêcher *à la ligne flottante tenue à la main* dans les fleuves, rivières et canaux, le temps de frai excepté ». Par ces mots « ligne tenue à la main », le législateur a simplement voulu établir une distinction entre la ligne fixe, ou ligne de fond, pour laquelle il faut une autorisation, et la ligne flottante dont tout le monde peut se servir sans aucune permission. Eh bien ! l'Administration prétend que la ligne flottante doit être tenue *dans la main* d'une façon continue, sans que le pêcheur ait le droit de la déposer une seconde à côté de lui sous quelque prétexte que ce soit. Il semble que les tribunaux auraient dû faire justice d'une interprétation aussi absurde, dès longtemps. Pas du tout : fidèles à leur tradition de servilisme, ils s'inclinent devant l'Administration, et ils ne s'aperçoivent pas, ce qui n'a pas échappé à la sagacité toujours en éveil du président Magnaud, que les préfets prennent en la matière des arrêtés illégaux. La loi est ouvertement méconnue et par les fonctionnaires et par les magistrats. Les contraventions pleuvent sur les inoffensifs pêcheurs à la ligne :

par respect pour la stupidité de l'Administration française, les malheureux sont condamnés à tenir leur
ligne en main durant des heures entières en dépit de
quelque besoin que ce soit. Le président Magnaud a
raison de dire que c'est trop exiger même de la patience si légendaire des pêcheurs [1].

Est-ce par pure bêtise que l'Administration française
a montré une pareille exigence? Elle n'est point si
naïve. La vérité est que la pêche à la ligne flottante
est permise sans autorisation ni redevance. Il s'ensuit
que les gros fermiers des pêches supportent malaisé-
ment de voir pêcher à leur fantaisie des gens qui ne
sont pas leurs tributaires. Et l'Administration s'empresse d'épouser leurs rancunes : son habitude n'est-
elle point de prendre toujours l'intérêt des gros contre
les petits [2]?...

1. M. Morlot, député de Château-Thierry, dont il faut décidément louer l'ardeur à suivre l'esprit de justice et le bon
sens du tribunal de son arrondissement, a déposé une proposition de la loi tendant à ce que la Chambre ajoute au
texte de la loi de 1829 « ligne tenue à la main », ces mots :
« ou à la portée de la main », afin de mettre fin aux contraventions.

2. A l'époque où il rendit son jugement sur la pêche à la
ligne flottante, le président Magnaud était tout à fait ignoré
du public. Cependant un écrivain fut frappé par cette sentence, et, la signalant à ses lecteurs en leur donnant le nom
du juge qui l'avait prononcée, il écrivait : « Retenez le nom
de ce magistrat : c'est un homme de bon sens. Il fait exception dans son ordre. » Cet écrivain perspicace était M. Jules
Lermina, rédacteur au *Radical*.

# VIII

## Délit de pêche : acquittement.

———

TRIBUNAL DE CHATEAU-THIERRY.

Audience du 11 novembre 1898.

*Présidence de M. Magnaud, Président.*

Le Tribunal,

.Attendu que R... est poursuivi pour avoir pêché à la ligne après le coucher du soleil, à 5 heures 55 minutes, dans l'arrondissement de Château-Thierry, le 7 octobre 1898.

Attendu que, d'après les indications fournies au Tribunal par l'observatoire de Paris, le soleil s'est couché ce jour-là exactement à 5 heures 26 minutes, mais le crépuscule civil a duré 31 minutes, prolongeant la clarté du jour jusqu'à 6 heures du soir ;

Que c'est donc même avant la fin de ce crépuscule, c'est-à-dire alors qu'il faisait encore jour que R..., a été surpris péchant ;

Qu'il a pu ne pas se douter que le soleil était astronomiquement couché lorsque l'agent verbalisateur est intervenu ;

Que, d'ailleurs, une erreur même de 20 à 30 minutes, alors surtout que le jour n'a pas complètement disparu et que les montres et horloges d'un même pays marchent dans le plus parfait désaccord, ne saurait suffire pour faire apparaître l'intention délictueuse, base de tout délit ;

Qu'il la faut évidente pour amener une répression pénale, surtout en une matière où ce qui est licite une minute avant cesse de l'être une minute plus tard.

Attendu que, dans l'espèce, cette intention délictueuse n'est pas suffisamment établie et qu'il y a d'autant plus lieu de renvoyer le prévenu des fins de la poursuite sans dépens, qu'il ne passe pas pour braconnier de pêche et qu'il se servait du mode de pêche le plus pacifique et le moins destructeur.

Par ces motifs, le Tribunal renvoie R... des fins de la prévention, sans dépens.

Ce petit jugement est plein d'une délicieuse ironie. Le président Magnaud y déchire d'une griffe légère ces sots galonnés dont la vie se passe à verbaliser au nom de la bêtise humaine et administrative. N'est-il point cocasse qu'alors qu'il fait encore jour l'on vous vienne dresser contravention parce que le soleil est « astronomiquement couché »? Le brave pêcheur qui attend pacifiquement que *ça morde* se soucie bien d'astronomie. Au diable cette administration tracassière par la faute de qui « ce qui est licite une minute avant cesse de l'être une minute après »! Gêner le bon plaisir de l'un, entraver la liberté de l'autre, inventer le plus de délits qu'il se peut pour vider le plus possible la poche des contribuables, à coup sûr la plupart des arrêtés préfectoraux ne tendent pas à autre chose. Quelques jugements comme celui-ci, revanche du bon sens et de l'équité, finiront peut-être par engager les « administrés » à faire la nique aux « administrateurs ». Pour être pacifiques, les pêcheurs à la ligne n'en sont pas moins des citoyens, et qui devraient tenir autant que quiconque à garder liberté entière dans l'exercice de leur droit.

# IX

## Délit de pêche : condamnation au minimum.

———

TRIBUNAL CORRECTIONNEL DE CHATEAU-THIERRY.

Audience du vendredi 30 juin 1899.

*Présidence de M. Magnaud, Président.*

Le Tribunal,

Attendu que C... D... et H... sont poursuivis pour avoir soustrait frauduleusement des grenouilles dans le courant de mars 1899, au préjudice de G... dans l'étang de la Créte, territoire de Montlevon.

Attendu que les prévenus, chargés de famille, reconnaissent le fait et déclarent que, depuis plusieurs années, à la même époque, ils venaient prendre, à cet endroit, des grenouilles, sans que jamais aucune observation leur eût été faite;

Qu'en outre, en se procurant par ce moyen quelques petites ressources, si nécessaires dans leur situation voisine de la misère, ils ne croyaient léser en rien les intérêts du propriétaire de l'étang, dont ils avaient toujours respecté le poisson;

Que, s'appuyant sur ces deux circonstances, ils demandent l'indulgence du Tribunal.

Attendu que la grenouille, étant un animal comestible, faisant l'objet de transactions commerciales et vivant parfois dans l'eau ou à fleur d'eau, sa capture constitue un acte de pêche ;

Que cette pêche est d'ailleurs réglementée par les arrêtés préfectoraux.

Mais attendu que la grenouille est un animal amphibie, séjournant beaucoup plus sur terre qu'au fond des eaux, et se déplaçant facilement ;

Qu'elle est d'humeur vagabonde, surtout à certaines époques de l'année ;

Qu'on la rencontre souvent dans certains endroits simplement humides, loin des rivières ou des étangs ;

Qu'elle circule de marécage en marécage et de fossé en fossé, passant ainsi de la propriété de l'un dans la propriété de l'autre :

Qu'à la différence du poisson qui n'est susceptible de vivre que dans l'eau et ne peut sortir de l'étang où il a été apporté et en quelque sorte emprisonné par le propriétaire, la grenouille naît dans ce même étang et s'y développe sans que ce propriétaire ait rien fait pour l'y attirer et ne puisse rien faire pour l'y retenir ;

Qu'elle s'en éloigne de la même façon qu'elle y est venue, suivant ses impulsions naturelles ;

Qu'aucun droit de propriété ne saurait être assis sur un animal aussi nomade, lequel doit être, en conséquence, considéré comme « *Res nullius* » ;

Qu'il en résulte que sa capture, même dans un étang ou aux abords de l'étang d'un tiers, ne saurait constituer un vol, mais bien un simple délit de pêche dans une eau ou sur un terrain frais et humide appartenant à autrui, sans le consentement du propriétaire ;

Attendu que ce fait est prévu et réprimé par l'article 5 de la loi du 15 avril 1829.

Attendu toutefois qu'il existe en faveur des trois prévenus des circonstances particulièrement atténuantes et qu'il y a lieu de leur faire application, dans une large mesure, des dispositions de l'article 72 de la même loi.

Par ces motifs, le Tribunal condamne C... D... H... chacun à un franc d'amende.

Les condamne solidairement aux dépens.

Quel zoologiste décrirait de façon plus pittoresque et plus savante à la fois les mœurs de la grenouille? Le président Magnaud, dont l'esprit original n'est jamais en défaut, a écrit là une savoureuse page d'histoire naturelle. Et, en même temps, il a tranché un point de droit qui intéresse tous les habitants de nos campagnes. En décidant que la capture de la grenouille dans un étang ou aux abords d'un étang appartenant, non à une commune, mais à un propriétaire, ne constitue pas un vol, mais un simple délit de pêche, il a tranché une question discutée et résolue, le plus souvent, au préjudice des malheureux.

# NEUVIÈME PARTIE

---

# LE DROIT DE L'ÉGALITÉ

I

# La particule « de » ne constitue pas la noblesse.

———

TRIBUNAL DE CHATEAU-THIERRY.

Audience publique du mercredi 28 avril 1897.

*Présidence de M. Magnaud, Président.*

Le Tribunal :

Vu la requête qui précède et les conclusions écrites du Ministère public, ouï M. Ulry, juge commis en son rapport, M. le Procureur de la République en ses conclusions orales et après en avoir délibéré conformément à la loi, statuant en premier ressort :

Attendu que les exposants prétendent que leur nom patronymique est inscrit à tort « X... » dans leurs actes de l'Etat civil, au lieu de « de X... » et demandent la rectification de ces actes.

Attendu que dans les actes dont la rectification est demandée, le nom patronymique des parties est indiqué X..., conformément à l'ensemble des actes de l'état civil, relatifs à leurs auteurs en remontant jusqu'à l'année 1735.

Attendu que des mêmes actes il résulte que les ascendants des parties n'ont jamais employé la particule « de » dans leurs signatures.

Attendu que les exposants ne justifient pas d'une posses-

sion prolongée, constante et uniforme qui les autorise à
faire précéder leur nom de la dite particule.

Attendu d'ailleurs que la particule ne constitue en aucune façon un titre quelconque de noblesse.

Attendu qu'elle n'a jamais servi qu'à distinguer primitivement diverses personnes portant le même nom patronymique en y ajoutant celui d'un lieu dit, d'un village, d'une
ferme, d'un corps ou d'un objet quelconque, pour éviter
toute confusion ;

Que peu à peu, le nom patronymique qui se trouvait
ainsi fort allongé et pouvait encore occasionner une confusion, a été abandonné ou oublié pour ne laisser subsister
que l'addition distinctive qui y avait été faite et cela d'autant plus complaisamment que la présence de cette particule pouvait précisément laisser supposer qu'elle était la
suite d'un titre nobiliaire.

Attendu que pour appartenir à la caste noble, telle qu'elle
a été créée par les anciennes et nouvelles monarchies, il
est nécessaire que, soit personnellement, soit héréditairement, l'un des grades de cette noblesse, dont le moins élevé
paraît être celui de chevalier pour se terminer par celui de
prince, ait été conféré à celui qui a la prétention de s'en
prévaloir ou à ses ancêtres.

Par ces motifs :

Déclare n'y avoir lieu à rectification.

Condamne les exposants aux dépens.

Ce qui sera exécuté suivant la loi. Ainsi jugé publiquement.


La vanité humaine pousse une foule de gens à vouloir se distinguer de leurs semblables. Lorsque la médiocrité naturelle ne leur permet pas de s'élever par
l'intelligence ou par le talent, ils suppléent aux qualités
qui leur manquent par l'emprunt de titres ou de particules au moyen de quoi ils comptent éblouir ou duper
la bêtise humaine. Tel achète, à beaux deniers comptants, un titre de comte romain. Tel autre se con-

tente de parer son nom patronymique de la particule.
Et, ayant ainsi fait, ces parvenus d'un autre genre
s'imaginent soudain être d'une race supérieure. En
vérité, ils n'ont fait qu'augmenter la foule des imbéciles. Avec ses sentiments d'équité et d'égalité, le président Magnaud devait certainement refuser de se
prêter à une pareille comédie le jour où il aurait à en
juger. Cela n'a pas manqué. Aux sots orgueilleux qui
lui demandaient l'autorisation de faire précéder leur
nom de la particule *de*, il a répondu, d'abord que la
dite particule ne constitue en aucune façon un titre
quelconque de noblesse, et ensuite que pour appartenir
à *la caste noble*, si caste noble il y a, il est nécessaire
que l'un des grades de la noblesse ait été conféré à
celui qui a la prétention de s'en prévaloir ou à ses ancêtres. C'est la vraie théorie démocratique. Aussi est-
elle méconnue par les tribunaux : il est rare, en effet,
qu'une rectification d'état-civil soit refusée à qui la
demande. Qu'il y ait des gens entichés de noblesse au
point de rougir du nom paternel et de le vouloir laver
avec une « savonnette à vilains », cela déjà est risible,
mais n'est-il pas absurde que des magistrats aient la
faiblesse de satisfaire un préjugé aussi arriéré ?

## II

## Contre les formules de politesse serviles ou obséquieuses.

———

Lettre circulaire adressée par le président du tribunal civil de Château-Thierry à MM. les juges de paix en son ressort.

Château-Thierry, le 17 mai 1893.

Le Président du Tribunal civil de Château-Thierry à M. le juge de paix du canton de...

Monsieur le juge de paix,

Je vous prie de vouloir bien vous conformer dorénavant, dans votre correspondance officielle avec le Président du Tribunal, au modèle ci-dessous.

Ce modèle, très suffisant pour sauvegarder toutes les convenances, remplacera désormais les formules de politesse plus ou moins serviles ou obséquieuses actuellement en usage, formules qui n'ont d'autre résultat que d'abaisser la dignité humaine.

Le Président du Tribunal,
Paul MAGNAUD.

## MODÈLE

Le juge de paix du canton de... à Monsieur le Président du Tribunal civil de Château-Thierry.

M. le Président,

J'ai l'honneur de... etc. (objet de la correspondance.)

*Date et Signature.*

La même circulaire était adressée en même temps à tous les avoués, notaires, greffiers et huissiers de l'arrondissement.

Cette circulaire procède du même esprit d'égalité qui a dicté au président Magnaud la sentence précédente. Il serait à souhaiter qu'elle servît d'exemple à l'Administration française, où l'on conserve en usage des mœurs indignes d'un régime et d'une époque d'égalité.

---

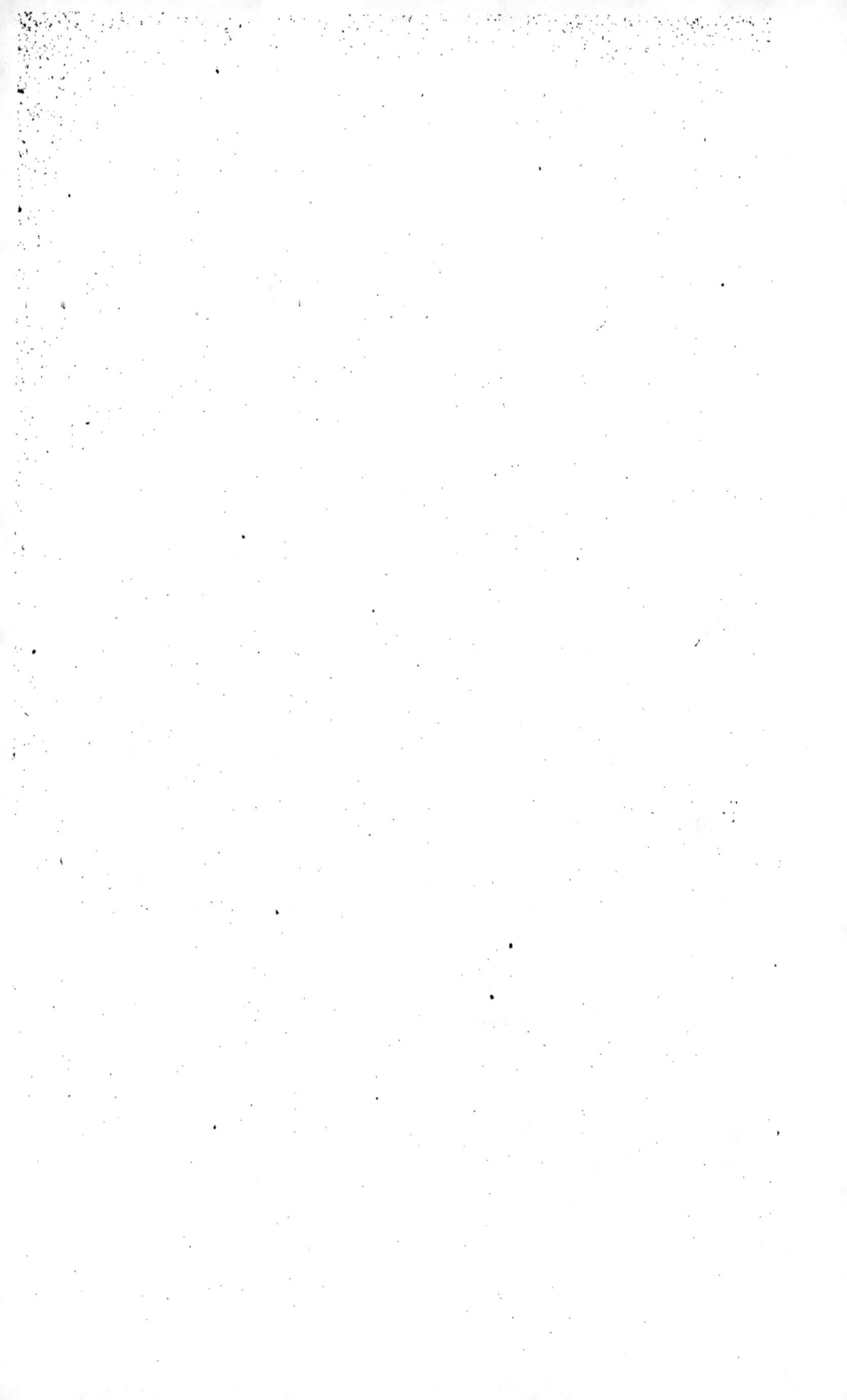

# APPENDICE

---

### 1

## Allocution du président Magnaud aux avoués du tribunal de Château-Thierry.

A l'occasion d'un banquet offert à un avoué de Château-Thierry, pour fêter le 25° anniversaire de son entrée en fonctions, le président Magnaud prononça l'allocution suivante :

« Prêtez, messieurs, le concours de votre talent à ces idées de justice humaine et sociale basées sur le droit naturel, si chères au tribunal de Château-Thierry. Le terrain dans lequel elles furent en germe et sont écloses a, d'ailleurs, été bien préparé. C'est pourquoi, messieurs, soyez-en certains, elles triompheront dans un avenir prochain de l'étroite lettre de nos Codes, aussi bien que des interprétations pharisaïques d'une jurisprudence si souvent en opposition avec le sentiment public et derrière laquelle on trouve en général plus commode de se retrancher, soit pour fuir toutes les responsabilités, soit pour repousser ou étouffer les généreuses et clémentes initiatives. Unissons donc tous nos efforts, messieurs, pour que la maxime : *Summum jus, summa injuria*, si déconcertante pour la conscience, ne trouve plus jamais son application ».

## 2

## Le président Magnaud et la République.

A l'audience tenue par le tribunal de Château-Thierry le 17 février 1899, le lendemain même de la mort de M. Félix Faure, le président Magnaud, se levant, adressa à l'auditoire les paroles suivantes :

Messieurs,

Je reçois à l'instant notification officielle de la mort de M. le Président de la République Française.

En présence de ce douloureux événement, que tous les républicains se serrent autour du drapeau de la République, et que, plus que jamais, ils soient résolus à le défendre avec une suprême énergie, *par les voies légales d'abord et, si besoin était, par la force.*

Vive la République!

A la suite de l'attentat commis à Auteuil par les royalistes contre le président Loubet, le 4 juin 1899, le président Magnaud s'empressa d'envoyer au président de la République le télégramme suivant :

Tous les magistrats composant le tribunal de Château-Thierry envoient à M. le président de la République l'expression de leur respect et de leur indignation.

MAGNAUD.

Le nom du président Magnaud étant devenu populaire après la divulgation de son jugement dans l'af-

faire Ménard, M. Rochefort proposa dans son journal
d'offrir un siège de député au juge de Château-Thierry.
Mais le magistrat déclina cette offre par la lettre suivante :

Château-Thierry, le 25 mars 1898.

A Monsieur Henri Rochefort, rédacteur en chef de
*l'Intransigeant.*

Monsieur le Rédacteur en chef,

Je suis touché, au delà de toute expression, de la proposition, trop flatteuse pour moi, que vous faites aux électeurs
de Paris, de me choisir comme candidat à un siège de député, mais je me ferais un véritable scrupule de prendre la
place toute marquée de tant de vaillants défenseurs de la
démocratie, qui, à tous égards, méritent de recueillir le fruit
de leurs loyaux services. Tous sont beaucoup mieux prépa-
rés que moi à la défense des intérêts de ce peuple de France
si intelligent, si bon, et, avec raison, si jaloux de ses li-
bertés.

Un magistrat ne mérite aucune récompense pour avoir
jugé selon sa conscience ; je n'en ai cherché aucune et n'en
recherche pas. J'ai cependant reçu, ainsi que mes collègues, la plus éclatante de toutes : celle d'avoir fait jaillir
avec une suprême énergie tous les nobles sentiments de générosité et de fraternelle solidarité que renferme si abon-
damment le cœur d'un français. Ce sera notre livre d'or et
notre fierté que toutes ces lettres et marques d'approbation,
je puis dire enthousiastes et à peu près unanimes, qui, de
tous les points du pays et même de l'étranger, nous ont été
adressées.

Mon seul désir est de rester au milieu de cette si républicaine population de l'arrondissement de Château-Thierry,
près de laquelle je vis depuis dix ans, et de continuer à mériter son estime.

Laissez-moi sur mon modeste siège que je ne veux pas
quitter ; j'y demeurerai toujours l'inébranlable et passionné
serviteur de la République *de l'esprit ancien.*

18.

C'est là toute mon ambition

Veuillez agréer, monsieur le Rédacteur en chef, avec tous mes remerciements, l'expression de ma considération la plus distinguée.

Paul MAGNAUD,
*Président du Tribunal de Château-Thierry.*


3

## Le président Magnaud contre le journal de M. Méline.


La *République française* s'étant montrée particulièrement malveillante à l'égard du président Magnaud, celui-ci, usant de son droit de réponse, lui adressa une lettre que le journal de M. Méline se garda bien d'insérer. Sur quoi, le président Magnaud écrivit à M. Vaughan, directeur de l'*Aurore* :

22 mars 1898.

Monsieur le Directeur,

J'ai l'honneur de vous prier de vouloir bien publier dans vos colonnes la lettre ci-jointe que j'ai adressée à la *République française*, en réponse à certaines insinuations désobligeantes pour moi.

J'ai fait vainement appel à la courtoisie de ce journal pour l'insertion de cette lettre; comme il me répugne, pour l'obtenir, d'user des moyens légaux, précisément parce que je suis magistrat, j'ai recours à votre obligeance.

Il est bien certain que si la *République française* s'est refusée à accueillir ma légitime et légale réclamation, c'est afin que ses lecteurs ne puissent pas juger de ce que j'appellerai, *par euphémisme*, son parti-pris à mon égard.

Du reste, où ce parti-pris éclate jusqu'à l'évidence, c'est quand, ne pouvant plus me reprocher de n'avoir pas so-

couru mademoiselle Ménard après son acquittement, elle
me fait grief, dans son numéro paru le 18 au soir à Paris,
de n'être pas venu à son aide *avant!* Vous entendez bien :
*Avant!!!* avant le jugement, par conséquent!

Veuillez agréer, etc.   .

## Lettre au directeur de la République française.

19 mars 1898.

Monsieur,

Dans l'article que vous consacrez à la critique du jugement d'acquittement rendu le 4 mars courant par le Tribunal correctionnel de Château-Thierry, en faveur de mademoiselle Ménard (vol d'un pain), vous dites notamment :
« M. Magnaud aurait pu acquitter la malheureuse sans
trop de tapage ; il aurait pu même désintéresser le boulanger... Combien l'ont fait qui ne s'en vantent pas. »

Ceci, monsieur, n'est plus de la critique, mais une insi-
nuation malveillante à mon égard; elle me force à sortir de
la réserve que je m'étais bien promis d'observer en raison
de mes fonctions.

Tout d'abord, permettez-moi de vous faire remarquer,
pour le principe, que si toutes les théories justes et équitables devaient être appuyées matériellement par ceux qui
les émettent avec sincérité, les riches seuls pourraient se
permettre d'avoir des conceptions humanitaires et philanthropiques.

Et, maintenant, j'arrive au reproche très personnel que
vous m'avez adressé; il m'a été particulièrement sensible
et je vous prie de juger vous-même par les faits qui vont
suivre s'il était mérité.

Immédiatement après avoir prononcé l'acquittement de
mademoiselle Ménard, j'ai invité l'huissier de service à ne
pas la laisser quitter le Palais et à l'amener directement
dans mon cabinet après l'audience. Là, à l'insu de tout le
monde et même de tous mes collègues, qui vont l'apprendre
par cette lettre, j'ai remis à mademoiselle Ménard, seule
avec moi, un petit secours en rapport avec ma très ordinaire situation de fortune, la faisant promettre, non seule-

ment le secret sur ce modeste don, mais aussi d'aller, le soir même, désintéresser le boulanger, ce qu'elle a fait, et d'employer le reliquat aux besoins de sa famille ; tout ceci indépendamment, bien entendu, d'une souscription collective, faite postérieurement entre tous les membres du Tribunal, et qui lui sera remise avec tant d'autres aussitôt qu'elle pourra se présenter devant moi.

Vous le voyez, monsieur, j'ai agi avec tant de discrétion que vos amis de Château-Thierry ou du département de l'Aisne qui vous renseignent ne l'ont même pas su.

Dans tout cela je n'ai qu'un regret, c'est que le reproche que vous m'avez si injustement adressé m'ait contraint, sous peine de passer pour un cœur endurci, de vous faire savoir ce que j'aurais voulu garder pour la seule satisfaction de ma conscience.

Quant à la dernière phrase de votre article, inspirée sans nul doute par les mêmes amis politiques, elle n'a aucun rapport avec la critique que vous aviez l'incontestable droit de faire d'un document judiciaire, et vous reconnaîtrez avec moi qu'elle est singulièrement déplacée en la circonstance. Je m'étonne qu'elle ait pu échapper à l'homme d'esprit et de bon sens que vous êtes très certainement. La politique n'avait rien à voir dans cette affaire où le droit, l'équité et la solidarité devaient occuper toute la place.

Et comme le cas de mademoiselle Ménard est tout à fait intéressant, et que je suis convaincu que le journal la *République française* a tous les sentiments de générosité que vous me refusiez si gratuitement, je ne doute pas que ceux qui l'inspirent ne viennent joindre leur offrande à toutes celles que j'ai déjà reçues, non seulement d'autres journaux, mais aussi de personnes appartenant à toutes les classes de la société, ouvriers, négociants, artistes, officiers, voyageurs de commerce, banquiers et princes.

Veuillez agréer, monsieur, l'expression de ma considération très distinguée,

Paul MAGNAUD,
Président du Tribunal civil de Château-Thierry,
capitaine d'état-major territorial, Chevalier de
la Légion d'honneur.

Le président Magnaud ayant envoyé à la Chambre
des députés les pétitions que l'on a lues dans la première partie de cet ouvrage, la *République française*
renouvela ses attaques contre lui. Il y répondit par
une nouvelle lettre de rectification que le journal de
M. Méline refusa encore de publier. Cette fois, le président Magnaud poursuivit la *République française* devant les tribunaux : elle fut condamnée à insérer la
lettre qu'elle reproduisit dans son numéro du 11 août
1899. En voici le texte :

Monsieur,

Je regrette infiniment, pour votre instruction juridique,
que vous ne sachiez pas qu'en dehors de certaines circonstances spéciales et notamment de celles prévues par les articles 64, 66, 138, 327, 328 et 329 du Code pénal, le juge ne peut
*légalement acquitter* quand le fait délictueux soumis à son
appréciation est nettement établi.

Ce qui augmente encore mes regrets, c'est que vous
ignoriez que la loi du 26 mars 1891, due à la généreuse initiative de l'éminent sénateur Bérenger, n'est pas une loi
d'*acquittement*, comme vous le dites, mais une loi qui sur-
soit seulement à l'exécution d'une condamnation prononcée. Il existe ainsi une notable différence, que vous ne pa-
raissez pas bien saisir, entre l'*acquittement* et l'*absolution* ;
je la livre à vos méditations.

Si, depuis quelques années déjà, j'ai le désir de voir accorder au juge de répression le pouvoir de *pardonner*, c'est
qu'au cours de ma carrière, où, cependant, je me suis toujours montré très ferme envers les inexcusables, il m'est
arrivé de prononcer des condamnations le cœur serré, sentant bien qu'en obéissant à la loi, selon mon devoir, je dé-
passais le but qu'elle se proposait d'atteindre.

Une condamnation, en effet, outre qu'elle est en général
une tare à peu près indélébile, entraîne souvent, aussi atténuée qu'elle soit, la perte d'une situation acquise, frap-

pant ainsi pour le présent et l'avenir, non seulement celui qui l'a encourue, mais encore, parfois, une famille inno-cente dont le condamné est, peut-être, l'unique soutien.

Vous êtes sans doute, monsieur, le seul à ignorer que certains prévenus se suicident avant même de comparaître devant un tribunal, par crainte d'une condamnation que la loi, telle qu'elle est, rend inévitable : s'ils avaient l'espoir que le juge, convaincu de la sincérité de leurs regrets et de leur repentir, pourra peut-être leur éviter les doulou-reuses conséquences d'une condamnation en les absolvant, ils ne se laisseraient probablement pas aller à une aussi terri-ble extrémité.

Vous me permettrez aussi, monsieur, de me montrer sur-pris que ce soit dans la *République française*, journal fondé par Gambetta, l'auteur du célèbre discours de Romans, qu'on me fasse le reproche d'avoir remplacé, dans le pré-toire du tribunal de Château-Thierry, les emblèmes reli-gieux par le buste de la République au nom de laquelle nous rendons la justice ; les justiciables et les magistrats eux-mêmes pouvant professer des religions diverses ou même n'en pratiquer aucune, la mesure prise apparaît comme souverainement équitable. Pour ne froisser aucune susceptibilité, le prétoire doit être neutre, comme l'école.

Ce qui va bien vous surprendre, c'est que cette mesure que vous regrettez, a été prise en s'appuyant sur une dé-cision ministérielle du 8 mars 1831 !!! Le journal la *Répu-blique française*, fondé par Gambetta, est donc moins libé-ral, moins tolérant que le gouvernement de Louis-Phi-lippe !!!

Encore un sujet à méditer.

Dans tous les cas, vous reconnaîtrez, j'en suis sûr, avec moi que ce n'est pas l'absence de ces emblèmes qui empê-che les magistrats de Château-Thierry de se montrer misé-ricordieux.

Veuillez agréer, monsieur, l'expression de mes sentiments distingués.

Signé : Paul MAGNAUD,
*Président du Tribunal civil de Château-Thierry.*

4

## Le président Magnaud et le « droit de punir ».

Le *Figaro*, ayant ouvert une enquête sur « le droit de punir » reçut du président Magnaud la réponse suivante :

Château-Thierry, mars 1900.

Monsieur,

La question que vous me posez sur le « droit de punir » est très complexe et mériterait de grands développements. Je n'y entrerai pas, sentant bien que ma tâche serait trop lourde et mon avis de bien peu de poids, après celui des hommes remarquables que vous me signalez comme s'étant prononcés sur ce sujet particulièrement intéressant.

Qu'il me suffise de vous dire, très succinctement, que, d'une manière générale, j'estime que la société a le droit de punir — *et même très rigoureusement,* — car il est inadmissible que certains de ses membres puissent, sans excuse, se livrer impunément à des attentats contre la personne des autres ou les atteindre dans leurs intérêts matériels ou leur honorabilité, en un mot les troubler, sans motif, dans leur sécurité matérielle et morale. Mais ce qui devient plus délicat, c'est l'exercice de ce droit.

Le juge chargé d'appliquer la peine au nom de la société qui poursuit la répression d'un manquement à la loi ne doit pas se contenter de rechercher, outre l'intention coupable, les causes d'irresponsabilité ou les circonstances atténuantes directes, *mais examiner encore si l'acte punissable ne serait pas le résultat, tout au moins indirect, de quelque lacune sociale.* Et si, dans sa conscience, il estime que la société n'a pas fait tout ce qu'elle pouvait ou devait faire, la faute du poursuivant ne saurait manquer d'amoindrir, à ses yeux, celle du poursuivi, et parfois même de la supprimer.

Je suis bien convaincu, pour ne prendre que deux exemples, qu'une meilleure organisation sociale amènerait la disparition de ces deux infractions pénales qu'on appelle le vagabondage et la mendicité, qui ne paraissent léser aucun intérêt respectable.

Veuillez agréer, monsieur, l'expression de ma considération la plus distinguée.

MAGNAUD,
*Président du Tribunal de Château-Thierry.*

Rappelons à ce propos une précédente déclaration du président Magnaud : «... Je persiste dans cette idée qu'on n'a pas le droit de punir un homme dont le seul crime est d'être malheureux. »

5

## Le président Magnaud devant la Chambre des Députés.

Au cours de l'interpellation développée à la Chambre par M. Sembat, M. Morlot, député de l'Aisne, présenta en ces termes la défense du président Magnaud :

Messieurs,

Je ne viens pas discuter ici les questions doctrinales soulevées par l'interpellation de M. Sembat ; je viens simplement apporter la déclaration d'un témoin qui voit fonctionner tous les jours le tribunal de Château-Thierry.

Je crois que c'est peut-être un élément essentiel du débat de faire connaître l'esprit qui anime le tribunal et de chercher à dégager les juges de Château-Thierry de cette sorte de réputation de bizarrerie dont les arrêts de la Cour d'Amiens pourraient accréditer la légende.

Certes, ils ne sont pas bien vus de la Cour d'Amiens et l'avocat général qui occupait dans l'affaire Chiabrando ne l'a pas dissimulé. On vous a rapporté les paroles qu'il avait prononcées. Est-il donc vraiment indispensable pour la dignité de la justice qu'un magistrat maltraite ses collègues d'une juridiction inférieure, et le tribunal de Château-Thierry méritait-il donc ce traitement? Les magistrats qui le composent détonnent-ils tellement dans l'ordre de la magistrature et compromettent-ils donc en quelque chose la bonne administration de la justice? J'ose dire ici qu'il n'y a pas de tribunal où la justice soit plus promptement et plus sûrement rendue qu'à Château-Thierry.

M. Eugène Fournière. — C'est un très grand mérite.

M. Morlot. — A Château-Thierry, on ne connaît pas les affaires en retard (Applaudissements à l'extrême gauche et sur divers bancs à gauche) et c'est encore une singularité qui distingue ce tribunal des autres.

Est-ce à dire que la répression soit émoussée dans notre arrondissement et que nos personnes et nos biens ne soient plus protégés? C'est bien mal connaître le tribunal. Sans doute il témoigne une certaine mansuétude à quelques pauvres diables qui sont surtout coupables de misère, mais en revanche il réserve toutes ses rigueurs et ses sévérités pour les véritables malfaiteurs. (Très bien ! très bien ! sur les mêmes bancs). Il acquitte une femme qui, dans un moment de misère, poussée par la faim, a volé un pain ; mais il acquitterait, peut-être plus difficilement que bien d'autres tribunaux, les belles dames qui vont voler des dentelles ou des rubans dans les grands magasins, et qui, fortement recommandées ensuite par des juges, sont acquittées sous couleur de kleptomanie par la plupart des tribunaux. (Très bien ! très bien ! sur les mêmes bancs).

Sans doute le tribunal de Château-Thierry acquitte des mendiants dans les conditions que vous savez, et qui sont cependant bien de nature à exciter la pitié, mais je ne conseillerais pas aux aigrefins de la finance et aux escrocs de marque de tomber sous la coupe du président Magnaud. (Applaudissements à l'extrême gauche). Ils ne rencontreraient pas devant lui les indulgences dont ils ont tant bénéficié devant d'autres juges.

C'est donc un tribunal qui assure fermement la répression

19

et contre lequel il n'y a rien à dire. Et c'est en vain qu'on voudrait faire croire qu'il procède par à coups, qu'il est guidé par une espèce de sentimentalisme réclamier. Non! il procède en vertu des idées générales et juridiques qui sont les siennes, qu'il pratique depuis longtemps et qu'il applique d'une façon saine et constante. (Nouveaux applaudissements).

La justice du tribunal de Château-Thierry est tout à la fois protectrice des biens et des personnes, respectueuse des textes et soucieuse d'humanité. Elle est rendue, j'ose le dire, avec une véritable science du droit et une haute conscience du devoir du juge.

On dirait que ce n'est que devant le tribunal de Château-Thierry que de pareils affaires peuvent naître. Eh bien! c'est tant pis pour les autres tribunaux! (Applaudissements à l'extrême gauche et sur divers bancs à gauche).

En réalité, si les magistrats, si les procureurs généraux, si M. le garde des sceaux, si nous-mêmes peut-être, nous n'étions pas les victimes de je ne sais quels préjugés d'éducation et du joug des traditions, nous nous féliciterions sans hésitation et sans réserve de rencontrer des magistrats comme ceux-là et nous ferions unanimement des vœux pour que la justice soit rendue dans tous les tribunaux comme elle est rendue à Château-Thierry. (Applaudissements sur les mêmes bancs).

M. Jourde. — Ce sont de braves gens.

M. Morlot. — Dans tous les cas, ce que je voulais vous demander, monsieur le garde des sceaux, c'était de ne pas permettre que ces magistrats pleins de conscience soient abandonnés à cette sorte de mauvaise humeur de certains magistrats supérieurs et dont, en somme, les malheureux justiciables payent les frais; c'est que leur autorité morale ne se trouve pas constamment mise en échec par des appels en quelque sorte systématiques (Très bien! très bien!), souvent peu justifiés en droit et qui ont fait souvent à la magistrature un air barbare qu'elle ne mérite pas.

Je crois que vous répondriez aux sentiments de l'opinion publique en invitant vos procureurs généraux de n'user de leur droit de faire appel *a minima* pour les jugements correctionnels, droit dont l'existence même n'est peut-être pas indispensable à la sécurité sociale, pour obtenir des aggravations de peines, mais, au contraire, soit pour obtenir, le cas échéant, la confirmation solennelle des jugements qui se distinguent par des tendances humanitaires, soit pour modérer les sévérités du Code pénal dans le sens d'une application humaine de la loi pénale. (Applaudissements à l'extrême gauche).

C'est le sens de l'ordre du jour que j'ai l'honneur de remettre à M. le président.

.·.

A la suite de l'interdiction d'une pièce de M. Louis Marsolleau, une interpellation fut adressée au ministre de l'Instruction publique par M. Eugène Fournière. Le député de l'Aisne, analysant le sujet de cette pièce : *Mais quelqu'un troubla la fête...* [1], fut amené à parler du président Magnaud en ces termes :

*M. Eugène Fournière.* La seule allusion contemporaine que je trouve dans cette pièce, la seule qui, je le comprends, aurait pu éveiller la susceptibilité du ministère, c'est le passage où il s'agit d'un magistrat, le président Magnaud, qui a eu le très grand honneur d'être blâmé publiquement par le parquet général de la cour d'Amiens pour s'être permis de rendre la justice humainement. (*Très bien ! très bien !* à l'extrême gauche.)

C'est le passage où le juge s'écrie :

..... J'avoue avec quelque scrupule
Que cet excès d'aplomb qu'on voit à la crapule
Vient des procédés neufs de certains tribunaux
Qui, par faiblesse, ou pour paraître originaux,
Rompent avec les us de la magistrature
Et se donnent les gants, dans leur sous-préfecture,
De rendre la justice en cherchant l'équité.

1. *Mais quelqu'un troubla la fête,* un acte en vers, par Louis Marsolleau. Pièce interdite par la censure, publiée chez P. V. Stock, éditeur, 1900.

Messieurs, j'estime avec l'auteur qu'il faut pouvoir dire au théâtre ce que l'on pense des questions du temps présent.

*M. Camille Pelletan.* Vous voulez permettre de dire qu'il y a un magistrat qui juge dans le monde? Ce n'est pas possible! C'est anarchiste! (*Rires à gauche.*)

*M. Eugène Fournière.* C'est pour cela probablement que le ministre de la justice laisse blâmer les décisions de ce juge par des représentants du parquet de la cour d'Amiens [1].

## 6

## Le président Magnaud et la Cour d'appel d'Amiens.

L'incident survenu entre le président Magnaud et la Cour d'Amiens, auquel M. Eugène Fournière fit allusion à la Chambre en son discours du 18 juin 1900, est raconté en détails dans l'article suivant. Il fut publié, le 20 mai 1900, par la *Petite République*, sous ce titre : « Un scandale judiciaire », et il avait été adressé à ce journal par son correspondant particulier d'Amiens.

Amiens, 18 mai.

Il n'est bruit dans le monde du Palais que d'un incident des plus graves qui met aux prises notre Cour d'appel et le tribunal de Château-Thierry.

A l'une des dernières audiences de la Cour, vint une affaire concernant un garde particulier, jugée en première instance à Château-Thierry. Le président Magnaud, qui n'est pas indulgent pour les gardes-chasse empressés à tendre des pièges au pauvre monde, avait prononcé un jugement très sévère, et à juste titre, contre le garde d'un hobereau

----

1. Chambre des Députés, séance du 18 juin 1900, interpellation Eugène Fournière.

de l'Aisne. Celui-ci, réactionnaire vindicatif, résolut d'aller
en appel.

Au cours des débats, son avocat, Me Gerville-Réache, député, dit à la Cour que riches et pauvres ont droit à la même
somme de justice, et il ajouta, visant le tribunal de Château-Thierry, qu'il n'en est pas de même dans tous les tribunaux d'Amiens.

Cette attaque directe contre le président Magnaud parut
à quelques auditeurs d'autant plus étrange que, peu de temps
auparavant, M. Gerville-Réache, ayant gagné un procès très
important devant le tribunal de Château-Thierry, ne taris-
sait pas d'éloges sur le compte du président Magnaud et de
ses collègues... La cour, cependant, buvait du lait : entendre
critiquer le président Magnaud, quelle joie pour ces magistrats qui enragent de savoir M. Magnaud si populaire !

Mais, des propos d'avocat, cela n'a pas grande importance : où la chose prit une tournure d'une extrême gravité,
c'est lorsque l'avocat général, M. Pironneau, se leva pour
dire qu'il se désintéressait du fond de l'affaire, mais qu'il
s'associait à ce qui venait d'être dit par l'avocat sur le droit
de tous les citoyens à une même justice, qu'il n'en était pas
ainsi à Château-Thierry, *où le tribunal rendait des jugements
dont les motifs l'excédaient et l'affligeaient !!!*

Ce n'est pas tout : avec un geste d'indignation et de menace, l'avocat général s'écria : *Quand donc en aurai-je fini
avec ce président de tribunal qui est un cratère toujours en érup-
tion ?...*

Cette attaque personnelle d'un agent du Parquet contre
un président du tribunal aurait dû être relevée sur-le-champ
et blâmée par le président de la Cour. Celui-ci n'en fit rien,
semblant par son silence approuver le langage injurieux de
l'avocat général. Il est vrai de dire que ce singulier magistrat
de la Cour d'Amiens est une créature de Méline, un ancien
député opportuniste blackboulé aux dernières élections,
nommé Borie, et qui, en récompense de son servilisme ministériel, a été nommé président de Chambre.

Quant à l'avocat général, M. Pironneau, il est entré dans
la magistrature en 1868 ; il a prêté serment de fidélité à
l'Empereur. Il sert maintenant la République en insultant

les rares magistrats qui sont républicains et doux aux miséreux. C'est sans doute pour obtenir plus vite l'avancement qu'il désire et se faire nommer juge à Paris.

On assure que le président Magnaud, dès qu'il a été mis au courant de ces faits, qui se sont passés en audience publique, a adressé une plainte formelle et officielle au ministre de la justice.

Tous les juges et les avocats réactionnaires d'Amiens se frottent les mains. Ils se réjouissent publiquement de l'affront, très médité, fait par le parquet général au président Magnaud. C'est la revanche des riches et des égoïstes contre le magistrat qui ose se montrer humain envers les malheureux.

**7**

## Les idées du président Magnaud adoptées par la Chancellerie.

L'interpellation provoquée par le jugement du président Magnaud dans l'affaire Chiabrando eut pour conséquence de faire adresser par le ministre de la justice aux procureurs généraux une circulaire concernant la répression du vagabondage et de la mendicité. En comparant cette circulaire aux jugements du tribunal de Château-Thierry sur la même matière, on constatera que le garde des sceaux s'est approprié purement et simplement les idées du président Magnaud.

Paris, le 2 mai 1899.

Monsieur le procureur général, [1]

Par sa circulaire du 10 août 1894, l'un de mes prédécesseurs signalait à votre vigilance la nécessité de réprimer énergiquement le vagabondage et la mendicité.

[1]. *Journal officiel* du 3 mai 1899.

La répression de ces délits n'est pas moins indispensable aujourd'hui et les instructions que ma chancellerie vous donnait alors n'ont rien perdu, dans leur généralité, de leur valeur et de leur raison d'être.

Toutefois, je crois devoir appeler votre attention sur le tact et le discernement qu'exige, en cette matière délicate à certains égards, l'exercice de l'action publique.

Notre Code pénal datera bientôt d'un siècle. Les idées qui avaient cours, lors de sa rédaction, ne sont plus, sur bien des points, celles de notre temps, et le législateur, s'inspirant des tendances de l'esprit moderne, s'attache, depuis de nombreuses années, à introduire dans notre vieux corps de droit pénal plus de respect pour les droits de l'individu, plus d'humanité, plus de justice.

Le problème de la lutte contre le vagabondage et la mendicité est un de ceux qui, dans ces dernières années, se sont posés avec le plus de persistance devant l'opinion publique.

Il a vivement préoccupé les penseurs et les criminalistes. On a recherché, discuté, dans de nombreuses publications, dont plusieurs sont l'œuvre de magistrats, les moyens les plus propres à restreindre le mal. Les congrès pénitentiaires ont, à leur tour, consacré à l'examen de cette question une grande partie de leurs délibérations.

Toutes ces études ne sont pas demeurées infructueuses. Il s'en est dégagé cette idée qu'au droit de la société de prendre des mesures rigoureuses de préservation sociale contre les mendiants et les vagabonds correspond le devoir d'organiser largement l'assistance publique, et qu'à un grand nombre de vieillards et d'invalides, vagabonds et mendiants par nécessité, ce sont les refuges et les hospices qu'il faudrait ouvrir, et non les prisons.

Cette conception a pris corps dans plusieurs législations étrangères. En France, elle a inspiré différents projets de loi dont le Parlement est saisi. J'ai le ferme espoir que ces projets aboutiront prochainement à une réforme généreuse et féconde.

En attendant qu'elle soit réalisée, les parquets peuvent et doivent, dès à présent, par une pratique éclairée et libérale, tenir largement compte, en cette matière, des considé-

rations de bon sens et d'humanité, et épargner l'application
inexorable de la loi à nombre de nécessiteux pour lesquels
la pitié n'est qu'une forme de la justice.

En effet, le vagabondage et la mendicité ne doivent pas
être envisagés seulement comme on est trop porté à le
faire, dans leur matérialité. Comme la plupart des délits,
ces infractions comportent un élément intentionnel qu'il
faut rechercher et peser pour en apprécier non seulement
la gravité, mais même l'existence juridique.

S'il est indispensable, en vue de garantir la sécurité publique, d'assurer avec fermeté la répression des délits dont
il s'agit, les poursuites doivent surtout atteindre ceux qu'on
a appelés les professionnels du vagabondage et de la mendicité, ne travaillant pas parce qu'ils ne veulent pas travailler, mendiants et vagabonds volontaires, traînant leur
fainéantise le long des routes, vivant au jour le jour d'aumônes que souvent on n'ose leur refuser, s'abritant la nuit
dans les fermes isolées où ils s'imposent par la frayeur
qu'ils inspirent. Il en est d'autres, dans les villes, qui en-
tretiennent leur oisiveté en exploitant la charité publique
par la simulation d'infirmités, en sollicitant des secours au
moyen de lettres mensongères et qui déguisent la mendicité sous mille procédés touchant à l'escroquerie. C'est à
ceux-là qu'il faut réserver toutes les rigueurs de la loi. Les
frapper durement est faire œuvre de salubrité publique.

Mais, à côté de ces malfaiteurs, combien d'hommes, souvent âgés, souvent très jeunes, combien d'enfants abandonnés, jetés accidentellement dans un genre de vie qui en fait,
ressemble au vagabondage, que la nécessité de vivre peut
entraîner à tendre la main, parce que le chômage, la maladie, l'impossibilité de trouver du travail et cent causes
qu'il est impossible d'énumérer les ont privés momentanément de toutes ressources, de tous moyens d'existence!

Ces derniers ne sont point, dans le sens juridique, des
mendiants ou des vagabonds. L'intention délictueuse leur
fait défaut; la société n'a rien à leur reprocher. Ce ne sont
pas des coupables qu'il faut punir; ce sont des malheureux
qu'il faut secourir, aider, au besoin, relever.

Cette distinction ne se trouve-t-elle pas, d'ailleurs, dans

notre Code pénal lui-même qui, dans les lieux pour lesquels il n'existe pas d'établissement public destiné à obvier à la mendicité, ne punit que le mendiant d'habitude, valide, et ne frappe d'aucune peine le fait accidentel de mendicité ou même, chez l'invalide, l'habitude de la mendicité?

C'est pourquoi j'estime que les magistrats du parquet et les juges d'instruction ont le devoir, chaque fois qu'ils ont à statuer sur le sort d'un prévenu traduit devant eux pour vagabondage ou mendicité, de se renseigner non seulement sur ses antécédents judiciaires, mais aussi sur ses antécédents généraux, sur son genre de vie, ses habitudes de travail ou de paresse, les motifs qu'il allègue pour se justifier; de vérifier avec le plus grand soin et aussi rapidement que possible la sincérité de ses explications et de ne les renvoyer devant le tribunal correctionnel que lorsqu'ils ont acquis la conviction qu'ils sont en présence d'un incorrigible, d'un fainéant invétéré. Mais quand vos substituts auront le sentiment qu'ils ont devant eux un prévenu intéressant, à un titre quelconque, et qu'on peut encore arrêter sur une pente dangereuse, qu'ils n'hésitent pas, malgré la matérialité des faits, à requérir une ordonnance de non-lieu ou un jugement de relaxe. Qu'ils prennent également toutes mesures utiles dans son intérêt, en se mettant en rapports suivant les cas, soit avec l'autorité administrative, en vue d'obtenir son rapatriement, soit avec une œuvre hospitalière ou une société de patronage, en vue de lui procurer du travail, un abri momentané, une direction éclairée et bienveillante.

Ils auront fait ainsi œuvre saine et utile de justice et de solidarité sociale.

Ils devront enfin mûrement réfléchir avant d'intenter une première poursuite et d'infliger à un délinquant primaire la flétrissure d'une première condamnation.

Mieux vaut, en ce cas, un excès d'indulgence qu'une sévérité qui n'aboutit souvent qu'à faire des récidivistes, et dont les conséquences peuvent être irréparables.

Tels sont, monsieur le procureur général, les principes libéraux et humains dont je désire que les magistrats du ministère public s'inspirent dans les affaires de cette na-

19.

ture, et je compte que vous saurez tenir la main à ce que les présentes instructions soient observées dans votre res-sort.

Je vous prie de m'accuser réception de cette circulaire, dont vous trouverez un nombre d'exemplaires suffisant pour les parquets de votre ressort.

Recevez, monsieur le procureur général, l'assurance de ma considération très distinguée.

## 8

## Le président Magnaud et le droit des femmes.

Cet ouvrage s'achevait lorsque le tribunal de Châ-teau-Thierry rendit une nouvelle sentence, des plus importantes, concernant le droit des femmes. Nous regrettons de ne pouvoir publier ce document qu'en appendice. Il aurait dû prendre place dans la deuxième partie du livre, immédiatement après le jugement por-tant condamnation du séducteur d'Eulalie M... Il s'agit, d'ailleurs, de la même affaire. Le tribunal ayant refusé au séducteur l'enquête qu'il sollicitait sur les mœurs de celle qu'il avait subornée et rendue mère, le jeune homme alla en appel. Naturellement, la Cour d'Amiens, toujours hostile au tribunal de Château-Thierry, s'em-pressa d'accorder l'enquête sollicitée : elle se produi-sit dans des conditions telles qu'elle eut pour consé-quence de provoquer un procès en faux témoignage, procès qui aboutit au jugement suivant :

TRIBUNAL CORRECTIONNEL DE CHATEAU-THIERRY.

Audience du 1ᵉʳ juin 1900.

*Présidence de M. Magnaud, Président.*

Le Tribunal :

Attendu que par jugement en date du 23 novembre 1898, le Tribunal de Château-Tierry a condamné L. S : 1° A cinq mille francs de dommages-intérêts envers Eulalie Michaux pour inexécution des promesses de mariage à l'aide desquelles il était parvenu à la séduire ; 2° Au paiement d'une rente viagère de 365 francs, soit un franc par jour jusqu'à la majorité de l'enfant issu de leurs relations dont, tant par lettres que par des actes antérieurs, concomitants, et postérieurs à sa naissance, il s'était reconnu le père.

Attendu que L. S... qui avait abandonné en 1898 Eulalie M... et son enfant dans le plus profond dénûment afin de courir à d'autres amours, prétendit, pour éluder cette condamnation, que les causes de son abandon étaient dues à son inconduite durant leurs relations, inconduite dont il n'aurait eu connaissance que postérieurement à son accouchement et qu'il offrait de prouver par témoins.

Attendu que le Tribunal, sans se douter d'ailleurs qu'on en arriverait plus tard jusqu'au faux témoignage, refusait, et il s'en félicite de plus en plus aujourd'hui, d'accorder cette enquête, d'abord parce que la plupart des lettres de L. S... du temps où il aimait encore Eulalie M... et dans lesquelles il la suppliait constamment de devenir sa femme, ne tarissaient pas d'éloges sur elle et de reproches sur sa trop grande pudeur ; ensuite parce que dans une enquête de cette nature, il ne pourrait être produit que des témoins prétendant avoir eu des relations intimes avec la demanderesse au cours de sa liaison avec S... ou ayant entendu parler de ces relations ; qu'aucune confiance, en effet, ne pouvait être accordée par le Tribunal à de pareilles déclarations qui, dans le premier cas, eussent été indignes et lâches, et, dans le second, l'écho peu probant de la malignité publique.

Attendu qu'appel ayant été interjeté devant la Cour d'Amiens de cette décision, dont le but n'était pas de rechercher la paternité de L. S... mais d'en faire simplement la constatation pour en tirer toutes les conséquences civiles et naturelles qu'elle comporte, cette juridiction, à qui un procès-verbal du 6 juin, antérieur de deux jours à son arrêt, faisait pourtant connaître la bonne conduite et la sincérité d'Eulalie M..., en même temps que les agissements inhumains envers elle, de la mère de S... et les motifs inavouables de la rupture du fils, ordonna néanmoins l'enquête sollicitée sur les faits d'immoralité articulés par l'appelant.

Attendu qu'il y fut procédé à la date du 13 novembre 1899 et qu'il résulte des débats actuels la preuve qu'au cours de cette enquête, le témoin V..., aujourd'hui prévenu, a fait un faux témoignage en matière civile, dans le but d'exonérer L... S... des obligations qui lui avaient été imposées par le jugement précité ;

Qu'il a prétendu, en effet, qu'en septembre 1894, il avait surpris dans un bois longeant la route de Montreuil-aux-Lions à Dhuisy, C... Eugène, maçon, deux fois en conversation intime avec Eulalie M... et dans une position qui ne pouvait laisser aucun doute sur la consommation de leurs relations ;

Qu'en mai 1895, il les avait encore vus dans le même bois et dans la même attitude, précisant même certains détails sur lesquels il est inutile d'insister ;

Que, du reste, avant de les surprendre, C... avec lequel il revenait tous les jours de Dhuisy lui avait, bien antérieurement à ces événements, avoué ses relations avec Eulalie M... qui, prétendait encore V..., venait très souvent, le soir, au devant de lui sur la route ;

Qu'à la vérité, dans un dernier interrogatoire à l'instruction, s'étant aperçu que son mensonge éclaterait trop clairement parce qu'en septembre 1894, il travaillait à Montreuil-aux-Lions et non pas à Dhuisy et, qu'en outre, Eulalie M... était à Rosny-sous-Bois, près Paris et non pas à Montreuil-aux-Lions où elle n'est rentrée qu'en novembre 1894, il s'est repris ainsi qu'à l'audience, pour affirmer que les relations intimes d'Eulalie M... et de C... auxquelles il prétendait avoir assisté, s'étaient produites seulement en

novembre 1894, quand il avait recommencé son travail à
Dhuisy avec C...

Attendu d'ailleurs que, quelle que soit la date que le prévenu adopte, la fausseté de sa déclaration résulte à l'évidence de la démarche qu'il a faite le 8 juin 1898, auprès de
C... Eugène, à Lizy-sur-Ourcq, époque à laquelle Eulalie
M... était sur le point d'introduire une demande en dommages-intérêts contre son ancien amant, demande que celui-ci
espérait faire rejeter à l'aide d'une enquête établissant son
inconduite.

Attendu, en effet, que ce jour-là, en présence de plusieurs
témoins, tous très honorables, V... a déclaré à C... (Eugène),
qu'Eulalie M... allait intenter un procès à L. S..., et qu'à
cette occasion, la mère de celui-ci *l'envoyait vers lui pour savoir s'il n'avait pas eu de relations intimes avec cette jeune
femme.*

Attendu que, dans les termes les plus énergiques et les
plus francs, C... (Eugène) protesta, reconnaissant qu'il avait
fait danser trois fois Eulalie M... à des époques qu'il pré-
cisa et en présence de sa sœur, qu'il ne lui avait parlé que
dans ces occasions-là, et que, jamais, il n'avait eu de relations intimes avec elle;

Qu'il est bien évident que, si le prévenu V... avait été témoin en 1894 et 1895 de trois rapprochements intimes d'Eulalie M... et de C... (Eugène), ainsi qu'il a eu la perversité
de le déclarer devant le magistrat enquêteur et sur le nombre desquels il s'est montré, tantôt précis, tantôt hésitant,
il ne serait pas allé trouver C... à son travail le 8 juin 1898
pour s'informer auprès de lui, de la part de la mère de S...,
*s'il avait eu des relations avec elle;*

Qu'au surplus, tous les ouvriers et ils étaient nombreux,
qui revenaient de Dhuisy à Montreuil en 1894 et 1895, affirment hautement que, jamais, C... (Eugène) ne les a quittés
pour entrer dans les bois bordant la route, qu'il n'a jamais
tenu de conversation particulière avec le prévenu et que,
jamais ils n'ont vu Eulalie M... venir au devant de C...;

Qu'à cette audacieuse déclaration, V... a même ajouté une
duplicité peu commune, puisqu'il a pris bien soin de désigner comme amant de passage d'Eulalie M..., un jeune

homme, absolument étranger au pays, originaire de l'Allier, travaillant tantôt dans une contrée de la France, tantôt dans l'autre et, par conséquent, presque impossible à retrouver ;

Qu'il a fallu toute la ténacité indignée d'Eulalie M... pour découvrir C... (Eugène) dans son département d'origine, d'où il s'est offert spontanément, avec une louable énergie, à venir protester contre d'aussi odieux mensonges.

Attendu que ces faits constituent le délit prévu et réprimé par l'article 363 du Code pénal.

### Sur l'application de la peine.

Attendu que, s'il n'est pas établi d'une façon suffisante au point de vue légal, que V... ait reçu de l'argent, des promesses ou une récompense quelconque de la femme S... ou de son fils pour faire le faux témoignage dont il s'est rendu coupable, il est absolument certain dans tous les cas qu'il n'a agi qu'à leur instigation, surtout si on se reporte aux manœuvres de ces deux personnes, révélées par l'instruction et à l'intérêt qu'elles avaient dans la perpétration de ce faux témoignage.

Qu'en effet, la première : *la femme S...*, après avoir fait chasser en 1893, Eulalie M... de son atelier de passementerie, par suite de son influence pécuniaire sur le chef de cette fabrique, a audacieusement et sans la moindre apparence de preuve affirmé à la gendarmerie que cette jeune femme avait eu des relations intimes avec beaucoup d'autres jeunes gens que son fils ; que, mise en demeure de les désigner, elle s'y est formellement refusée, démontrant elle-même son mensonge, mais espérant bien que, néanmoins, la calomnie ferait toujours son chemin et atteindrait sa victime ;

Qu'elle a même essayé d'entraîner dans la funeste voie suivie par le prévenu V..., l'ancien adjudant C...., aujourd'hui percepteur, qui, à l'audience, a tenu à protester avec la dernière énergie contre les agissements de cette femme, et a fait connaître tous les aveux de paternité qui lui avaient été faits par L. S..., relativement à l'enfant d'Eulalie M...

Attendu que le second : S... plus déplorable encore que sa mère, a osé déclarer devant le juge de paix de Charly que -

deux personnes lui avaient révélé qu'Eulalie M... avait d'autres amants que lui, affirmation que ces deux témoins ont frappé du plus sanglant démenti.

Qu'il est, en outre, établi que, poussant le cynisme jusqu'à ses dernières limites, il a même proposé, le porte-monnaie à la main, à plusieurs témoins qui s'y sont refusés, de venir déclarer qu'ils avaient eu des relations intimes avec Eulalie M...

Attendu que V... en commettant cet odieux faux témoignage, s'est fait l'instrument conscient d'une famille et, spécialement d'un individu qui a cru que, grâce à sa fortune dont l'origine remonterait, d'après le maire de sa commune, à l'invasion de 1870-1871, il lui serait facile, en égarant la justice, de se soustraire aux obligations très nettes qui lui incombent de par le droit civil et, bien plus impérieusement encore, de par le droit naturel.

Attendu qu'il résulte que, pour atteindre ce but, les plus méprisables machinations ont été imaginées pour affirmer la puissance de l'argent et assurer son triomphe sur le bon droit d'une pauvre jeune femme, re tée seule avec un enfant, sans autre ressource que son peu lucratif travail ou les dons que quelques personnes compatissantes et généreuses lui ont fait parvenir afin de lui permettre d'attendre la solution d'une instance qui, devant la juridiction d'appel, est en suspens depuis plus de dix-huit mois.

Que, si ces machinations n'obtiennent pas le déplorable résultat pour lequel elles ont été ourdies, Eulalie M... le devra en grande partie au témoin, Eugène C..., qui n'a pas hésité, du fond de son village éloigné, à venir immédiatement au secours de cette fille-mère abandonnée, pour faire éclater la vérité.

Que l'attitude loyale de cet honnête homme qui, à l'instar de tant d'autres, hélas ! aurait pu laisser croire, par suffisance et vanité, à une bonne fortune, est digne de tous les éloges et montre que, dans le cœur de ce simple prolétaire, il y a toute la noblesse et la droiture qui font totalement défaut dans celui du riche séducteur dont il a contribué à déjouer les perfides manœuvres.

Attendu que, tout en regrettant vivement de ne pouvoir

légalement atteindre les véritables instigateurs d'aussi coupables agissements, il convient de faire à celui qui a criminellement consenti à s'y livrer, une application d'autant plus sévère de la loi, que, loin de s'excuser de sa mauvaise action, il a persisté jusqu'au bout et contre toute évidence, dans le faux témoignage qu'il avait si audacieusement commis.

Que la seule considération qui permette d'admettre en sa faveur quelques circonstances atténuantes, c'est qu'en raison de sa situation besogneuse, il lui était plus difficile qu'à tout autre, de résister aux sollicitations dont, sans aucun doute il a été l'objet.

Par ces motifs, le tribunal :

Condamne V..., à quinze mois d'emprisonnement et à cinq cents francs d'amende.

L'interdit de la privation, pendant dix ans, des droits mentionnés en l'article 42 du Code pénal.

Le condamne au remboursement des frais.

Fixe la durée de la contrainte par corps au maximum déterminé par la loi.

## 9

### Le Président Magnaud chez le Président de la République.

M. le Président Magnaud, ayant été élu président d'Honneur du Congrès de l'Humanité de 1900, fut reçu le 23 juillet par M. le Président de la République, auquel il présenta le Président effectif et les membres du Comité d'organisation de ce Congrès.

M. le Président Magnaud exposa quelles étaient les idées de solidarité, de fraternité et de justice humaine qui avaient présidé à la constitution du Congrès de l'humanité et il pria Monsieur le Président de la République de vouloir bien honorer de sa présence la séance

d'ouverture ou, tout au moins, l'une des séances suivantes.

En même temps il transmit au chef de l'Etat les hommages respectueux de tous les magistrats composant
le tribunal de Château-Thierry, en l'assurant de leur
inébranlable et énergique dévouement à la République.

Voici le texte de cette allocution :

Monsieur le Président de la République,

« Je me félicite doublement de l'honneur qui m'a été fait
en me choisissant pour président d'honneur du congrès de
l'humanité de 1900. — Ce titre si flatteur me procure en
effet le précieux avantage de vous exprimer aujourd'hui, au
nom du très distingué président effectif de ce Congrès, M.
le comte de Faugère, ancien diplomate, et des autres membres présents et absents, les sentiments de respect que nous
éprouvons tous pour les hautes et nobles fonctions que vous
exercez avec une élévation de caractère et une simplicité
dignes d'un véritable et illustre fils de la Démocratie.

Ces éminentes qualités expliquent la profonde vénération
dont nous entourons votre personne et notre joie à vous la
manifester en vous priant, avec une respectueuse insistance
de vouloir bien honorer de votre présence, notre séance
d'ouverture du 23 septembre prochain, avec Madame Loubet
à qui notre commission d'initiative vient de décerner, à l'u-
nanimité, le titre de Présidente d'honneur.

Le Congrès de l'humanité, Monsieur le Président, est une
œuvre absolument impersonnelle, naturelle, ne relevant que
d'elle-même, ne dépendant par conséquent d'aucun parti ni
d'aucune école, mais pouvant et devant être l'œuvre de chacun et de tous.

Son grand mérite consistera dans ce fait relativement
nouveau d'une réunion de représentants de plusieurs pays,
constitués spontanément, librement, en Congrès de l'humanité, indiquant au monde entier comme devant être son
orientation définitive : la solidarité, la fraternité, l'égalité,
l'unité et la liberté ! ; orientation qu'il s'agit de poursuivre

ou d'effectuer par la paix, l'amour et la justice qui sont les trois moyens de premier ordre, les trois leviers tout puissants pour réaliser enfin l'unité, le bien-être, le bonheur universel.

Ce sera la gloire impérissable des congressistes de 1900 d'avoir fait tous leurs efforts pour essayer de réaliser autant que possible cet idéal.

Le Congrès envisage l'humanité dans son intégrité, dans ses deux principes féminin et masculin qui seuls constituent l'être humain, réel tout entier.

Voilà pourquoi nos comités sont mixtes et aussi pourquoi aux présidents d'honneur et effectif, nous avons eu à cœur, d'ajouter comme présidente d'honneur du Congrès de l'Humanité de 1900, la très respectable et profondément respectée madame Loubet.

Il me reste maintenant, Monsieur le Président de la République, une autre mission personnelle bien douce à remplir c'est de vous présenter spécialement les hommages respectueux de tous les membres du modeste tribunal de Château-Thierry, que je suis si fier de présider.

Les magistrats qui le composent, tous animés du plus pur esprit républicain, estiment dans leur conscience et dans leur cœur que l'humanité et la clémence sont deux des éléments constitutifs de la vraie justice. Aussi applaudissent-ils à la si belle et toute récente circulaire de M. le garde des sceaux, sur ce palpitant sujet.

Je suis heureux de vous transmettre aussi l'expression de leur ferme attachement aux institutions républicaines; quant au dévouement à la République de leur président, il est tellement inébranlable que s'il en était besoin, de la parole, il passerait vite aux actes les plus énergiques pour la défendre.

C'est un grand bonheur pour lui, Monsieur le Président de la République, d'avoir pu faire, en votre présence cette ardente déclaration de sa foi républicaine. »

# TABLE DES MATIÈRES

———

## NEUVIÈME PARTIE

### LE DROIT DE L'ÉGALITÉ.

### APPENDICE.

### FIN DE LA TABLE DES MATIÈRES

Imprimerie générale de Châtillon-sur-Seine. — A. PICHAT.

# A LA MÊME LIBRAIRIE

## BIBLIOTHÈQUE SOCIOLOGIQUE

CHARLES ALBERT, *L'Amour Libre*, Un vol. in-18, 3e éd. . . . . . 3 50

BAKOUNINE. *Œuvres*, Fédéralisme, Socialisme et Antithéologisme. Lettres sur le patriotisme. Dieu et l'État. Un vol. in-18, 2e éd. . . . . 3 50

CH. CORNELISSEN. — *En marche vers la Société nouvelle*. Un vol. in-18 . . . . . . . . . . . . 3 50

GEORGES DARIEN, *Biribi*, armée d'Afrique. Roman. Un vol. in-18, 2e éd. . . . . . . . . . . . . 2 50

LUCIEN DESCAVES. *Soupes*. Nouvelles. Un vol. in-18, 2e éd. . . . 3 50

DUBOIS-DESAULLE. *Sous la casaque*. Notes d'un soldat. Un vol. in-18, 2e éd . . . . . . . . . . 3 50

GUGLIELMO FERRERO. *Le militarisme et la Société moderne*. Traduction de M. Nino Samaja. Un vol. in-18 . . . . . . . . . . . 3 50

JEAN GRAVE. *L'Anarchie*. Son but, Ses moyens. Un vol. in-18, 3e éd. 3 50

— *La Grande Famille*, roman militaire. Un vol. in-18, 2e éd. . . . . 3 50

— *L'Individu et la Société*. Un vol. in-18, 2e éd . . . . . . . . . . . 3 50

— *La Société future*. Un vol. in-18, 6e éd. . . . . . . . . . . . . . . 3 50

— *La Société mourante et l'anarchie*. Préface par M. Octave Mirbeau. Un vol. in-18 (Interdit. — Rare) . 5 »

A. HAMON, *Psychologie de l'Anarchiste-Socialiste*. Un vol. in-18, 2e éd . . . . . . . . . . . . . . . . 3 50

— *Le Socialisme et le Congrès de Londres*. Un vol. in-18, 2e éd. . . 3 50

PIERRE KROPOTKINE. *L'Anarchie. Sa philosophie. Son idéal*. Une brochure in-18, 3e éd. . . . . . . 1 »

— *La Conquête du pain*. Préface d'Elisée Reclus. Un vol. in-18, 5e éd. 3 50

LÉOPOLD LACOUR. *Humanisme intégral. Le duel des sexes. La cité future*. Un vol. in-18, 2e éd . . . . 3 50

JOHN-HENRY MACKAY. *Anarchistes, mœurs du jour*, roman. Traduction de L. de Hessem. Un vol. in-18 (Épuisé) . . . . . . . . . . . 5 »

CHARLES MALATO. *De la Commune à l'anarchie*. Un vol. in-18, 2e éd. . . . . . . . . . . . . . . . . 3 50

— *L'Homme nouveau*. Une brochure in-18. . . . . . . . . . . . . . . 1 »

— *Les Joyeusetés de l'exil*. Un vol. 2e éd. . . . . . . . . . . . . . . . 3 50

— *Philosophie de l'anarchie*. Un vol. in-18, 2e éd . . . . . . . . . . 3 50

TARRIDA DEL MARMOL. *Les Inquisiteurs d'Espagne*. Montjuich. — Cuba. — Philippines. Un volume in-18 avec préface de Ch. Malato, 2e éd. . . . . . . . . . . . . . . 3 50

LOUISE MICHEL. *La Commune*. Un vol. in-18, 2e éd. . . . . . . . 3 50

DOMELA NIEUWENHUIS. *Le Socialisme en danger*. Préface d'Elisée Reclus. Un vol. in-18 . . . . 3 50

ELISÉE RECLUS. *L'évolution, la révolution et l'Idéal anarchique*. Un vol. in-18, 2e édit. . . . . . . 3 50

JOSÉ RIZAL. *Au pays des moines* (Noli me Tangere), roman. Traduction de H. Lucas et R. Sempau. Un vol. in-18, 2e éd. . . . . . . . 3 50

JACQUES SAUTAREL. *Philosophie du déterminisme. Réflexions sociales*. Un vol. in-18 . . . . . . . 3 50

MAX STIRNER. *L'unique et sa propriété*. Traduction de R. L. Reclaire. Un vol. in-18 . . . . . . . 3 50

Imprimerie Générale de Châtillon-s-Seine. — A. Pichat.

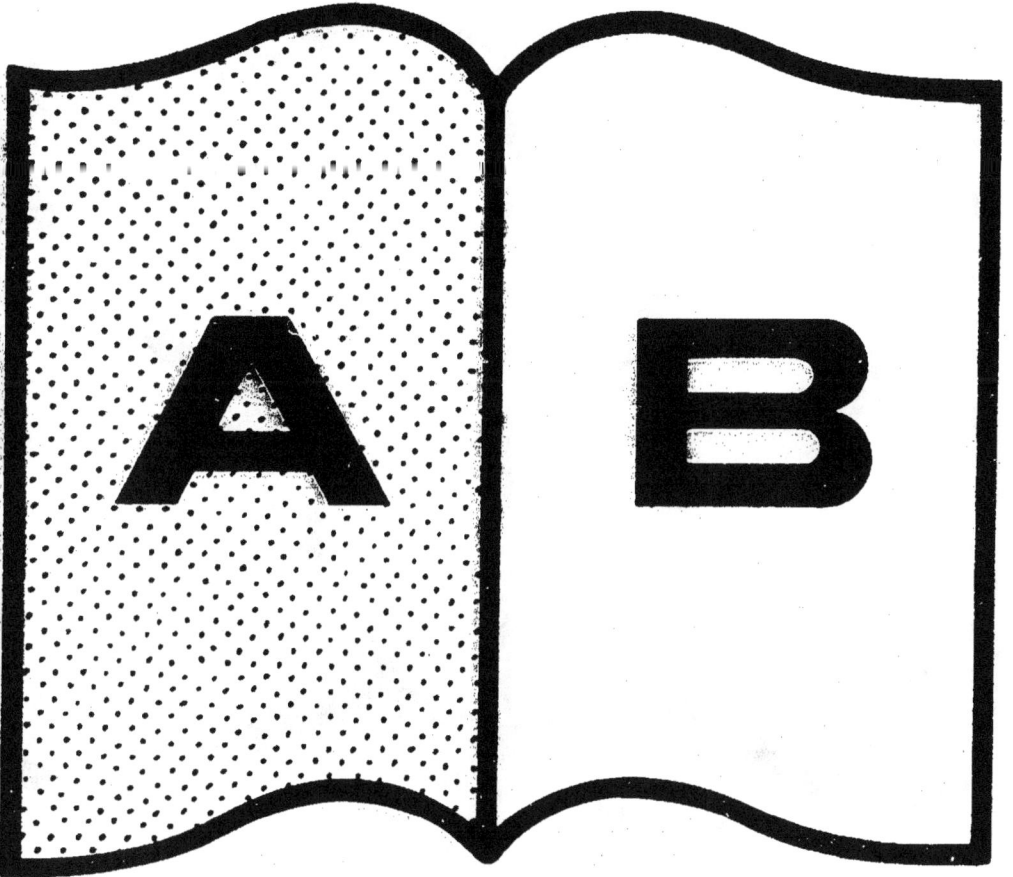

Contraste insuffisant

**NF Z 43**-120-14

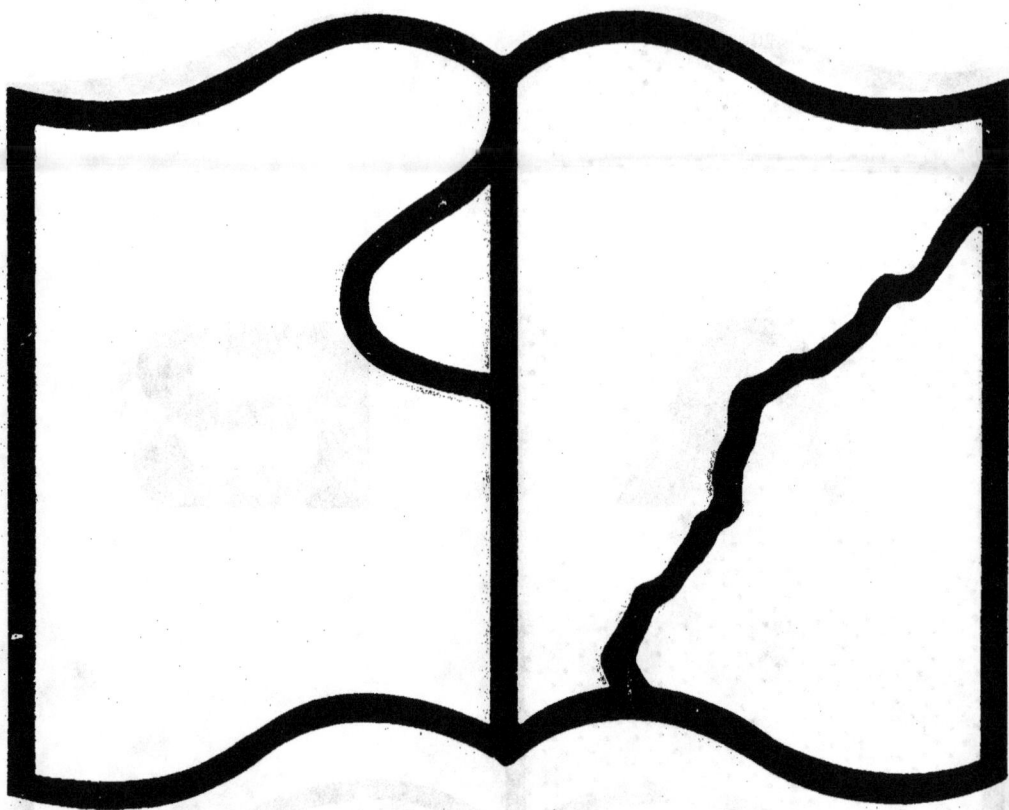

Texte détérioré — reliure défectueuse

**NF Z 43**-120-11

www.ingramcontent.com/pod-product-compliance
Lightning Source LLC
Chambersburg PA
CBHW061006220326
41599CB00023B/3852